Sandy Mercier

Unter meinem Bett

AF198156

Unter meinem Bett

Thriller

SANDY MERCIER

© 2020 Herstellung bookpress
Bestellung und Vertrieb: Nova MD GmbH, Vachendorf.
ISBN: 978-3-96698-668-7

Unter meinem Bett
2. Auflage

© Sandy Mercier, c/o autorenglück,
Franz-Mehring-Str.15, 01237 Dreseden

© Lektorat: Anke Müller – www.spannung-zwischen-den-zeilen.de
© Korrektorat: Jona Gellert– www.jona-gellert.de
© Cover- und Umschlaggestaltung: Laura Newman – design.lauranewman.de
© Buchsatz: Mary Kuniz – www.marykuniz.de/herzblut-buchsatz

<u>Das Werk, Cover und Titel sind urheberrechtlich geschützt.</u>
<u>Alle Rechte sind vorbehalten.</u>
Jede unautorisierte Verwertung, Vervielfältigung, Übersetzung sowie
Einspeicherung und Verarbeitung in elektronische Systeme ist unzulässig
und wird strafrechtlich verfolgt.
Alle Personen, Orte und die Handlung in diesem Buch sind frei erfunden. Ähnlichkeiten zu
realen Personen und Orten sind zufällig und nicht beabsichtigt. Genannte Markennamen
und Warenzeichen sind Eigentum der jeweiligen Eigentümer.

WIDMUNG

Für alle Frauen, die es satt haben, Opfer zu sein.

Vorwort

Eine simple Anmerkung zu meinem Manuskript führte zu einer großen Diskussion in den sozialen Medien.

TRIGGERWARNUNGEN.

Ein Wort, das tatsächlich viele Menschen triggert. Doch ich beginne von vorn.

Ich wurde gefragt, ob ich für dieses Buch nicht lieber eine Triggerwarnung aussprechen möchte, weil sich die Protagonistin früher geritzt hat und das bei der Handlung zur Sprache kommt. Ich wunderte mich, denn ich hatte bei Triggerwarnungen eher daran gedacht, dass ich vorwarnen könnte, dass in meinem Thriller sexueller Missbrauch stattfindet. Leider haben unzählige Frauen und Männer so etwas schon erleben müssen und deshalb ist es natürlich verständlich, dass nicht jeder ein Buch lesen möchte oder sogar kann, in dem so etwas vorkommt.

Bei Instagram rief ich auf und fragte nach. Sind solche Warnungen nötig, wie warnt man am besten und vor allem wovor? Denn im Grunde, kann alles triggern. Sogar Apfelkuchen. Die Meinungen dazu gingen sehr weit auseinander. Ich habe mir alles sorgfältig angehört und mich dazu entschieden, dass es sich lohnt, wenn ich einer Person das Leben damit leichter machen kann. Negative Rezensionen nehme ich dafür gern in Kauf.

Für jeden, der keine Triggerwarnungen benötigt und auch keine Spoiler mag, der darf jetzt einfach weiterblättern und den kommenden Absatz ignorieren:

Dieses Buch behandelt folgende Themen: Panikattacken, Ritzen, Stalking, Narzissmus, sexueller und physischer Missbrauch.

Und nun viel Spaß beim Lesen.

Deine Sandy

Prolog

Er atmete flach. So flach, dass ihm davon schwindelig wurde. Er musste leise sein. Sie durfte ihn nicht hören. Schweiß rann ihm über die Stirn und tropfte auf den Teppich, so wie der Regen an das Fenster klopfte. Die Aufregung ließ seine Körpertemperatur auf Hochtouren laufen. Gleich würde sich sein Traum erfüllen. Der Gedanke daran ließ ihn fast zerschmelzen.

Endlich löschte sie das Licht. Es war nun dunkel in ihrem Schlafzimmer, doch seine Augen gewöhnten sich schnell daran. Wie eine Fledermaus, die nur darauf lauerte, sich in den nach Apfelshampoo duftenden Haaren ihres Opfers zu vergraben.

Er lag auf dem Rücken und starrte ins Schwarze. Nur wenige Millimeter trennten sie voneinander. Es wurde noch besser. Er konnte sein Glück kaum fassen, als er das Rascheln der Bettdecke hörte. Sanft schnurrte sie wie ein Kätzchen. Es verriet ihm, dass sie sich selbst berührte.

Sie seufzte leise.

Sein Schwanz wurde steinhart, während er unter ihrem Bett wartete. Er holte eins ihrer Höschen hervor und roch daran.

Weiß sie, dass ich da bin? Tut sie das gerade für mich? Soll sie sich ruhig schon mal feucht machen, dann bringt es gleich noch mehr Spaß. Heute wird meine Nacht. Unsere Nacht.

Er konnte nicht anders und griff in seine Hose. Er wollte sein Pulver nicht verschießen, doch die Nacht würde lang werden. Vielleicht war es besser, schonmal etwas Druck abzulassen, um sie noch länger genießen zu können. Hart rieb er seinen Schwanz, wünschte sich fast, sie würde ihn entdecken und ihm dabei helfen. Am liebsten würde er sich vors Bett stellen und ihr dabei zusehen, wie sie es sich selbst machte. Doch konnte er es wagen?

Nein. So lange hatte er darauf hin gefiebert, sich vorgestellt, wie sie klang, wenn sie genoss, wie sie schmeckte, wie sie sich anfühlte. Das konnte er sich jetzt nicht kaputt machen. Er würde sich später alles auf seiner Kamera ansehen. So sanft und weich wie ihre Haut aus der Ferne aussah, wie Wolken am Himmel. Ihre Haut, die er gleich unter seinem Körper spüren würde. Ihren Körper, den er so lange schon begehrte, dem er so gern wehtun wollte.

Er schloss die Augen und unterdrückte ein Stöhnen, als er abspritzte. Endlich war sie ihm ganz nah. Sie stimmte sich gerade perfekt ein. Das war besser als in jeder Version, die er sich vorher zurecht fantasiert hatte. Alle Viere von sich gestreckt lag er da und lauschte ihrer Melodie.

Ob sie fühlt, dass ich da bin? Ob sie darauf wartet, dass ich gleich unter ihrem Bett hervorkrieche? Ich lasse sie noch zum Ende kommen, einschlafen und dann lege ich mich zu ihr. Vielleicht muss ich sie kurz fesseln, vielleicht will sie mich auch gleich so, wenn sie mich wiedererkennt. Wir gehören schließlich zusammen. Sie wird das auch fühlen. Gleich sind wir für immer vereint und werden uns lieben. Ich werde sie lieben, so wie es noch nie jemand zuvor getan hat.

1. TEIL

2. MAI 2019 – MITTWOCH

Emma

Mit zittrigen, feuchten Händen strich sich Emma die braunen Haare aus dem Gesicht und band sie zum hundertsten Mal zu einem festen Zopf zusammen. Sie stieg aus der U-Bahn und kramte in ihrem Rucksack nach einem Deo. Angstschweiß begleitete sie seit Jahren, weshalb sie immer perfekt ausgerüstet das Haus verließ, als würde sie einen Marathon starten wollen. Sobald sie im Büro angekommen wäre, würde sie endlich ihr T-Shirt wechseln können, denn hier auf der Straße konnte sie sich ja wohl kaum entblößen. Die Leute würden ihr wahrscheinlich Eier an den Kopf oder auf den Bauch werfen. Gut, er war in den letzten Monaten viel schmaler geworden, Stress und Kummer hatten ihr ein paar Kilo genommen. So viele Frauen wünschten sich das Geheimrezept zum Abnehmen und da stand sie nun und hatte die Wunderformel entdeckt. *Vielleicht schreibe ich einen Bericht für die Zeitung,* überlegte sie.

Acht Kilo in zwei Monaten: Suchen Sie sich eine Therapeutin, die Ihren Vater umbringt und fast Ihre beste Freundin erschießt, dann purzeln die Pfunde von Ihrem Körper wie vorher die Kekse in Ihren Mund.

Emma schüttelte gedankenverloren den Kopf. Für die Zeitung würde sie sicher niemals etwas tun. Mit der Presse war sie fertig. Jedes Wort konnte sie aus dem Artikel vom letzten Jahr zitieren:

„Übten die Töchter Selbstjustiz?
Gibt es vielleicht zwei Todesküsserinnen? Stecken zwei Töchter dahinter, die sich aus Jugendtagen von einem Aufenthalt in einer psychiatrischen Klinik kennen? Haben sie die Morde vielleicht sogar von langer Hand geplant? – Vor diesen Fragen stehen in diesen Tagen die Ermittler des LKA Berlin.
In den vergangenen zwei Wochen wurden in Berlin zwei tote Väter gefunden, die ihre Töchter in der Kindheit vernachlässigten oder schwer misshandelten. Nun wurde ihnen von einem oder mehreren unbekannten Tätern das angetan, was sie ihren eigenen Kindern damals zumuteten. Nach der Folter wurden die Männer erstochen und mit einem roten Lippenstiftabdruck auf der Stirn versehen – Brandmarkung oder doch ein Abschiedsgeschenk?
Wie sich herausstellte, wurde die erste Zeugin, Kristina S., gestern aus der Untersuchungshaft entlassen. Die zweite Zeugin, Emma B., wurde hingegen niemals ernsthaft verdächtigt. Könnte es daran liegen, dass sie eine Freundin der ermittelnden Polizistin, Tanja M., ist?

Gestern Abend erreichten uns Insiderinformati-
onen, nach denen sich die beiden Töchter der
Opfer aus ihrer Jugendzeit kennen. Wochenlang
teilten sich die beiden Teenager damals das
Zimmer in einer psychosomatischen Klinik.
Was genau sie dort hinführte, dürfen wir hier
nicht berichten.
Während bei den Befragungen beide abstritten,
einander zu kennen, wurde Kristina S. gestern
Abend dabei beobachtet, wie sie Emma B.s
Haus betrat. Sie hielt sich mindestens 15 Minu-
ten dort auf – genug Zeit, um sich abzuspre-
chen?
Zwar stimmten die DNA-Ergebnisse des Kuss-
abdrucks nicht mit der DNA der beiden Töch-
ter überein, doch gibt es womöglich noch weite-
re involvierte Racheengel?
Ist der nächste Vater, der im Umgang mit seiner
Tochter Fehler machte, vielleicht sogar schon
ins Visier genommen? In diesen Tagen dürfte es
in Berlin zu so einigen Entschuldigungen von
reuigen Vätern kommen – sicherheitshalber."

„Ey, zisch ab", brüllte sie ein Kerl mit langen,
schmierigen Haaren an, nachdem er sie ange-
rempelt hatte. Sie versuchte, sich so klein wie
möglich zu machen, und ihre Schritte in Richtung Arbeit wurden zügiger. An einem Tag wie
heute wollte sie nur unter der Bettdecke liegen
und sich verstecken. Ihr erster Arbeitstag seit
über einem Jahr. Sie wusste ja, sie musste ins
Leben zurück, aber warum ausgerechnet ins Büro? Mit jedem Schritt schrumpfte ihr Mut und

wuchsen ihre Bauchschmerzen. Sie musste dringend auf die Toilette und sich noch dringender waschen. Das Deo half gar nichts. Emma schaute auf die Uhr. Sie würde zu spät kommen, wenn sie ihr Shirt schon hier in einem Lokal wechseln würde.

Emma betrat das Café *Freunde müssen Frühstücken* und schlich zur Toilette, die sie zum Glück sofort fand. Dort huschte sie in eine Kabine und öffnete ihren Rucksack. „Die werden alle ganz nett sein. Es ist bestimmt gar nicht aufgefallen, dass du seeehr lange nicht da warst. Wir sind da schließlich genug Content Manager. Die können das eh alle besser als ich. Es wird dich ganz sicher keiner darauf ansprechen, du wirst dort perfekt und selbstsicher auftreten", beruhigte sie sich. Emma zog ihr langarmiges Shirt aus und fuhr mit den Fingern über ihre Narben. Wie einfach es doch wäre, sich mit einer Klinge über ihre Haut zu fahren und die Angst damit verschwinden zu lassen. Doch stattdessen wusch sie sich mit Feuchttüchern das Gesicht und dann unter ihren Armen. Mit zittrigen Fingern suchte sie nach ihrem Deo. Als sie es sich an die Achseln sprühen wollte, fiel es ihr aus der Hand und rollte in die Nachbarkabine. „Scheiße." Hastig zog sie sich ein neues T-Shirt über und holte sich ihr Deo zurück, vergaß, es zu benutzen, und verstaute es in ihrem Rucksack.

Emma stellte sich vor den Spiegel und ermahnte sich selbst. „Du hast so viel gelernt, jetzt wende es auch an, verdammt." Sie konzentrierte sich auf ihren Atem und sog die zitronige Kloluft tief ein, dachte dabei das Wort *Ruhe*, und dann atmete sie noch länger aus, sagte sich dabei innerlich, *Leichtigkeit.* Das wiederholte sie ein paar Mal, bis sich ihr Körper ein wenig beruhigte.

Bevor sie das Café verließ, bestellte sie sich einen Kaffee to go, seit Neustem ohne Zucker, und wendete die nächste Strategie an. Affirmationen. Den ganzen, restlichen Weg zu ihrer Agentur sagte sie sich unentwegt: „Ich schaff das, ich glaube an mich, ich bin stark, ich schaff das!"

Vor dem Gebäude blieb sie stehen und suchte nach Mut, um hineinzugehen. Zur Tarnung cremte sie ihre Hände ein, so als könne man das nur im Stehen vor dem Büro tun. *Hoffentlich sieht mich hier keiner, aber die anderen kommen in der Regel nicht zu spät. Ich eigentlich auch nie.* Den Kaffeebecher nun wieder fest umschlossen saugte sie ein letztes Mal die Sonnenstrahlen des Morgens ein. Sie wusste, die würde sie jetzt, wenn sie wieder arbeiten musste, lange nicht mehr genießen können. Emma nahm einen letzten Schluck von ihrem Kaffee, doch der Becher entglitt ihr, hinterließ braune Flecken auf ihrer blauen Jeans, dem Shirt und ihrem grauen Jäckchen, das die Narben an ihren Armen verdeckte.

Mit ein paar Tüchern versuchte sie, die Flecken wegzuwischen. Sie rieb fest, doch es blieben nur weiße Flusen auf den braunen Flecken kleben. Die Panik brachte ihre Schweißdrüsen erneut auf Hochtouren. Noch mehr Wechselklamotten hatte sie leider nicht dabei. Ihr schossen Tränen in die Augen, weil sie so wütend auf sich selbst und diesen blöden Kaffeebecher war. Ja, eigentlich sogar auf ihr ganzes Leben. Es hätte ja kaum ein beschissenerer Start werden können.

Eigentlich hätte sie dankbar sein sollen, dass sie überhaupt noch lebte. Vor einem Jahr hatte Emma ihre beste Freundin Tanja überredet, zu ihrer Therapeutin zu gehen. Zu der Zeit geschahen gerade Serienmorde an Vätern. Als John, Tanjas Kollege und inzwischen Freund, herausgefunden hatte, dass Dr. Weber - eben jene Therapeutin – dahintersteckte, war er plötzlich vor Emmas Tür gestanden. Er hatte Tanja gesucht, die plötzlich verschwunden war. Nur Emma hatte gewusst, dass sie sich bei der Therapie befunden hatte. Im nächsten Moment hatte Emma bei John im Auto gesessen, um zur Praxis zu fahren. Doch es war zu spät gewesen, sie hatten niemanden mehr angetroffen. Als John herausbekommen hatte, wo die Todesküsserin ihren nächsten Mord verüben würde, hatte John Emma dorthin mitgenommen, weil sie keine Zeit zu verlieren hatten. Sie hatte im Auto vor dem Hotel warten sollen, doch als er nicht wiedergekommen war, hatte sie Schlimmes befürchtet.

Ein Mal, ein einziges Mal in ihrem Leben hatte sie mutig sein wollen. Sie war auf die Suche nach ihm gegangen und hatte Dr. Weber mit ihrem Pfefferspray angegriffen, um John zu befreien. Anstatt jedoch Leben zu retten, hatte sie damit ihr eigenes gefährdet und wurde im nächsten Moment schon ausgeknockt. Somit hatte sie auch das Leben ihrer besten Freundin gefährdet, denn diese hatte nun gleich mehrere Menschen retten müssen, was dazu geführt hatte, dass Dr. Weber

Tanja angeschossen und schwer verletzt hatte. Wie sehr hatte Emma sich damals eine zweite Chance gewünscht.

Doch jetzt gerade, in diesem Moment, war sie sich nicht sicher, wofür. Sie fühlte sich immer noch schlecht, weil sie nichts hatte ausrichten können. Insgeheim war sie aber auch stolz, denn es war das erste Mal in ihrem Leben, dass sie gehandelt hatte, statt sich vor Angst totzustellen und einfach alles geschehen zu lassen. Sie wünschte, sie wäre diese Emma. Die mutige.

Sie starrte auf die Straße und überlegte ernsthaft, wieder zu gehen. Doch leider war es zu spät, denn ein Kollege hetzte zur Bürotür und erkannte sie zu ihrem Leidwesen sofort.

„Hi. Wieder da?"

Emma nickte. Sie spürte seine Blicke auf ihrem nun braun gefleckten Outfit und hätte im Boden versinken könnten.

Er schloss auf und hielt ihr die Tür auf. „Kommst du?"

„Ja, gleich. Ich muss noch kurz telefonieren", stotterte sie, trat aber in den Aufgang und sah ihm zu, wie er im Fahrstuhl verschwand. Erst dann atmete sie wieder auf. Nun war es zu spät, um abzuhauen. Sie beschloss, sich ihrem Leben zu stellen. Sonderlich leiden konnte sie sich deshalb jedoch nicht. Warum noch mal wollte sie mutig sein?

„Fuck", fluchte sie und schleppte sich die Treppen hoch. *Und warum zur Hölle kann ich nicht, wie jeder normale Mensch, in so einen kack Fahrstuhl steigen?*, fragte sie sich nicht zum ersten Mal, als sie sich in den fünften Stock hievte. Zu allem Übel hatte sie auch noch ihren Schlüssel vergessen und musste klingeln.

Die Empfangsdame blickte durch die gläserne Tür und rollte mit den Augen.

„Na toll. Ausgerechnet die dumme Kuh", ärgerte sich Emma über ihre überhebliche Supermodel-Kollegin und vermisste ihr Deo. Ihren Angstschweiß konnte sie schon wieder deutlich riechen. „Die hat mir gerade noch gefehlt", murmelte Emma und beobachtete, wie ihre Kollegin grazil, mit Hüften und Haaren schwingend, zur Tür kam, als würde sie über den Laufsteg stolzieren.

„Hallo, Emma", wurde sie von der blonden Tussi Sabine begrüßt, die trotz ihrer Stöckelschuhe mit einer fabelhaften Ballerinahaltung vor ihr stand. „Du weißt schon, dass du einen Schlüssel hast und ich nicht alle fünf Minuten aufstehen kann, um jemandem die Tür zu öffnen?"

Emma schob sich an ihr vorbei. Neben ihr war sie noch kleiner als eh schon. Sie grummelte ein „Sorry" und eilte zu ihrem Großraumbüro. Schlimm genug, wieder hier zu sein. An einem Ort, an den sie nicht gehörte, sich stets deplatziert fühlte. Wütend auf die Welt riss sie die Tür auf, und bereute es sofort, als ihr fünfzehn Augenpaare strafend entgegenblickten.

„Frau Burg! Sie sind zu spät!", begrüßte sie ihr Chef.

Ach du Scheiße, was ist denn hier los?

Sein Blick wanderte über ihre befleckte Kleidung. „Holen Sie sich einen Stuhl und setzen Sie sich gefälligst." Er schüttelte abwertend den Kopf.

Emma huschte aus dem Zimmer, um sich einen Stuhl zu suchen, und atmete auf. So viele Menschen in einem Raum waren schon schlimm genug. Aber von denen auch noch angestarrt zu werden, das war zu viel.

Die Stöckeltussi stakste wie ein Storch mit einem Kaffee in der Hand an ihr vorbei.

„Warum hast du mir nicht gesagt, dass da ein Meeting ist?"

„Ehm, du bist an mir vorbeigerast und hast mir nicht mal guten Morgen gesagt, das ist dir schon klar, oder?", entgegnete sie mit funkelnden Augen, nahm einen Schluck von ihrem Kaffee und tippelte mit klackernden Absätzen ins Büro des Chefs.

Emma überlegte kurz, ihr die heiße Brühe über die weiße Bluse zu kippen. Zwar würde sie sich dann definitiv besser fühlen, aber sie würde nur noch mehr Zeit verlieren. *Wo kam nur all diese Wut her?* Schnell schnappte sie sich einen Stuhl aus einem anderen Zimmer und schlich zurück in ihr überfülltes Büro.

Drei Stunden später durfte Emma endlich wieder aufatmen. Sie öffnete das Fenster, als alle anderen aus dem Büro geströmt waren, um sich in der Mensa vollzustopfen. Sie hatte nun Ruhe, da sie sich ihr Essen vorgekocht hatte. Emma qualmte der Kopf. Sie hatte fast nichts von dem Meeting mitbekommen. Ihr Chef hatte über nutzlose Sachen geredet, denn sie hatten ein neues, ungesundes, zuckriges Getränk zu vermarkten. Jeder hatte etwas Wichtiges beizutragen, Emma war alles egal gewesen. Sie brachte den Stuhl weg und ging zu ihrem, nun endlich wieder freigewordenen, Arbeitsplatz. Dort kramte sie in ihrem Rucksack und fluchte erneut. Mittagessen vergessen. Sie seufzte resigniert und gab auf. *Schlimmer kann der Tag eh nicht werden.*

Die große Mensa, in der die meisten Mitarbeiter der umliegenden Firmen und Agenturen zusammen aßen, befand sich im Kellergeschoss. Emma öffnete die Tür und sie traf fast der Schlag. Es klang wie fünf Schulklassen bei der Hofpause und roch nach Frittenfett. Sie wollte gerade wieder umdrehen, als ihr die Storchtussi zuwinkte. „Emma, setz dich doch zu uns!"

Was will die denn schon wieder von mir?

„Wir halten dir einen Platz frei, komm zu uns!"

Mist. Der Situation völlig machtlos ausgeliefert ging Emma zur Essensausgabe. Das Angebot war nicht sehr überzeugend und so beließ sie es bei einem Salat. Ihr war eh der Appetit vergangen. Als Sabine ihr erneut zuwinkte, ergab sie sich ihrem Schicksal und schleppte sich an deren Tisch. *Wir hatten heute Morgen wirklich einen schlechten Start gehabt.* Storchi konnte nichts für ihre Wut und ihr verkacktes Leben. Und Frieden mit den Kollegen konnte ja nun wirklich nicht schaden. Dennoch hatte sie Mühe, ihr Tablett in den schweißnassen Händen zu halten. Ihrem Kreislauf gefiel diese ganze Aufregung gar nicht. Zögernd setzte sie sich zu ihren Kollegen an den Tisch. Ein paar waren neu, andere kannte sie. Sie konnte jedoch nichts mit ihnen anfangen. *Einfach schnell essen und weg. Die werden ja wohl den Anstand besitzen und nicht nach meiner Krankheit fragen. Hinter meinem Rücken haben sie wahrscheinlich schon genug darüber geredet.*

„Emma, erzähl doch mal, was hattest du denn, dass du so lang weg warst?" Die Storchtussi schaute ihr keck entgegen.

Emma rutschte das Herz in die Hose. Sie lächelte und schob sich eine Gabel Salat in den Mund. Ein entschuldigender Blick, hoffte sie, würde als Erklärung reichen. Es funktionierte. Die anderen nahmen ihr Gespräch wieder auf und ließen sie in Ruhe.

Ihr entging jedoch nicht, dass Sabine die ganze Zeit auf ihr Handy starrte, als würde sie per Telepathie versuchen, dass es mit ihr redete. Als es dann tatsächlich klingelte, schnappte sie es sich sofort und rannte Entschuldigungen murmelnd aus der Mensa. *So viel zum Thema ich soll hier an diesem Tisch bei ihr sitzen.*

Emma schaufelte, so schnell sie konnte, den Salat in sich rein. Dann stand sie auf und brachte ihr Tablett weg, um schnell wieder ins Büro zu kommen. Sie verließ die Mensa und entdeckte Storchi, die noch immer telefonierte. Ihre Stimme war zittrig und flehend, so gar nicht wie die eingebildete Tussi, die Emma aus dem Büro kannte. Plötzlich nahm Sabine ihr Telefon vom Ohr und starrte entsetzt auf ihr Display. Sie wischte sich eine Träne von der Wange und erst dann erblickte sie Emma, die gerade an ihr vorbeiging.

„Sorry", nuschelte Emma, die sich fühlte, als hätte sie gerade ein fremdes Tagebuch gelesen.

Erneut stieg Hitze in ihr auf, was ihr sicherlich rote Wangen bescherte.

Sabine hob die Schultern und verwandelte sich wieder zum Storch. „Emma! Warte. Du hast doch gar keinen Schlüssel. Du musst schon warten, bis ich auch fertig bin." Die Storchenfrau wedelte mit ihrem Schlüssel und nickte in Richtung der Mensa.

Fuck. Sie wollte doch einfach nur weg.

„Ach egal, ich hab keinen Hunger mehr. Lass uns gehen!" Storchi hakte sich bei Emma ein.

Was war das denn jetzt schon wieder?

„Emma, ich brauch deine Hilfe."

Emma wand sich aus ihrem Arm und blieb stehen.

„Ich weiß, wir stehen uns nicht sonderlich nah, aber ich hab einen gut bei dir."

„Was?", stammelte Emma verdattert. „Was meinst du damit? Wie könnte ich dir denn schon helfen?"

„Ach, nichts Besonderes. Ich müsste nur vorübergehend bei dir einziehen. Du wohnst doch noch allein in einer Drei-Raum-Wohnung, richtig?" Storchi setzte sich wieder in Bewegung und kramte in ihrer roten Handtasche nach ihrem Lippenstift, zog sich ihre Schmollmundlippen nach.

Die dabei aufkommenden, schlechten Erinnerungen an die Todesküsserin schob Emma schnell beiseite.

„Nichts Besonderes?", entglitt es Emma lauter als geplant. Und woher wusste Sabine von ihren Wohnverhältnissen? Sie rieb ihre Schläfen, bis es ihr wieder einfiel. Als Emma einmal gezwungen worden war, zu einer Weihnachtsfeier zu gehen, hatten sie alle Blinddate spielen müssen. Jeder Kollege hatte dreißig Minuten lang Zeit gehabt, um seinem Gegenüber Fragen zu stellen. Emma war damals mehrmals zur Toilette gegangen, um sich zu ritzen. Wie sonst hätte sie das aushalten sollen?

„Ja, es ist ja nicht so, als wollte ich dich heiraten."

Emma atmete tief ein. *Sabine scheint ja ernsthafte Probleme zu haben, wenn sie ausgerechnet bei mir wohnen will. Was ist bloß bei ihr los?*

„Emma, denk doch mal nach, ich könnte dir bei deinem Style helfen." Wieder wanderte Storchis Blick über die Kaffeeflecken, die Emmas Kleidung zierten.

„Meinem Style?" Das aufgekommene Mitleid verpuffte in Sekunden. „Vielleicht sollte ich dir bei *deinem* helfen? Rote Tasche, rote Lippen, rote High Heels, kurzer Rock, so geht man doch nicht zur Arbeit!", schimpfte sie und zog von dannen, stolz darauf dass sie sich das nicht hatte gefallen lassen.

„Falls du es dir nachher anders überlegst, ich bin immer noch interessiert", rief sie Emma hinterher.

Wieso sollte ich mir das nachher anders überlegen? Die spinnt wohl. Keuchend kam sie oben an, die Storchentussi hatte den Fahrstuhl genommen und schloss gerade auf.

„Ich mein es ernst, mein Angebot steht", wiederholte sie und klang Emma dabei ein bisschen zu hochnäsig.

Emma knallte die Tür hinter sich zu und setzte sich an ihren Arbeitsplatz. Dort lag ein Zettel: „13 Uhr in Herrn Reißigs Büro."

„Oh nein", stöhnte sie. *Warum muss ich denn gleich am ersten Tag zu meinem Chef? Der interessiert sich doch sonst nicht für mich. Wahrscheinlich irgend so ein Schwachsinn mit betrieblichem Eingliederungsmanagement.* Sie war schon in einem Brief vorgewarnt worden, dass man ihr das nach ihrer langen Krankheit anbieten müsste, um sicherzugehen, dass es ihr hier gut gehe. Emma fuhr ihren Rechner hoch, öffnete das E-Mail-Programm und stützte ihren Kopf in die Hände. „Das macht doch alles keinen Spaß."

Die restlichen zwanzig Minuten starrte sie mit leerem Blick auf ihren Rechner. Die Zahl 15.512 ermahnte sie, dringend ein paar E-Mails zu lesen, doch sie tat einfach gar nichts, bis die ersten Kollegen zurück ins Büro kamen und sie mit Smalltalk belästigten. Ein letzter Blick auf die Uhr, dann bewaffnete sie sich mit ein paar Mappen, die sie über ihre Kaffeeflecken halten konnte, und ging in die Höhle des Löwen.

„Frau Burg, setzen Sie sich doch bitte."

Ja, auch hallo. Schweigend nahm sie auf einem Stuhl gegenüber von ihm Platz. Sein Büro war groß genug für drei weitere Schreibtische, doch er regierte hier völlig allein. So war auch Platz für einen Besprechungstisch, an dem sie ihm nun ausgeliefert war. An den Wänden hingen Plakate und Preise der letzten erfolgreichen Kampagnen, die Emma alle potthässlich fand.

Zudem war die Agentur spezialisiert auf die Vermarktung ungesunder Getränke, die sie verabscheute.

„Frau Burg", wiederholte er ihren Namen, als wäre sie eine ansteckende Krankheit.

Emma betrachtete ihn. Er sah aus wie der Milchbubi aus *Fifty Shades of Grey*, trug Anzug und Krawatte, war sehr schmal gebaut und nicht viel älter als sie selbst. Wie er es geschafft hatte, zu einem Chef zu mutieren, war Emma ein Rätsel. Im Büro tuschelten alle über seine reichen Eltern, was vermutlich die Antwort war.

„Sie verstehen sicher, Frau Burg, dass wir Sie nach den letzten Ereignissen nicht mehr hier halten können." Er schlürfte an seinem Eiscafé, saugte an seinem Strohhalm wie kleine Kinder an ihrer Capri-Sonne.

Emma saß regungslos auf ihrem Stuhl und beobachtete angewidert seinen Kaffeeorgasmus.

„Das verstehen Sie doch sicher", forderte er sie zu einer Antwort heraus.

Ruhig Emma. Nicht ausrasten, Fassung bewahren. Mach es ihm nicht zu leicht.

„Sie meinen mit *Ereignissen*, dass mein Vater ermordet wurde?" Krampfhaft versuchte sie, ihre Stimme ruhig zu halten.

„Hach, Frau Burg, machen Sie es mir doch nicht so schwer. Ich meine die negativen Schlagzeilen, Ihre Vergangenheit in der Klapse, Ihre Therapiestunden, von Ihrer nicht vorhandenen Menschenkenntnis ganz zu schweigen. Außerdem waren Sie jetzt monatelang krank, vorher auch immer wieder. Manchmal besaßen Sie sogar die

Frechheit, sich nicht mal krankzumelden. Da haben wir noch großzügig von einer Abmahnung abgesehen, aber das können wir uns aktuell nicht mehr leisten. Unser guter Ruf leidet unter Ihren Eskapaden. Von Ihrem liederlichen Kleidungsstil ganz zu schweigen." Er stand auf und ging zu seinem Schreibtisch, raschelte mit einer Tüte und kehrte mit einem Stück Schokokuchen zurück, das er sich genüsslich in den Mund schob.

Emma beobachtete seinen Zuckerwahn und blieb stumm. Ihre Wangen brannten sicher rot wie Feuer, so wie sie glühten.

Herr Reißig aß den Kuchen auf, kümmerte sich nicht weiter um die schweigende Emma, seufzte und ging erneut zu seinem Schreibtisch.

„Hier." Er streckte ihr einen Brief entgegen und hinterließ Schokoladenflecken darauf. „Und hier müssen Sie unterschreiben, dass Sie die Kündigung erhalten haben", forderte er sie auf und wedelte mit einem weiteren Zettel vor ihrer Nase.

Sie wollte ihm so viel sagen, die Zettel zerreißen, ihm ins Gesicht spucken oder sein Gesicht in einen weiteren Schokokuchen drücken, doch wozu? Er hatte ja recht, sie hatte diesen Job nicht verdient und auch schon lange nicht mehr gewollt. Sie unterschrieb und bereute ihr Stillschweigen schon in der Sekunde, als sie das Zimmer des Chefs verließ. Im Büro hielt sie ihre Tränen angestrengt zurück, schmiss all ihr Zeug in einen Karton, der, warum auch immer, schon auf ihrem Platz stand. Jeder starrte sie an, doch niemand sagte einen Ton. Stille in einem Großraumbüro war eine Seltenheit, besonders wenn alle dort versammelt waren. Sie spürte jeden einzelnen Blick, beeilte sich mit dem Einpacken ihrer Habseligkeiten, nahm ihre Kiste unter den Arm und ging mit einem leisen „Tschüss". *Warum zur Hölle kann ich ihnen nicht sagen, dass sie mich mal kreuzweise können?*

Sie stürmte aus der Agentur und alles, was sie noch hörte, war ein „Überleg es dir", von der Storchentussi. Jetzt wurde ihr klar, was sie vorhin vor der Mensa gemeint hatte. Sie hatte es also die ganze Zeit gewusst. Erniedrigender konnte der Tag nicht mehr werden, dachte sie und begann noch im Treppenhaus, bitterlich zu weinen.

Er

Er kauerte in ihrer Wohnung und las angeregt in ihrem Tagebuch. Grinste, nahm einen Schluck aus ihrer Wasserflasche, spuckte alles wieder zurück. So war ihr Speichel vereint. Fast wie bei einem Kuss. Er legte das Tagebuch wieder auf ihren Nachttisch, durchwühlte jede Schublade, jeden Schrank und fand letztendlich ihre alten Tagebücher. Er steckte sie in seine Aktentasche. Jede Zeile würde er verschlingen, wie ein gieriger Löwe seine Beute. Er würde sie noch näher kennenlernen, noch mehr über sie erfahren. *Vielleicht hat sie auch etwas über mich geschrieben?* Am Ende könnte er jede Reaktion vorhersehen, sie mit ihren

Lieblingsblumen überraschen und sie davon überzeugen, dass er der perfekte Partner für sie war.

Er mochte den Geruch ihrer Wohnung, in jedem Zimmer roch es ein wenig anders. In ihrem Arbeitszimmer hatte er Räucherstäbchen erkannt, in der Küche duftete es nach Zimt. Ihr Badezimmer und auch ihr Schlafzimmer hinterließen den Gedanken an frische, knackige grüne Äpfel. Ihr Apfelshampoo machte ihn ganz wahnsinnig, so dass er sich spontan seine kurzen Haare damit wusch und mit ihrem Handtuch abtrocknete. Nun würde er den ganzen Tag nach ihr riechen.

In ihrem Schlafzimmer durchwühlte er den Wäschekorb nach ihrer Unterwäsche und bekam einen schwarzen Schlüpfer zu fassen. Damit ließ er sich in ihr Bett fallen und inhalierte ihren Duft. Der Geruch ihres Höschens erregte ihn so sehr, dass sein Schwanz hart wurde. Er öffnete seine Hose, den Slip auf seinem Gesicht platziert. *Wie ich das liebe.* Er onanierte auf ihrem Bett liegend und dachte an ihre Wiedervereinigung. Schnell und fest holte er sich einen runter und wichste in ihr Höschen, welches er mit nach Hause nehmen würde.

Er beglückwünschte sich selbst. Endlich ging sie wieder zur Arbeit, so dass er genug Zeit hatte, ihre Wohnung kennenzulernen. Ihre kurzen Einkaufstouren hatten nicht ausgereicht, um alles für ihren perfekten Abend vorzubereiten. So lange schon hatte er darauf gewartet.

Seit zwei Stunden war er schon hier, prägte sich jedes Detail ein. Unter ihrem Bett befestigte er eine Wanze, damit er sie abends abhören

konnte, sowie eine Kamera mit Nachtsichtfunkti-
on, die auf ihr Bett zeigte. Soweit er wusste, hatte
sie nie Männerbesuch, aber vielleicht besuchte sie
sich ja selbst, hoffte er. Er wollte alles von ihr
kennenlernen. Alles. Weitere Wanzen verteilte
er in ihrer restlichen Wohnung, in jedem Zimmer eine. Das war nur der Anfang. Er musste sie
so gut kennenlernen, dass sie ihn gar nicht ablehn-
nen konnte. Dann installierte er eine Ortungs-App
auf ihrem Laptop und versteckte sie. Mit dieser
konnte er in Zukunft ihr Handy lokalisieren.

Er blickte auf die Uhr, es war Zeit, er musste
langsam gehen. Aber er würde wiederkommen.
Schon sehr bald.

3. MAI 2019 – DONNERSTAG

Emma

Ein letzter tiefer Atemzug formte Emmas Bauch zu einer runden Kugel, bevor sie endlich vom Sofa aufstand. Sie hatte ihre Panik im Zaum, war sich jedoch nicht sicher, wie lange sie stark genug war, bis der Löwe der Angst wieder über sie herfiel. Es gab kaum etwas Schlimmeres, als Ämter zu besuchen, und besonders, wenn sie als Bittstellerin kam. Damals, als sie Berufsausbildungsbeihilfe beantragt hatte, aber auch jedes Mal, wenn sie bei der Krankenkasse gesessen hatte, um eine Therapie bewilligt zu bekommen. Sie fühlte sich dann immer wie ein Sträfling. Und nun war sie bald arbeitslos und erbettelte sich Geld vom Staat. Sie wollte doch nie so werden wie ihr Vater und nun war sie auf gutem Weg dahin, wenn sie nicht schnell einen Job finden würde. Scham formte sich zu Übelkeit, die in ihrem Magen rumorte.

Sie hatte bisher nichts Gutes über das Arbeitsamt gehört und war schon sieben Mal auf der Toilette gewesen. Es war erst halb acht am

Morgen. Nun musste sie aber wirklich los. Sie nahm ihren Rucksack, schlüpfte in ihre Turnschuhe und hetzte aus dem Haus.

Beim Amt angekommen stellte sie erschrocken fest, dass sie nicht die einzige Arbeitslose an diesem Tag war. Eine lange Schlange von Menschen stand vor den verschlossenen Türen und wartete auf Einlass. Sie hätte früher kommen müssen. *Wieso stehen hier so viele Leute an einem Donnerstag?* Sie schüttelte den Kopf und sah sich die Menschen an, einige von ihnen trugen Arbeitskleidung vom Bau, andere sahen aus wie bei einem Vorstellungsgespräch. *Hätte ich mich etwas aufhübschen müssen? Ich muss mich doch nur arbeitslos melden und bewerbe mich nicht für einen Job. Oder? Wollen die vielleicht schon mehr von mir? Hätte ich noch mehr Unterlagen mitbringen sollen?*

Eigentlich wusste sie nicht mal, ob sie heute schon persönlich herkommen musste oder ob es auch gereicht hätte, sich online arbeitsuchend zu melden. Aus den Informationen im Internet war sie nicht schlau geworden. Und wer hätte ihr schon helfen können? Tanja war schon ihr ganzes Leben lang Polizistin, die würde keine Ahnung haben, wie das so als Arbeitslose läuft. Zu allem Übel fing es auch noch an zu regnen. Emma hatte keine Jacke dabei, trug nur ein langärmliges Shirt und sorgte sich um ihre Unterlagen. Nicht, dass sie viel Wert auf ihren Arbeitsvertrag und die Kündigung gelegt hätte, aber wahrscheinlich sahen das die Bearbeiter im Amt anders.

Punkt acht Uhr kam eine Mitarbeiterin zum Eingang und schloss die Glastüren auf. Die Traube von Menschen bewegte sich recht schnell, so dass sie nach kurzer Zeit in das Gebäude kam. Sie reihte sich nun in die Schlange zum Informationsschalter und wartete, bis eine Dame nach ihrem Anliegen fragte.

„Ich wurde gefeuert", flüsterte Emma.

Die Mitarbeiterin tippte ein paar Fakten in ihren Computer, ließ sich Emmas Ausweis zeigen und dann erklärte sie ihr, wo sie warten durfte, bis sie aufgerufen wurde.

Emma folgte den Anweisungen und kam in einen großen, überfüllten Saal. Sie wunderte sich über den Sicherheitsdienst genauso wie über die nette Geste eines Wasserspenders. Beides bereitete ihr eher Unbehagen. *Warum musste hier Security stehen?* Sie erinnerte sich an eine Geschichte aus den Nachrichten, als ein Mann beim Amt durchgedreht war und auf seine Bearbeiterin geschossen hatte. Sie versuchte, die Gänsehaut auf ihrem Körper wegzustreichen. *Und wie lange stand das Wasser dort schon in dem Fass?* Sie verzog den Mund, als sie an all die Keime denken musste, die diese Wasserspender so in sich trugen und den Müll, den die sich stapelnden Becher hinterließen.

„Frau Burg!", hörte sie eine grimmige Stimme. Emma begann sofort wieder zu schwitzen und ärgerte sich wiederholt über ihren Angstschweiß. Sie folgte der Besitzerin der Grummelstimme und nahm auf einem Metallstuhl Platz.

„Ihre Unterlagen", wurde sie aufgefordert. Konnte die Dame nicht mal in ganzen Sätzen sprechen? Wortlos überreichte Emma ihr den Vertrag sowie die Kündigung.

„Ausweis", mahnte die blonde Frau mit Hochsteckfrisur. Ihre Lippen waren zwei lila Striche, die leicht nach unten hingen. Emma konnte eine offene Schublade entdecken, aus der Schokoriegel blitzten. Im Mülleimer befand sich das Papier von diversen Schokoriegeln und eine leere Tüte Gummibärchen.

„Haben Sie schon einen neuen Job?"

Oh, ein ganzer Satz. „Ich wurde gestern erst gefeuert."

„Also nein", stöhnte Miss Schokoriegel, wahrscheinlich ledig, Mitte vierzig und untervögelt. *Nicht, dass ich mich groß von ihr unterscheide.*

Die nächsten zehn Minuten saß Emma stumm auf ihrem unbequemen Stuhl, während ihr Gegenüber gähnend auf der Tastatur herumtippte. Dann konnte sie gehen, mit der Mahnung, bald einen neuen Termin zu vereinbaren, und dass sie sich gefälligst um einen neuen Job bemühen sollte.

„Vielleicht nochmal Bewerbungstraining", raunte die Beamtin und blickte spöttisch auf Emmas Turnschuhe.

* * *

„Dämliche Kuh", schimpfte Emma noch immer vor sich hin, als sie sich die Treppen hoch schleppte. Ihre Energie war an solchen Tagen schon nach dem Aufstehen im Keller. Die zwei Einkaufstüten links und rechts machten es ihr nicht gerade leichter. Doch wenn sie heute genug gekauft hatte, musste sie die nächsten Tage nicht raus und konnte in Ruhe ihrem Back- und Kochwahn nachgehen, um sich abzureagieren. Außerdem würden später ihre beste Freundin Tanja und John vorbeikommen. Emma mochte John und war froh, dass die beiden endlich ein Paar waren und Tanja nicht mehr an diesem Arschloch von Chris hing. Doch leider bedeutete das alles auch, dass Tanja nun auf ihrer rosa Wolke schwebte, die beiden Freundinnen sich kaum sahen, und wenn, dann gab es Tanja nur noch im Doppelpack.

„Darf ich dir helfen?"

Emma schreckte hoch, als plötzlich ein Mann vor ihr stand. Sie starrte auf seinen Anzug und schämte sich schon zum zweiten Mal an diesem Tag für ihre Turnschuhe.

„Eh. Nein, danke", schoss es aus ihr heraus. Sie vermied jeden Blickkontakt und beschleunigte ihr Tempo auf dem Weg zu ihrer Wohnung.

Völlig außer Atem erreichte sie ihr Stockwerk. Es zog unangenehm in Emmas Bauch und sie kaute auf ihrer Lippe, während sie ihren Schlüssel hervorkramte. Sie schloss die Tür auf, stellte die Einkaufstüten ab und machte den üblichen Kontrollgang durch ihre Wohnung. Mit ihrem Handy bewaffnet schaute sie in jedes Zimmer und jede Ecke, ob sie auch wirklich allein war. Diese Macke hatte sie von Kindheitstagen an. So gut sie ihre Ängste nun schon bekämpft hatte, alle Marotten war sie doch nicht losgeworden. Vor allem nicht, nachdem ihre Therapeutin sie vor über einem

Jahr fast umgebracht hätte. Seitdem war dieser Tick wieder zurück in ihr Leben getreten.

Arbeitszimmer: check. Vorhang von Badewanne wegziehen: check. Abstellkammer: leer. Schlafzimmer: keiner im Schrank, hinter den Vorhängen oder unterm Bett. Küche: leer. Wohnzimmer: niemand unter dem Tisch. Ihre Schultern entspannten sich. Nun konnte sie endlich kochen. Sie griff nach ihrem Saft, den sie bereits vorbereitet hatte. *Komisch. Hab ich schon so viel davon getrunken? Ich dachte, ich hätte noch mehr.*

Sie packte die Lebensmittel aus, und versuchte sich an einer neuen Tortenkreation, die ihr in der Nacht durch den Kopf gegangen war. Damit hatte sie versucht, sich von diesem Arbeitsamt-Termin abzulenken und es war ihr sogar für kurze Zeit gelungen. Dieses Rezept würde nun so lange in ihrem Kopf schwirren, bis sie es in der Realität zusammengezaubert hatte. „Eigentlich ist es gar nicht so schlecht, arbeitslos zu sein. Fast wie krank, nur das es mir ein bisschen besser geht", versuchte sie sich selbst zu überzeugen. „Vielleicht kann ich mich selbstständig machen und einen Tortenservice anbieten", überlegte sie weiter und verfing sich in ihren Träumen, machte sich Mut und steckte all ihre Hoffnungen in die Torte. Bewundernd betrachtete sie ihr Werk und stellte es in den Kühlschrank. Sie war schon gespannt, wie ihre Gäste heute Abend auf den Nachtisch reagieren würden.

Er

Oh mein Gott. Ich habe sie gesehen. Ich war ihr so nah.

Er hatte Emmas Höschen auf dem Gesicht und schwelgte in Erinnerungen. Sein Plan wäre zwar beinah schiefgegangen, weil sie viel zu früh zurückgekommen war, aber dafür hatte er sie fast berühren können. Wie sehr er sich herbeigesehnt hatte, vor ihr zu stehen. Und wie gern er ihr geholfen hätte, die Taschen hochzutragen. Doch seine Emma war stark und unabhängig wie eh und je. Und gleichzeitig so verletzlich. Hätte sie ihn gelassen, wäre er sicher direkt mit ihr in die Wohnung gekommen. Er hätte auf seine Pläne verzichtet und sich sofort mit ihr vereint.

Leider hatte sie ihn nicht mal angeschaut. Aber das würde er nachholen. Ob sie ihn gleich erkennen würde? Ja, er hatte sich verändert, aber seine Augen waren einzigartig. Das wusste er, hatte es unzählige Male gehört. Das war perfekt, um Frauen zu erobern, nicht so gut hingegen, wenn es um die Polizei ging. Deshalb durfte er niemals mit ihr in Berührung kommen, doch dafür würde er schon sorgen. Er war schließlich klug.

„Nein, danke", hatte sie zu ihm gesagt. Ihre Stimme. Sie hatte hart und überrascht geklungen. Der Blick auf seinen Anzug war herrlich gewesen.

Sie musste sich doch nicht schämen. Sie sah toll aus. Er liebte seine Emma so, wie sie war.

Er onanierte und stellte sich dabei den Klang ihrer Stimme vor. Dachte daran, wie es hätte werden können, wenn er mit ihr hochgegangen wäre.

Nach wenigen Minuten spritzte er ab und zündete sich eine neue Kippe an. Er hatte noch was zu tun. Er wollte ihr schreiben. Ihr Blog bot ihm schließlich die perfekte Gelegenheit, mit ihr zu kommunizieren. Nachdem er seine Nachricht abgeschickt hatte, blickte er gebannt auf den Monitor. Emma war bisher nur kurz im Schlafzimmer gewesen und wie es schien, funktionierte die Wanze im Wohnzimmer nicht. Gestern hatte er das nicht bemerkt, weil sie den Abend im Bett verbracht und kein Wort geredet hatte. Er hoffte, dass sie endlich mit Tanja telefonieren würde, und zwar nicht im Wohnzimmer. Er musste dringend herausfinden, warum sie so früh nach Hause gekommen war. Irgendwas stimmte nicht.

Wenn er seinen Plan perfekt durchziehen wollte, dann musste er sie noch eine Weile belauschen. Aber ... nachdem er ihr so nah gewesen war, wusste er nicht, ob er es noch länger ohne sie aushalten würde. Er zog sich eine Zigarette aus dem angebrochenen Päckchen und schmiss es dann zum Monitor. Scheiße. Wieso konnte sich Emma auch nicht an ihren Plan halten? War sie jetzt doch wieder krank? Dann hätte er erneut keine Chance, länger in ihrer Wohnung zu verweilen. Andererseits könnte er seinen Plan auch ändern. Er kannte ihre Wohnung und wusste, dass sie selten Besuch bekam. Ab und an hatte er

Tanja und John vor ihrem Haus gesehen, doch die blieben nie wirklich lange. Er konnte also einfach bei ihr warten. Ja, er konnte sogar nachts in ihre Wohnung schleichen und sich dann zu ihr legen. Bei dem Gedanken wurde sein Schwanz sofort wieder steinhart. Er drückte die Kippe auf einem Teller aus und holte sich erneut einen runter. „Emma, ich bin bald bei dir", raunte er. „Ich weiß nicht, wie lang ich mich noch zügeln kann, mein Engel. Willst du mich auch so sehr, wie ich dich? Willst du mich schon heute Nacht?"

Emma

D as ist herrlich, Emma", schwärmte Tanja. „Wie machst du das bloß immer?" Sie starrte das Stückchen Torte an, als wäre es das Beste, was ihr je passiert war.

„Wenn sie mich doch nur noch so anschauen würde." John lachte.

„Eifersüchtig?", neckte ihn Tanja.

Die beiden waren wirklich ekelhaft süß. Emma freute sich für ihre beste Freundin. Dennoch gab es ihr einen Stich ins Herz. Sie wusste selbst nicht, ob aus Eifersucht auf John oder auf Tanjas normales Leben.

Das Wort „normal" mögen wir hier nicht so gern, hatte ihre Therapeutin immer gesagt und so getan, als würde es nicht stimmen, dass ihr Leben alles andere als das war.

Johns Handy klingelte. Er schaute aufs Display und entschuldigte sich. „Ist die Arbeit. Ich muss kurz ran."

„Geh ruhig in Tanjas Zimmer", forderte Emma ihn auf.

Er nickte und verließ mit dem Telefon am Ohr das Wohnzimmer.

„Perfektes Timing." Tanja rückte ein Stück näher an Emma. „Wie geht's dir?"

Emma kaute auf ihrer Unterlippe und griff nach ihrem Powerring. Sie fuhr mit diesem über ihre Finger, was ihr half, sich zu beruhigen.

„So schlimm?"

„Es war wirklich furchtbar heute. Es überfordert mich ja schon, diesen blöden Antrag auszufüllen. Und der Gedanke an einen neuen Job macht mich wahnsinnig. Stell dir vor, ich muss Bewerbungsgespräche führen. Wie schrecklich ist das denn?" Emma redete sich in Rage, was sonst eher Tanjas Art war. Ihre Wangen glühten.

Tanja legte ihre Hand auf Emmas, was ihr ein wenig Beruhigung schenkte.

„Wir füllen das einfach zusammen aus. Das muss dir auch nicht peinlich vor John sein. Der ist gut bei sowas."

„In was bin ich gut?"

Emma wischte sich schnell eine Träne weg und schniefte.

„Im Ausfüllen von Anträgen. Emma, hol ihn doch bitte. Dafür sind doch Freunde da. Um nicht alles allein zu machen." Sie lächelte ihr aufmunternd zu.

Gemeinsam füllten sie die Papiere aus, was überraschend schnell ging. Sie war zu nervös, um zu begreifen, was dort stand, aber John erklärte ihr alles mit einer Engelsgeduld.

Er räusperte sich. „Ehm. Du brauchst eine Arbeitsbescheinigung."

„Was bedeutet das?" Emma sah ihn fragend an.

„Ich fürchte, du musst nochmal ins Büro."

Mit weit geöffneten Augen starrte sie ihn an. „Aber kann ich das nicht per Post machen?"

„Ja, klar. Aber dann dauert es vielleicht ewig und bei diesen Anträgen sollte man keine Zeit verlieren, sonst hast du am Ende kein Geld. Zumindest nicht rechtzeitig."

„Na toll." Emma stützte ihren Kopf auf die Hände.

Tanja legte ihren Arm um sie. „Soll ich mitkommen?"

„Ich schaff das schon. Ich will ja schließlich normal sein."

Tanja lachte, weil sie erkannte, dass Emma auf ihre irre Therapeutin anspielte.

„Wie viel Geld bekomme ich denn eigentlich? Ich werde aus den Unterlagen nicht schlau."

„Es gibt so eine Seite im Internet, da kannst du dir das ausrechnen lassen." John holte sein Handy erneut vor und suchte die Website.

Sie nannte ihm die geforderten Zahlen und sah gebannt zu, wie er auf „Berechnen" klickte.

Die Zahl, die ihr entgegensprang, war fast genauso schlimm, wie damals zu erkennen, dass die Todesküsserin ihre eigene Therapeutin war. „Siebenhundert Euro? Das ist doch ein Witz! Wie soll ich denn davon leben können? Das geht doch gar nicht."

Sie schmiss den Powerring, den sie noch immer in den Händen gehalten hatte, in eine Ecke. Dass John im Raum war, hielt sie nicht mehr davon ab, ihre Verzweiflung zu zeigen. Panisch kratzte sie an ihren Armen. Der Drang, sich wehzutun, stieg enorm.

„Emma, wir bekommen das schon irgendwie hin. Versprochen. Lass uns ein paar Nächte drüber schlafen und dann finden wir eine Lösung."

„Vielleicht suchst du dir einen Mitbewohner", schlug John vor und klang übertrieben fröhlich.

Tanja und Emma schauten ihn an, als hätte er vorgeschlagen, nach China auszuwandern.

„Ich verspreche dir, wir schaffen das irgendwie. Das Wichtigste ist, dass du gesund bleibst und dir nicht wieder wehtust. Versprich es!"

Emma schaute ihr in die Augen, Tränen bildeten einen See in ihnen. „Ich versuch's."

„Ich schlaf heut hier", verkündete Tanja.

„Nein, ist schon gut." Emma stand auf und räumte das Geschirr in die Küche. Sie atmete tief durch. Das war ein Test. Wie stark war sie wirklich? Wenn sie es schaffte, sich nicht wehzutun, würde sie auch eine Lösung finden. Sie musste nur dringend ihre Techniken anwenden.

Tanja folgte ihr in die Küche.

„Ich schaff das. Wirklich. Ich werde jetzt in Ruhe meditieren und dann einfach schlafen gehen."

„Sicher?"

„Ganz sicher."

„Okay, dann gehen wir jetzt."

Zögerlich gingen John und Tanja in den Flur und zogen sich ihre Jacken und Schuhe an.

Emma atmete noch einmal tief durch. Dann folgte sie ihnen.

Mit den Worten: „Bleib stark", verabschiedete sich John.

Emma ballte ihre rechte Faust und hob den Arm, um ihm ihre nicht vorhandenen Muskeln zu zeigen. Sie grinste. „Mach ich."

Tanja umarmte sie lange. „Ruf an, wenn du reden willst. Ich lass mein Handy nicht aus den Augen."

„Schon gut. Kümmere dich um deinen Göttergatten." Sie winkte Tanja zu, die die Treppen hinunter lief. Noch einmal drehte sie sich zu Emma um. „Schön, dass du es immer noch mein Zimmer nennst, obwohl ich hier kaum noch schlafe."

„Es wird immer deins bleiben."

Tanja warf ihr einen Luftkuss zu und verschwand im Treppenhaus.

Emma schloss die Tür und brach auf dem Boden zusammen. Sie weinte all die Tränen, die ihre Freundin nicht sehen sollte. Doch sie meinte es ernst. Sie würde es schaffen. Alte Gewohnheiten mit neuen Mustern brechen hieß es doch immer und so kroch sie ins Bett, um dort ihre Gefühle ins Tagebuch zu schreiben. Etwas, das ihr half, sich auf die Emma zu konzentrieren, die sie werden wollte. Eine mutige Emma. Sie holte es aus der Schublade und schlug es auf. Komisch. Wieso war das Leseband denn auf der aktuellen Seite?

Sie selbst platzierte es immer am Anfang der Woche, damit sie leichter resümieren konnte. Und es diente als Schutz, nachdem sie herausgefunden hatte, dass Kristina damals in der Klinik ihr

Tagebuch gelesen hatte. Mit dieser Methode wollte sie immer sofort bemerken, wenn sich jemand daran zu schaffen machte. Aber ... sie wohnte allein. Es konnte also niemand darin gelesen haben. Oder?

Ein Schauer kroch über ihren Rücken. *Ach Quatsch. Ich stand gestern total neben mir. Kein Wunder, ich wurde gefeuert.* Bevor die nächste negative Gedankenspirale losdrehte, legte sie ihr Tagebuch weg und schnappte sich ihr Handy. Emma ging auf ihren Blog. Sie las sich ein paar lobende Kommentare durch, die ihr Mut machten, die sie beruhigten.

Dieser Blog hielt sie am Leben. In der Zeit, während der sie krankgeschrieben zuhause gesessen hatte, hatte sie sich einen Koch- und Backblog aufgebaut. Eigentlich war dieser nur für sie selbst gedacht, doch als sie merkte, dass sie Fans und damit endlich mal Zuspruch in ihrem Leben bekam, begann sie, die Rezepte auch für die fremden Nachkocherinnen im Internet zu kreieren. Dieses Gefühl, etwas Eigenes zu schaffen, etwas Eigenes, das sie auch noch liebte und bei dem sie nicht mit Menschen in einem Raum sein musste, war überwältigend. Innerhalb weniger Wochen hatte sie schon eine ordentliche Sammlung zusammengestellt. Fast jeden Tag veröffentlichte sie ein neues Rezept auf der Website und die Tage vergingen nicht mehr sinnlos, so wie früher. Und nun konnte sie sich das bald alles nicht mehr leisten.

Diese dauerhafte Angst tat ihrem Körper nicht gut. *Lässt man eine Angst zu, kommen sie alle. Ich muss damit aufhören.* Als sie sich eine Meditation anmachte und versuchte, runterzufahren, fiel ihr ein, dass sie vergessen hatte, abzuschließen. *Scheiß drauf. Normale Leute schließen wahrscheinlich gar nicht ab und deshalb bleib ich jetzt liegen.* Auch wenn ihre Angst ihr zurief, dass sie das nicht tun sollte.

4. MAI 2019 – FREITAG

Emma

Fluchend betrat Emma am Nachmittag das Gebäude der Agentur, von der sie nun freigestellt war. Wenigstens eine gute Sache. Sie bekam noch drei Monate Gehalt, ohne zur Arbeit zu müssen. Dennoch, ihre Stimmung hätte kaum tiefer sinken können. Tanja und John hatten sich gestern Abend zwar größte Mühe gegeben, sie aufzumuntern, aber nachdem Emma festgestellt hatte, dass sie noch mal ins Büro musste, um sich diese blöde Arbeitsbescheinigung zu holen, war an ihrer Laune nichts mehr zu machen gewesen. Nicht mal Kochen hatte heute Mittag geholfen, geschweige denn, meditieren. Sie hatte sich dazu gezwungen, da sie wusste, dass ihr Verletzungswunsch sonst schnell wieder zurückkommen konnte, und das wollte sie noch weniger, als ins Büro zurück. Sie hatte lange genug gebraucht, ihr Leben wieder halbwegs auf die Reihe zu bekommen. Das letzte Mal, dass sie sich geritzt hatte, war ein Jahr und zwei Monate her, damals, als ihr Vater ermordet worden war.

Sie hatte zu der Zeit viel von ihrer Therapeutin gelernt, alles an Entspannungsmethoden getestet, was so ging, und brauchte nun zum ersten Mal seit Langem keine Medikamente und hielt trotzdem durch. Es war beklemmend, dass sie so viel Positives von dieser Psychopathin gelernt hatte.

Den Drang, sich wehzutun, hatte Emma kaum noch und wenn, dann nur leicht. Allerdings war sie auch vom echten Leben abgeschottet gewesen. Nun wurde es wieder schwerer. Doch ein Blick auf das, was sie geschafft hatte und der Trost, den sie durch ihren Blog erhielt, bauten sie stets auf und hielten sie davon ab. Sie wollte so sehr, dass es funktionierte. Was wäre sie für eine Heuchlerin, wenn sie Rezepte kochte und vorstellte, um sich nicht zu ritzen und anderen Mut zu machen, und dann doch rückfällig wurde?

Emma war sich nicht sicher, ob sie mit ihrem Schlüssel, den sie am Tag ihrer Kündigung vergessen hatte, noch die Bürotür aufschließen durfte. Aber sie hatte keinen Bock, dass die Storchentussi sie wieder volllaberte, also öffnete sie sich die Tür selbst. Heute mal ohne Flecken auf ihrer Kleidung und mit weniger Angst, dafür mehr Wut. Es duftete nach Kaffee im Büro. Das war eigentlich das einzig Gute hier gewesen. Der Kaffee.

„Emma, hast du es dir anders überlegt?" Da stand sie schon parat, Frau Storchentussi in Person. Sie war direkt von ihrem Empfangstresen zu ihr geeilt.

„Sabine", säuselte Emma im gleichen Ton. „Ich brauche nur etwas vom Chef und wollte meinen

Schlüssel abgeben." Sie hielt ihr den Schlüssel vor die Nase.

„Der Chef ist nicht da, der ist krank."

„Was ganz Neues." Emma verdrehte die Augen.

„Hihi, ja, aber diesmal ist er wirklich krank."

Sobald es was zu tuscheln gab, vergaß hier jeder seine Feindschaften. Emma staunte immer wieder, wie das Beziehungsgeflecht sich im Büro täglich wandelte. Bisher hatte Sabine sie nicht mal mit dem Arsch angeguckt und diese Woche machte sie auf Freundin, um zu ihr zu ziehen? Irgendwas stimmte mit der doch nicht. Hatte sie etwa vergessen, dass sie sich nicht leiden konnten?

„Aha." Emma hatte kein Interesse an den Tratschereien. Sie wollte einfach nur ihren Wisch unterzeichnet bekommen und nie mehr wieder in dieses Gebäude zurückkehren.

„Emma, ich hab das auch für dich gemacht."

Verdutzt guckte sie auf. „Was hast du für mich getan?"

„Ich hab sein dämliches Rumgescheuche nicht mehr ertragen. Frau Jakobsen, warum steht mein Kaffee noch nicht auf meinem Tisch, Frau Jakobsen, das war aber nicht der Kuchen, den ich sonst immer esse, Frau Jakobsen, wischen Sie mir bitte den Arsch ab." Sie kam in Fahrt.

„Das klingt, als hättest du etwas für *dich* gemacht", gab Emma zurück.

„Jaaa, auch, aber auch für dich. Jetzt hab ich wirklich einen gut bei dir." Sie verschränkte grinsend die Arme vor ihrer Brust.

„Ich hab dich um nichts gebeten. Abgesehen davon weiß ich immer noch nicht, was du eigentlich getan hast." Das Gespräch begann sie zu nerven, doch so langsam wurde sie auch etwas neugierig.

Die Störchin lehnte sich nach vorne und sprach mit gesenkter Stimme: „Ich habe ihm Abführmittel in seinen scheiß Kaffee gerührt." Sie konnte kaum an sich halten vor Lachen.

Emma kam nicht umhin, an Kristina zu denken. Eine gehässige, ehemalige Zimmernachbarin, eine Sadistin, mit der sie vor kurzem noch gemeinsam verdächtigt worden war, dass sie ihre Väter umgebracht hätten. Die Übelkeit meldete sich sofort zurück.

Die Storchenfrau merkte, dass Emma gar nicht zum Lachen zumute war und reagierte schnell. „Emma, das ist sonst nicht meine Art, wirklich. Aber er ist einfach zu weit gegangen." Sie holte tief Luft. „Er ... er ... wollte mir an die Wäsche."

So ernst hatte Emma sie noch nie gesehen und ihre Augen verrieten, dass es ihr schwerfiel, das mal so eben zwischen Tür und Angel zu erzählen. Sie musste schon sehr verzweifelt sein, solche Geschütze aufzufahren. Oder sie konnte gut schauspielern. Wie aufs Stichwort kamen drei ehemalige Kollegen ins Büro, Emma fühlte sich von Sekunde zu Sekunde unwohler. Jedoch sagte keiner mehr als „Hallo" zu ihr. Nicht einer sprach Bedauern aus, und ganz sicher wussten alle von ihrer Kündigung.

„Gib her! Ich mach die Bescheinigungen für ihn fertig und kann das im Auftrag unterzeichnen." Sie stempelte das Papier, setzte sich an den Rechner und trug ein paar Zahlen ein. Emma hatte sie die ganze Zeit im Auge und versuchte, ihre Kollegen auszublenden.

„Ey, Püppchen, bringst du mir heut auch einen Kaffee?", begrüßte sie ein schmieriger Kollege. Die Storchenfrau blickte auf. Für eine Sekunde glaubte Emma, wieder diese traurigen Augen zu sehen, doch im nächsten Moment flirtete sie schon zurück.

Sie überreichte Emma den Umschlag mit der Bescheinigung.

„Danke", murmelte Emma und griff danach, doch die Störchin hielt ihn fest.

„Du weißt, wie du dich revanchieren kannst." Sie sah Emma eindringlich in die Augen.

Warum will sie so unbedingt bei mir wohnen? Sie wird doch wohl genug Freunde haben, zu denen sie ziehen kann, wenn sie Probleme hat, oder?

Emma riss ihr den Umschlag aus der Hand und flitzte aus dem Büro. Wieder dieser Blick, der so gar nicht zu der Storchentussi passte. War ihr widerlicher Chef echt so weit gegangen, sie sexuell zu belästigen? Oder war das nur eine Masche von ihr? Doch der Blick in ihren Augen hatte so verletzlich gewirkt, so echt.

Er

Auch heute begann er seinen Rundgang mit einem kräftigen Atemzug. Der Geruch ihrer Wohnung war einfach einzigartig. Es roch nach Zimt und Vanille. *Ob ihre Haut auch so duftete?* So gern würde er an ihren Armen riechen, ihr die Kleidung nehmen und jeden Winkel ihres Körpers kennenlernen. Riechen, schmecken, sehen, hören, fühlen. Wie damals.

Wie sie dabei wohl klingen wird, wenn ich sie verwöhne? Sie war sicher keine von der lauten Sorte. So wie er sie einschätzte, war sie zart wie ihre Haut, ihr Orgasmus so süß wie Zucker. Aber er musste sich noch ein wenig gedulden, alles genau vorbereiten und vorsichtig sein.

Er hatte sie gestern belauschen können. Im Flur hatten Tanja und John versucht, sie aufzubauen, und er war fast wild geworden, weil er nicht gewusst hatte, was los war. Er hatte dringend in ihre Wohnung eindringen und rausfinden müssen, was abging. Doch zu seinem Ärger hatte Emma den ganzen Vormittag zuhause verbracht. Er hatte schon fast aufgegeben, als er endlich gesehen hatte, wie sie sich im Schlafzimmer umgezogen hatte. Ein Blick auf seine Ortungs-App hatte ihm gezeigt, dass sie sich in Bewegung gesetzt hatte und bei der Arbeit war. Er hatte sich sofort aufgemacht. Arbeitete sie jetzt nur noch Teilzeit?

Sein erster Gang war ins Arbeitszimmer, weil sie dort ihre Post aufbewahrte. *Ach du Scheiße.* Sie war gefeuert worden. Seine Hände zitterten, als er den Antrag auf Arbeitslosengeld in der Hand hielt. Seine Emma war gefeuert worden? Er las die Kündigung und sein Herz zerriss. Sein armer Engel. Deshalb hatte sie gestern getröstet werden müssen. Sie konnte ihn jetzt mehr denn je gebrauchen.

Doch wie sollte er unbemerkt in ihrer Wohnung verweilen, wenn Emma sie wieder tagelang nicht verlassen würde? Und wahrscheinlich würde sie auch gleich wiederkommen, denn aus der Kündigung ging hervor, dass sie freigestellt worden war. Ein Blick auf sein Handy verriet ihm, dass sie sich inzwischen wieder auf dem Rückweg befand. Er hatte nur noch eine halbe Stunde. So hatte er sich das nicht vorgestellt. Wut loderte in ihm auf.

Er schmiss die Kündigung auf den Schreibtisch. *Scheiße.* Er musste sich beeilen. Er nahm ihre Wasserflasche und tröpfelte etwas hinein, stellte sie wieder an Emmas Bett und korrigierte die Position der Kamera, um sie diese Nacht noch besser beobachten zu können. Außerdem tauschte er die Wanze im Wohnzimmer aus. Er schaute in ihren Kühlschrank, nahm einen Schluck von ihrem Saft, aß ein Stück Torte, den Blick stets auf seine Ortungs-App gerichtet. Heute war er vorsichtiger.

Vielleicht war es gar nicht so schlecht, dass sie nicht mehr zur Arbeit musste. Denn dann würde sie auch niemand so schnell vermissen. Tanja könnte er mit Emmas Handy eine Weile hinhalten. Es würde ihm Zeit verschaffen. Eigentlich wollte er ihren Schlummerdrink erst ein wenig mit ihr testen, damit er für ihre perfekte Nacht die richtige Dosis wählte. Doch wenn sie heute davon trank, und davon war auszugehen, dann könnte er auch diese Nacht schon kommen. Aber Nein. Er hatte noch nicht alles geregelt. Er brauchte noch ein bisschen mehr Zeit und musste daher unbedingt seine Ungeduld zügeln.

Er ging ins Badezimmer und verrichtete sein Geschäft, nahm ihre Zahnbürste und schrubbte seine Zähne. Wie es wohl wäre, hier gemeinsam mit ihr zu leben? Sie würde ihm morgens Frühstück machen, während er auf dem Klo seine Zeitung las. Dann würden sie auf dem Sofa liegen und miteinander schlafen – in allen erdenklichen Positionen. Sie wäre sein, für immer und ewig. Sie war keine von denen, die ihre Bestätigung bei tausend anderen Männern suchte. Sie verspürte nicht permanent den Drang, rauszugehen, etwas zu unternehmen, etwas zu erleben. Er konnte mit ihr auf der Couch liegen und lesen, früh ins Bett gehen und sich von ihr bekochen lassen. Auch er würde sie verwöhnen, ihr jeden Sonntag Blumen besorgen, wie man das eben so machte in einer perfekten Beziehung.

Im Schlafzimmer angekommen setzte er sich auf das große Bett, das in der Mitte des Raumes stand. Das war das Schönste, hier fühlte er sich Emma ganz nah. Sie hatte sich gut eingerichtet. Die braunen Vorhänge und der weiße Teppichboden gefielen ihm, erinnerten ihn an sein altes Zuhause. Der weiße Kleiderschrank gegenüber von Emmas Bett war viel zu groß für jemanden wie sie, die kaum Klamotten besaß, deshalb waren überwiegend Bücher dort zu finden. Außerdem war der Raum gefüllt mit Topfpflanzen, die eine angenehme Stimmung verbreiteten. Das hatte es zuhause nicht gegeben. Blumen. Weshalb er es hier noch gemütlicher fand. Links neben dem Bett stand ein brauner Wäschekorb, den er zu sich zog. Er durchwühlte ihn, bis er ein schwarzes Höschen erwischte. Er würde es wieder mit nach Hause nehmen. So schnell würde das nicht auffallen, sie hatte genug davon und er brauchte es, um ihr nah zu sein. Sie würde das schon verstehen, nicht so wie die anderen Frauen. Er würde sie schon überzeugen und sie würde ihn lieben. *Lieben, so wie sie nie zuvor geliebt hatte,* dachte er und stöhnte ihren Namen.

Bald sind wir vereint, er musste sich nur noch ein wenig gedulden.

5. MAI 2019 – SAMSTAG

Emma

Emma saß auf dem Sofa, ihre Augen waren schon ganz klein, doch sie konnte nicht aufhören zu arbeiten. Sie hatte stundenlang gekocht und war nun dabei, ein neues Rezept auszuklügeln, die neuesten Bilder auf ihren Blog zu stellen und sich nebenbei noch bei Instagram einzulesen. Social Media war nie so ihr Ding gewesen, doch nachdem sie vermehrt Kommentare und Lob für ihre Rezepte erhalten hatte, hatte sie sich langsam an den Gedanken gewöhnt. Sie hatte viel recherchiert, brauchte aber noch den nötigen Mut, den kleinen, letzten Stupser, um sich wirklich bei dieser Plattform anzumelden. *Was erhoffe ich mir eigentlich davon?* Sie blickte zum Fenster und lauschte den vorbeirauschenden Autos. In ihrer Wohnung war es immer recht laut, sie wohnte schließlich in einer sehr beliebten Gegend von Berlin. Hier war viel los und sie mochte das. Fühlte sich ein wenig sicherer. Gleichzeitig war man anonym und keiner scherte sich um einen, bis vielleicht auf Frau Hefter. Ihre Nachbarin aus dem ersten Stock, die den Klatsch und Tratsch des ganzen Hauses verbreitete.

Doch nach dem, was sie über Tanjas Arbeit als Polizistin gelernt hatte, nahm sie Frau Hefter inzwischen eher als Geschenk wahr. Diese Frau konnte zur Not wichtige Hinweise liefern. Sie beobachtete alles und jeden und war somit ein guter Wachhund. Auch wenn sie nicht mehr genügend Zähne hatte, zubeißen konnte sie dennoch.

Emma nahm einen Schluck von ihrem *Was-ist-Ihr-Problem-mit-meinen-Turnschuhen?-Saft.*

Ihre neuste Errungenschaft. Bevor sie erfahren hatte, dass sie sparen musste, hatte sie sich einen Entsafter besorgt. Zwei Fliegen mit einer Klappe, hatte sie noch gedacht. Sie tat ihrem Körper etwas Gutes und konnte neue Rezeptideen anbieten. An Smoothies kam sie irgendwie nicht ran. Also hatte ihr Blog nun Hauptspeisen, Torten und Säfte. Als Nächstes wollte sie sich mit Aufstrichen befassen, doch so schnell kam sie gar nicht hinterher. Es dauerte einfach zu lange. Rezepte entwickeln, einkaufen, kochen und backen. Dabei immer an Fotos denken, versuchen, sie perfekt hinzubekommen, und dann alles auf die Website zu stellen. Sollte sie wirklich eine Social Media Fee werden, dann bräuchte sie noch mehr Zeit. Inhalte zu erstellen, war ja ihr täglich Brot als Content Managerin.

Pling. Eine E-Mail traf ein. Sie brauchte einen Moment, bis sie begriff, dass die E-Mail an ihre Blogadresse gerichtet war.

Liebe Emma,
ich mag deinen Blog total. „Kochen gegen Angst", welch tolles Konzept. Ich habe genau wie du Panikattacken und verletze mich selbst. Alle bieten immer nur Meditation und Yoga an,

doch das hilft mir einfach nicht. In Stille zu gehen, macht meine Gedanken nur lauter und negativer, anstatt besser. Ich habe auch versucht, ein therapeutisches Tagebuch zu führen. Das kennst du sicher, doch auch das fokussierte mich eher auf die schlechten Dinge in meinem Leben.

Ich weiß, ich selbst bin der Schlüssel, bla bla, aber wenn es mir nun mal nicht hilft ...

Du hast nicht viel von dir erzählt, was ich verstehen kann, doch mir würde es helfen, wenn du mehr über deine Erfahrungen berichten würdest.

Versteh mich nicht falsch, deine Rezepte sind super, doch wer ist die Frau hinter „Kochen gegen Angst"? Mir machst du jedenfalls sehr viel Mut, du traust dich, einen Blog zu eröffnen und von deinen psychischen Erfahrungen zu berichten. Ich finde das unheimlich mutig.

Am besten gefiel mir allerdings deine „Ich-wurde-gekündigt-Torte-à-la-mein-Chef-ist-ein-Idiot".

Ich musste so lachen und nun habe ich es ausprobiert. Ich habe deinen „Nie-wieder-Therapie-Auflauf" nachgekocht und war das erste Mal seit seeehr langer Zeit völlig konzentriert bei der Sache. Ich hatte Vorfreude beim Einkaufen und dadurch weniger Angst und ich habe nicht ein Mal an meine Vergangenheit gedacht. Erst als das Zeug im Ofen war, kamen die Erinnerungen zurück. Das hat mir keine Therapie je gebracht, deshalb sage ich aus tiefstem Herzen: DANKE!

Bitte mach weiter so!

Deine Nina"

Emma liefen die Tränen über das Gesicht. Sie hatte den Blog nur als Hobby ins Leben gerufen und vielleicht ein wenig als Therapieersatz für sich selbst, aber dass sie damit tatsächlich anderen Menschen helfen konnte, war ein unfassbares Gefühl. Sie las die Mail noch drei weitere Male durch und sah das als Zeichen, den Schritt zu wagen. Sie stand noch einmal auf, kochte sich einen Tee und streckte sich. Dazu würde ein kleines Stückchen Torte passen. Sie öffnete den Kühlschrank und holte den Tortenteller heraus. *Komisch. War das gestern nicht noch mehr gewesen?* Wer weiß. Sie hatte mal von einer Frau gelesen, die nachts schlafwandelnd Kuchen aß. Vielleicht war sie auch so jemand geworden.

Emma hatte das Gefühl, nun würde sich einiges verändern. Sie würde eine Social Media Tussi werden, sie hatte einen Blog, sie war arbeitslos, sie hatte einen Fan und viele liebe Kommentare unter ihren Rezepten. Ihre letzte Panikattacke war bereits mehrere Monate her, ihr Leben programmierte sich gerade neu. Emma machte sich bettfertig und ihre Gedanken fuhren Achterbahn. Sie kuschelte sich in ihr beschützendes Bett und trank ein wenig Erdbeerwasser. Keine gute Idee nach dem Zähneputzen, wie sie jeden Abend aufs Neue feststellte. *So viel zum Thema gesunde Ernährung. Egal.* Das Stück Torte hatte sie ja auch nicht gestört. Ein tiefer Atemzug füllte ihren Bauch. „Scheiß drauf", murmelte sie, nahm das Handy in die zittrige Hand und meldete sich bei Instagram an.

Völlig übermüdet schlief sie jedoch nach wenigen Minuten ein.

Er

Ich halte es nicht mehr länger ohne dich aus, mein Engel. Wir waren einfach viel zu lange getrennt." Er machte sich zurecht, legte sich seinen Anzug an, richtete seine Krawatte und putzte sich die Zähne. Immer wieder blickte er auf den Monitor, in der Hoffnung, dass Emma bald ins Bett gehen würde.

Heute hatte er einen Durchbruch erlangt. Er wusste nun, wo er den Rest seines Lebens mit Emma verbringen wollte. Er hatte zwar immer noch keine richtige Bleibe für sie beide, doch er hatte einen Ort. Und einen neuen Plan. Er würde es mit Sicherheit schaffen, dass er die nächsten Tage bei Emma bleiben könnte. Dann hätten sie genug Zeit, sich aneinander zu gewöhnen. Das sollte man schließlich nicht unterschätzen. Und vielleicht konnte sie ihm ja bei der Haussuche helfen. Es sollte ja ihr gemeinsames, neues Heim werden, da sollte sie schon Mitspracherecht haben. Wobei er eh wusste, was ihr das Wichtigste war. Eine große Küche und viele Bücherregale. *Ach, mein geliebter Engel. Du kannst mir abends aus deinen Romanen vorlesen.*

Seine Tasche war längst gepackt. Er hatte die Werkzeuge für ihren Liebesakt dabei und auch ein paar Übernachtungssachen. Nun musste er nur noch warten, bis sie endlich ins Bett ging.

Emma

Ein Geräusch weckte sie. Emma fiel fast aus dem Bett vor Schreck, als sie etwas hörte. *Was war das?* Sie war sofort hellwach, riss die Augen auf und versuchte, sich an die Dunkelheit zu gewöhnen. Ihr Herz raste. Sie wusste nicht genau, was sie gehört hatte, sie wusste nur, dass sie etwas geweckt hatte. Emma griff nach ihrem Handy, traute sich jedoch nicht, damit Licht zu machen. Was, wenn jemand in der Wohnung war? Was, wenn jemand im Schlafzimmer war? Angestrengt lauschte sie, ihr Handy fest umklammert. Sie hörte nur ihren Atem, der gehetzt klang, wie nach dem Treppensteigen.

Da war das Geräusch wieder. Nun erkannte sie, dass ihre Haustürklingel Alarm schlug. *Wer zur Hölle klingelt denn um diese Zeit?* Nun traute sie sich, ihr Handy einzuschalten, gab mit zittrigen Händen die PIN ein, um es zu starten. Eine Melodie ertönte. Schnell legte sie das Telefon unter die Kopfkissen, damit niemand hören konnte, dass sie wach war. Als das Willkommensgeräusch endete, nahm sie das Handy wieder zur Hand und schaute, ob Tanja ihr vielleicht geschrieben hatte. Es war nicht ungewöhnlich für Tanja, zu früher Morgenstunde nach dem Joggen bei ihr vorbeizuschauen. Oh. Aber es war noch nicht mal Mitternacht. 23:48 Uhr.

Es bimmelte wieder und Emma fasste sich ein Herz. Sie versuchte, keine Geräusche zu machen, und kroch aus dem Bett. Bevor ihre Füße den Boden berührten, musste sie allerdings mit ihrer Handytaschenlampe Licht machen, denn sie hatte seit ihrer Kindheit große Angst, dass jemand unter ihrem Bett liegen und nach ihrem Bein greifen würde. Sie öffnete, so leise sie konnte, die Schlafzimmertür und schlich durch den Flur.

Es klingelte erneut, was ihr fast einen weiteren Herzinfarkt einbrachte.

„Emma, bitte, mach auf!"

Wer war das? Die Stimme kam ihr bekannt vor, aber Tanja war das definitiv nicht. Sondern? Sie hatte keine weiteren Freundinnen oder Verwandte.

Nun klopfte die Frau hinter der Tür mit dem Rhythmus von Emmas Herzen um die Wette.

„Hey, Ruhe da draußen, sonst ruf ich die Polizei!", hörte sie jemand anderen im Hausflur rufen. Scheiße, sie wollte keinen Ärger. Jetzt wegen Ruhestörung rauszufliegen, fehlte ihr gerade noch.

Sie schaute durch den Spion und konnte es kaum glauben. Da draußen stand die Storchentussi. Sie öffnete die Tür, um Sabine hereinzulassen, bevor noch mehr Nachbarn mitbekamen, wo die Ruhestörung herkam.

„Was machst du denn hier?", flüsterte sie und sah erst dann, dass die hübsche Blondine nicht allein war, sondern einen Koffer, einen fetten Rucksack und einen kleinen Hund dabeihatte. „Ist nicht dein Ernst?", fragte sie entsetzt, als sie eins und eins zusammenzählte.

Die Storchenfrau schob sich schnell in die Wohnung, bevor Emma ihr die Tür vor der Nase zuknallen konnte.

Emma nahm sprachlos den Koffer und stellte ihn in den Flur. Sie war zu müde und zu verwirrt, um einen klaren Gedanken zu fassen. Sie wusste, da kamen Probleme auf sie zu, doch die Müdigkeit legte sich wie eine schwere Wolldecke über sie. Als hätte sie zwei Allergietabletten genommen.

Ihre ehemalige Kollegin trug einen roten Minirock, schwarze Pumps und eine schwarze Seidenbluse. Ihr Haar war hochgesteckt. Sie hatte sich die Lippen rotgemalt, was Emma wieder zum Schaudern brachte. Wie so oft musste sie an ihre Therapeutin denken, die Väter ermordet und ihnen zum Abschied einen roten Kussmund auf die Stirn gesetzt hatte. Auf der Bluse, bei der zu viele Knöpfe geöffnet waren, befanden sich Wasserflecken. Emma musste an den Moment denken, als sie Sabine anders wahrgenommen hatte. Gestern, als der Typ im Büro sie dämlich angemacht hatte, oder neulich, als sie am Telefon war und Emma zum ersten Mal die traurigen grünen Augen von Sabine gesehen hatte, und nicht nur das perfekt gestylte Girl. Im Gegensatz zu jetzt. Sabines Make-up war verschmiert. Sie schien geweint zu haben, hatte kein Wort gesagt, seit sie in Emmas Flur stand. Emma war immer noch gegen eine Mitbewohnerin, doch sie konnte sie ja schlecht wieder auf die Straße setzen. Dass ein Zusammenziehen für sie nicht in Frage kam, konnte sie ihr morgen noch erklären. Für heute musste sie einfach nur ins Bett. Ihr Kopf schmerzte und sie konnte kaum die Augen offenhalten.

„Erklär's mir morgen." Sie schüttelte den Kopf, öffnete die Tür ihres Arbeitszimmers, in dem Tanja oft schlief. Emma stellte den Koffer dort rein, zeigte Sabine, wo sich das Bettzeug befand, und ging wieder ins Bett. Nebenan lag eine völlig Fremde, doch Emma war zu müde, um sich Sorgen zu machen. Sie schloss die Augen und schlief sofort wieder ein.

6. MAI 2019 – SONNTAG

Emma

Emma", hörte sie jemanden ihren Namen aus der Ferne rufen, gefolgt von einem Klopfen, das mindestens ebenso laut war wie das ihres Herzens. Ihr Traum begann sich zu verabschieden – sie war gerade mit ihrem Vater auf dem Ponyhof gewesen.

„Emma", erklang die Stimme noch einmal dringlicher. Verwirrt öffnete Emma die Augen, ihre Glieder starr vor Angst, bis ihr die letzte Nacht wieder einfiel. *Scheiße, ich hab ja Besuch.* Sie schaute auf ihr Handy, 7:14 Uhr. *Ist doch nicht ihr Ernst, oder?*

Die Tür öffnete sich. *Hallo? Hat die noch nie was von Privatsphäre und Höflichkeit gehört?*

„Emma, oh gut, du bist wach." Sabine lächelte verlegen. „Du, Benny muss dringend mal raus, aber ich kann die Schlüssel nicht finden."

„Benny?" Emma gähnte fragend.

„Ja, hier, der kleine Mann." Sie nahm ihren winzigen Rauhaardackel auf den Arm und gab ihm einen Kuss.

Ach shit, den hab ich ja ganz vergessen. Hoffentlich bekomme ich keinen Ärger mit der Hausverwaltung. Frau Hefter wird das sicher dem Hausmeister petzen.

„Die Schlüssel, Emma? Hast du sie? Ich will wirklich kein Malheur in deiner Wohnung."

Das will ich auch nicht. Emma rieb sich die Augen, öffnete die Vorhänge und nahm die Schlüssel, die sie zur Sicherheit unter ihr Kopfkissen gelegt hatte. Nicht, dass Sabine sie nachher nur ausrauben und abhauen wollte. Emma ging gern auf Nummer sicher und hatte trotz erheblicher Müdigkeit jedes erdenkliche Szenario innerhalb von Sekunden in ihrem Kopf durchgespielt.

„Hier." Emma gab ihr den Schlüsselbund und Sabine eilte aus der Wohnung, zur Freude vom kleinen Benny, der jetzt auch noch bellte. *Großartiger Morgen. Eine fremde Frau mit Hund in meiner Wohnung, die jetzt auch noch im Besitz meiner Schlüssel ist.* Sie schlurfte gähnend ins Bad, putzte sich die Zähne, kämmte ihre braunen, langen Haare und band sie zu einem Pferdeschwanz zusammen. Ein bisschen Wasser ins Gesicht, doch die Müdigkeit legte sich nicht. Sie hätte sofort wieder ins Bett fallen können. So quälte sie sich also in die Küche und hoffte auf die Wirkung von Kaffee. Sie setzte eine ganze Kanne auf und, nett wie sie war, bereitete sie den Frühstückstisch vor.

Als sie gerade auf die Couch plumpste, ging die Tür auf. Sehr merkwürdiges Gefühl, dass jemand außer ihr die Schlüssel zu ihrer Wohnung nutzte. Tanja hatte natürlich einen Ersatzschlüssel, doch den würde sie nur im absoluten Notfall verwenden.

„Sorry, dass wir dich wecken mussten."

„Hm", antwortete Emma. „Ich hab Frühstück gemacht."

„Oh cool." Sabine sah heute anders aus als sonst. Irgendwie ein wenig normaler und damit menschlicher. Sie trug allen Ernstes eine Jogginghose und einen blauen Kapuzenpullover. Dass solche Klamotten überhaupt in ihrem Besitz waren, überraschte Emma. Ihr Gesicht war aber bereits angemalt, wenn auch ohne rote Lippen, wofür Emma dankbar war.

Sabine goss sich eine Tasse Kaffee ein, schüttete Milch dazu und nahm einen großen Schluck. Natürlich trank sie ihren Kaffee ohne Zucker.

„Sehr lecker, danke." Sie klang ungewohnt kleinlaut.

„Du kannst auch gern ein paar Brötchen essen."

„Nee, danke. Ich esse morgens nur eine Banane, sonst brauch ich bald neue Klamotten."

Natürlich, kein Zucker, keine Brötchen, ihre Figur kam ja nicht von ungefähr. Dann war Emma lieber etwas fülliger, als auf all die guten Sachen zu verzichten.

„Nicht mal an einem Sonntag, nachdem du mitten in der Nacht in der Wohnung einer Kollegin auftauchst, die du nicht mal leiden kannst?" Den Spruch konnte sie sich einfach nicht verkneifen.

„Gerade dann nicht. Essen, um gegen Probleme anzukämpfen, ist gefährlich." Auf den letzten

Teil ging sie einfach nicht ein. Stattdessen schwiegen sie nun beide.

Emma schaltete das Radio an und setzte sich wieder auf das Sofa. *Wenn sie nicht reden will, kann ich auch genauso gut Musik hören.* Sie zum Reden aufzufordern, war ihr gerade zu anstrengend. Emma schmierte sich ein Käsebrötchen, kam sich jedoch ziemlich fett dabei vor. Allein zu essen, wenn daneben eine gertenschlanke Person hungerte, regte den Appetit nicht sonderlich an. *Na das kann ja heiter werden. So werde ich bald auch zur Magersüchtigen.* Ihre Stimmung sank und sie gähnte erneut.

Sabine bemerkte den Stimmungsabfall und seufzte. „Ich weiß, ich bin dir eine Erklärung schuldig", stammelte sie und blickte in ihre Kaffeetasse. Sie nahm einen tiefen Atemzug und gab sich einen Ruck. „Aaalso, mein Vermieter ist genauso ein Arsch wie unser Chef. Ex-Chef", korrigierte sie sich schnell. Sie schaute Emma in die Augen. „Ich wurde auch gefeuert. Jemand hat gepetzt. Wenn ich Pech habe, bekomme ich eine Anzeige wegen Körperverletzung." Sabine goss sich noch eine zweite Tasse ein. „Du hast recht, heut ist Sonntag. Normalerweise trinke ich nicht mehr als einen Kaffee, damit meine Zähne weiß bleiben", lächelte sie verlegen. Hier saß eine ganz andere Frau als die Kollegin, die Emma kannte. Wo war die eingebildete Storchentussi? Oder machte es nur das Outfit?

„Und was hat dein Vermieter damit zu tun?"

„Na ja, ich habe die Wohnung nur bekommen, weil ich ihm schöne Augen gemacht habe.

Bisschen flirten hier, bisschen Versprechungen da, aber ich brauchte halt eine Wohnung, nachdem ich bei meinem Ex-Freund rausgeflogen bin. Irgendwie bin ich dann bei dem schmierigen Typen gelandet. Er hat mich für lau in seiner Wohnung schlafen lassen. Ich hatte keine Wahl, konnte ja schlecht im Büro übernachten."

Hatte sie keine Freunde? Ich mein, nicht dass ich da viel aufweisen könnte, aber sie wirkte jetzt nicht gerade wie eine Einzelgängerin.

Emma nahm nun doch einen Happen von ihrem Aufbackbrötchen und hörte interessiert zu. Für einen kurzen Moment war die Müdigkeit verflogen.

„Jedenfalls kam ich gestern Nacht nach Hause, und da stand er in meiner Wohnung und meinte, er wäre bereit. Es wurde ziemlich unschön. Ich musste ihm meine spitzen Pumps auf die Zehen stoßen und habe ihm gedroht, damit seine Augen auszustechen. Er hat gejault wie ein abgestochenes Schwein und hat mir fünf Minuten gegeben, um meine Sachen zu packen und zu verschwinden, sonst wollte ER die Polizei rufen." Sabine schüttelte den Kopf. „Diese Typen, was die sich eigentlich denken. Zum Glück hatte ich meine Sachen nie in dieser Wohnung ausgepackt, ich habe meinen Koffer immer abreiseparat gehalten. Irgendwie wusste ich, dass es dort nicht lange gut gehen würde." Sabine drückte Benny eng an sich und vergrub ihren Kopf in seinem Fell.

„Und was war mit deinem Ex-Freund?" Emma wollte nicht zu neugierig sein, doch es interessierte sie schon, warum man ihren neuen Gast überall rausgeworfen hatte.

Sabine stöhnte. „Der!" Nun nahm sie sich doch ein Brötchen. „Hast du auch was Veganes?"

Natürlich. Das Fräulein aß keine tierischen Fette, um bloß kein Gramm zuzunehmen.

„Ich hab noch eine Avocado." Emma erhob sich, was ihr an diesem Morgen besonders schwerfiel, und brachte Sabine ihr Frühstück aus der Küche.

„Und Salz?"

Emma ging erneut in die Küche und unterdrückte ein genervtes Stöhnen. Jeder Schritt war qualvoll. Sie war einfach noch nicht richtig wach.

„Danke."

Sabine schnitt die Avocado auf, schmierte sie auf ihr Brötchen und streute Salz drüber. Vorsichtig roch sie daran und biss zaghaft hinein. Emma sah das erste Lächeln des Tages auf ihren Lippen.

„Vielleicht solltest du öfter frühstücken." Emma konnte es sich nicht verkneifen.

Sabine aß schweigend ihr Brötchen. Emma nutzte die Chance und verschlang ihr Frühstück ebenso. Allerdings hatte sie zwei Brötchen gegessen, als Sabine gerade mal eine Hälfte geschafft hatte. Doch das war ihr egal, es war schließlich Sonntag. Nicht, dass das jetzt noch eine Bedeutung gehabt hätte, so ohne Arbeit. Ihr Blick verfinsterte sich wieder.

„Mein Exfreund. Er hat rumgevögelt, was das Zeug hielt, und das nicht nur mit mir. Ich habe gemerkt, dass er langsam das Interesse verlor, und da habe auch ich mich nach etwas Neuem umgesehen. Leider war ich etwas unvorsichtig, denn ich habe mich an seinen besten Freund rangemacht."

Emma verschluckte sich und hustete.

„Jedenfalls hat er uns in flagranti erwischt und mich rausgeschmissen. Wieso dürfen Männer eigentlich alles machen, was sie wollen, und wir sind bei einem Fehltritt sofort die dummen Schlampen?" Wieder schüttelte sie den Kopf und ihre Stirn verzog sich zu einem faltigen Wust.

Wenn sie wüsste, wie viel Falten sie hat, wenn sie wütend ist, dachte Emma und unterdrückte ein Grinsen. „Wieso hast du dich denn überhaupt an seinen Freund rangemacht?" Sie stand auf und begann, den Tisch abzuräumen. Sabine blieb wie versteinert sitzen.

„Weil ich's kann", funkelte sie Emma an.

Dünnes Eis. Alles klar. Emma stellte das Geschirr in den Geschirrspüler. Butter, Käse, Marmelade und Avocado legte sie in den Kühlschrank. Sie ging zurück ins Wohnzimmer und setzte sich wieder zu Sabine, füllte sich eine neue Tasse Kaffee ein.

„Und was ist jetzt dein Plan?"

Emma konnte Sabines Gesicht nicht deuten. Sie bekam keine Antwort.

„Du weißt schon, dass du hier nicht bleiben kannst?", hakte sie weiter nach.

„Aber warum denn nicht? Wenigstens ein paar Tage, bis ich eine Wohnung gefunden habe. Ich zahle dir auch Miete. Du brauchst doch jetzt sicher Kohle oder hast du schon einen neuen Job?" Sie versuchte, Emma zu überzeugen.

„Weil ich keine Gäste mag!", brummte Emma und verschwand mit ihrer Kaffeetasse in ihrem Schlafzimmer. Soll sie doch dort allein sitzen und gar nicht erst glauben, dass sie Freundinnen werden konnten und den ganzen Tag zusammen Spaß haben würden. Das hatte noch nie funktioniert. Sie waren viel zu unterschiedlich und sie hatte keine Lust, dass wieder jemand in ihr Leben trat, nur um sich über sie lustig zu machen. Sie wurde schon oft genug verletzt und Storchi hatte sie ebenso oft von oben herab angeschaut und sich für was Besseres gehalten. Ihre plötzliche Freundlichkeit war garantiert nur gespielt, um Emma auszunutzen.

Sonntag war Lesetag, also setzte sie sich aufs Bett und stellte den Kaffee auf den Nachttisch neben ihr Wasser, von dem sie ein wenig trank. Endlich konnte sie mit dem Lesen ihres neuesten Thrillers *Waldesstille* beginnen. Doch schon in der nächsten Sekunde schlief sie tief und fest.

Er

Diese dämliche Schlampe!", brüllte er. „So eine dreckige Hure!" Er schmiss seinen Esstisch um, samt Geschirr, das auf den Boden schepperte. „Das war mein Wochenende! Unser Wochenende! Ich hatte alles perfekt geplant, ich wollte dir ganz nah sein und nun lässt du so eine verfluchte Nutte in deine Wohnung!"

Seit Stunden tigerte er durch seine winzige Einzimmerbude, die er gerade erst in Emmas Nähe angemietet hatte. Kein Auge hatte er zumachen können, weil die Wut ihn daran gehindert hatte.

Er trat gegen die Matratze auf dem Boden des Wohn- und Schlafzimmers und schrie. Sein Gesicht puterrot vor Hass. „Ich muss nachdenken! Ich muss nachdenken", wiederholte er unentwegt. Er krallte sich in seinen Haaren fest, der Schmerz auf seiner Kopfhaut schenkte ihm ein wenig Beruhigung. Er musste einen kühlen Kopf bewahren. In dieser Verfassung durfte er nichts unternehmen. Nicht schon wieder. Beim letzten Mal wäre er fast aufgeflogen, weil er zu Dummheiten neigte, wenn er so in Rage war. Zum Glück hatte er die Wanzen angebracht, so dass er in der Nacht nicht gleich zwei Frauen und einen Hund überrascht hätte, oder eher sie ihn. *Aber nicht mit mir, Fräulein, nicht mit mir.*

Nur wenige Minuten war dieses dämliche Miststück ihm zuvorgekommen. Er hatte alles so schön vorbereitet gehabt, sich so sehr darauf gefreut. Er setzte sich wieder auf seine Matratze und starrte auf den Bildschirm. Emma lag dort in ihrem Bett, schlief völlig übermüdet und bereit für ihn. Sanft wie ein Engel. Umsonst bereit für ihn.

„Schlampe", platzte es wieder aus ihm heraus und er vergrub die Hände erneut in seine Haare, zog noch fester daran. „Ich werde schon einen Weg finden. Die Schlampe bleibt nicht ewig. Dafür werde ich schon sorgen."

Emma

Langsam wurde es wohl zur Gewohnheit, dass Emma von einem Klopfen, Klingeln oder dem Rufen ihres Namens geweckt wurde, und das gefiel ihr überhaupt nicht.

„Emma!" Sabine stand wieder vor ihrer Tür und klopfte.

Soll sie doch mit ihrem scheiß Köter einfach rausgehen.

Sabine öffnete die Tür. „Emma?"

Emma blinzelte und versuchte, den Schleier vor ihren Augen zu einem klaren Bild zu formen. *Soll sie doch einfach gehen und mich schlafen lassen.*

„Emma, geht es dir gut? Ich kenn dich und deine Gewohnheiten ja nicht, aber ich mach mir ein bisschen Sorgen. Es ist 16 Uhr und ich weiß nicht, ob du vielleicht krank bist oder nur deine Ruhe haben willst", stammelte sie und blickte nervös auf Emmas Nachttisch. Wahrscheinlich wunderte sie sich über die ganzen Bücher.

„Wie spät?" Emma war entsetzt. Hatte sie so lange geschlafen? Vielleicht setzte ihr der ganze Stress einfach nur zu. Und die Nacht war ja auch nicht sonderlich lang gewesen. *Aber, 16 Uhr? Wow.*

„Also, wenn du etwas brauchst? Vielleicht einen Tee?"

Wahrscheinlich wollte sie sich nur einschleimen, aber der Gedanke, sich selbst einen Tee zu kochen, war nicht sonderlich verlockend, daher nahm sie das Angebot grummelnd an. *Was ist nur mit mir los?* Emma setzte sich auf, ihr war ein bisschen flau und schummrig. Sie griff zur Wasserflasche mit Erdbeergeschmack und trank den Rest in einem Zug aus. *Bäh. Schmeckt schon voll abgestanden,* dachte sie und verzog die Mundwinkel angewidert. Im nächsten Augenblick schlief sie schon wieder ein.

* * *

„Emma?!"

Sie schrak hoch. Diesmal stand Sabine nicht an der Tür, sondern saß an ihrem Bett.

„Ich mach mir echt Sorgen, wenn du jetzt schwer krank wirst oder stirbst, werde ich verdächtigt. Besonders nach der Sache mit dem Durchfallkaffee, also werd wach und sag mir, dass alles gut ist. Soll ich jemanden anrufen? Einen Arzt oder so?" Sie strich ihr über den Kopf, was Emma unangenehm, aber auch gleichzeitig beruhigend fand. Zu schwach zum Widersetzen lag sie regungslos da und versuchte, ihre Gedanken zu ordnen.

Es klingelte.

Das ist ja wie im Irrenhaus. Was ist denn hier zurzeit los?

„Ich mach auf", sagte Sabine und schon war sie weg. Plötzlich stieg Panik in Emma auf. Was, wenn Sabine sie vergiftet hatte? Was, wenn sie an die nächste Psychopathin geraten war? Was, wenn sie jetzt einen Vergewaltiger hereinlassen würde

oder sie mit einem Komplizen die Wohnung aus-
räumte? Langsam richtete sie sich auf, suchte nach
ihrem Handy.

„Sie ist im Schlafzimmer", hörte sie Sabine sagen und ihr Herz setzte seinen Moment aus. Sie
musste sich verteidigen. In ihrem Nachtschrank
hatte sie noch Pfefferspray, nur zur Sicherheit. Vor
einem Jahr hatte es einigen Menschen das Leben
gerettet und ihres fast gekostet.

„Tanja", flüsterte Emma und atmete erleichtert auf.

„Was ist denn hier los? Wieso ist eine fremde Frau in deiner Wohnung? Wieso meldest du
dich nicht und liegst um 19 Uhr schon im Bett?"
Wie immer, wenn Tanja nervös war, stellte sie
tausend Fragen gleichzeitig.

„Puh, am besten fragst du sie das selbst, ich
muss erstmal zu mir kommen."

„Hey", piepste Sabine ungewohnt schüchtern.

„Ich höre!", feindete Tanja sie an.

„Ich bin ihre Kollegin ... war", korrigierte sie
sich schnell. „Ich bin in eine Notlage geraten und
Emma hat mich in der Nacht hier aufgenommen."

Tanja schaute zu Emma und die nickte.

„Seit wann nimmst du nachts Kollegen bei dir
auf?"

Hilflos zuckte Emma mit den Schultern.

„Und wieso liegst du schon im Bett und meldest dich den ganzen Tag nicht?"

„Sie liegt da schon seit dem Frühstück. Ich hab
mir Sorgen gemacht und ihr gerade Essen und
Trinken ans Bett gestellt." Nun traute sich auch
Benny um die Ecke und machte sich bemerkbar.

„Ach du Scheiße, ein Hund also auch?"

Sabine nahm Benny auf den Arm und versuchte, ihn zu beruhigen.

„Was ist denn los? Bist du krank?" Tanjas Stimme klang sanfter.

„Ich weiß nicht. Vielleicht der ganze Stress? Ich bin so krass müde und mir ist ein bisschen schummrig. Anders als bei einer Panikattacke, aber ähnlich."

„Und wann fing das an?" Sie warf einen feindlichen Blick zu Sabine.

„Ich glaube gestern Abend." Emma ließ sich, anstrengt von dem Verhör, wieder fallen.

„Was hast du denn gegessen und getrunken?" Tanja hakte weiter nach.

Emma überlegte und zählte auf.

„Und du bist sicher, dass es nichts mit der Fremden zu tun hat?"

„Ich denke ..." Wobei sie sich nicht hundertprozentig sicher war.

„Okay. Vielleicht ist es nur eine Grippe. Ich hatte das auch mal, da habe ich 22 Stunden durchgeschlafen und dann ging es wieder. Aber ich bleibe heute hier und pass auf dich auf."

„Dein Zimmer ...?" Emma brauchte nicht weiterzusprechen.

„Ich schlafe bei dir im Bett und bis dahin nehme ich mir ausführlich Zeit, deine *Kollegin* kennenzulernen." Tanja funkelte Sabine mit herausforderndem Blick an. „Aber erstmal isst und trinkst du ein bisschen." Sie gab ihr einen Kuss auf die Wange und reichte ihr den Tee, den Sabine ihr bereits vor Stunden hingestellt hatte.

Emma musste schmunzeln. *Da stehen nun zwei Frauen, die sich ähnlicher nicht sein konnten. Beide immer perfekt gestylt, stehen auf Schminke und sexy Outfits, geben nach außen die super selbstbewussten Frauen, haben aber eine sehr verletzliche Seite und nun sind auch noch beide besorgt um mich. Mein Leben wird schon wieder ulkig.* Beim letzten Mal hatte ein so beginnendes Chaos mit Folter und Mord an vier Männern und dem Tod ihrer Therapeutin geendet.

7. MAI 2019 MONTAG

Emma

Als Emma wieder erwachte, zum ersten Mal ohne Klopfen und Rufen, spürte sie plötzlich wieder so etwas wie Tatendrang. Ihre Glieder fühlten sich nicht mehr wie schwere Elefantenbeine an. Ihr tat nur ein wenig der Rücken vom ganzen Herumliegen weh. Tanja atmete laut, was Emma signalisierte, dass sie noch im Tiefschlaf war. Vorsichtig kroch sie aus dem Bett, griff sich ihr Handy und schlich aus dem Zimmer. Sie schlurfte in die Küche und machte sich einen Tee. Es war 4:47 Uhr. Sie hatte also noch Zeit, bis ihre beiden Gäste erwachen würden. *Ich habe zwei Gäste.* Emma schüttelte den Kopf. Drei, wenn man den Hund mitzählte.

Emma setzte sich ans offene Küchenfenster und inhalierte die frische Mailuft. Mai war ihr Lieblingsmonat. Angenehm warm und viele Feiertage. *Das kann mir ja nun egal sein,* grübelte sie. *Ob ich mich bald daran gewöhnen muss, mir die Wohnung zu teilen?* Sie blickte in die Spüle. Dort stand das ganze Geschirr des gestrigen Tages, den sie verschlafen hatte. Warum war keiner auf die Idee gekommen, es in die Spülmaschine zu tun? Sie rollte genervt mit den Augen. Das ging ja gut los. Emma pustete in ihren Tee, verbrannte sich trotzdem den Gaumen und ließ ihn stehen. Eine Unruhe machte sich in ihr breit. Sie musste dagegen ankämpfen, also begann sie, die Küche zu putzen. Ihr liebster Ort sollte sauber sein. Als sie damit fertig war, nahm sie ihr Handy und ging hinüber ins Wohnzimmer. Sie wollte mal sehen, ob etwas auf ihrer Website und in den sozialen Netzwerken passiert war. *Uhhh, ich checke mal kurz mein Instagram,* machte sie sich über sich selbst lustig und grinste.

„Ieh", schrie sie auf, als sie in etwas Nasses trat. „Was ist das?" Sie schaltete das große Licht an und hockte sich hin. Die Übelkeit traf sie wie ein Schlag. „Oh neeeee, das ist doch nicht dein Ernst, verdammte Scheiße. Das geht gar nicht!"

Sie hüpfte auf einem Bein in die Küche zurück und holte einen Lappen. Sie war in Pipi getreten. *Hoffentlich war es nur die von Benny,* dachte sie angewidert. Nachdem Emma mit Desinfektionsmittel den Boden gereinigt hatte, sprang sie unter die Dusche. Wurde auch mal wieder nötig, wie sie riechen musste, als sie ihren Arm hob.

5:37 Uhr. Sie hatte immer noch Zeit. Für ihr Handy hatte sie nun keine Ruhe mehr, ihr Magen knurrte und wollte Aufmerksamkeit, also machte sie das, was sie am besten konnte. *Ich-bin-barfuß-in-Hundepipi-getreten-Pancakes.* Sie war in ihrem Element und hatte die Unruhe verscheucht. Wie ein Kammerjäger, der die ekligen Kakerlaken vertrieb.

„Boah, wie riecht das denn hier?" Sabine guckte erstaunt um die Ecke.

„Ohhh, wie hab ich den Duft deiner Koch-künste vermisst", schwärmte Tanja, die ebenfalls gerade aus dem Schlafzimmer kam.

Emma grinste wie ein Honigkuchenpferd und servierte die Pfannkuchen im Wohnzimmer. Den Couchtisch hatte sie bereits perfekt gedeckt, mit Kaffee, Butter, Marmelade, Puderzucker und frisch gepresstem Saft. Ein Wunder, dass niemand bei dem Lärm wach geworden war. Der Entsafter war so laut wie das Rattern eines alten Zuges.

Sabine starrte sie mit offenem Mund an.

„Ich weiß, du isst kein Frühstück, aber das nicht anzurühren, wäre ziemlich dumm!" Emma stupste sie mit dem Ellenbogen an und erschrak selbst über ihre Kontaktfreudigkeit. Normaler-weise war ihr egal, ob die Dünnen hungerten. *Sollen sie sich doch quälen, mehr Pfannkuchen für mich.*

„Ja, das kannst du unmöglich nicht essen", be-stätigte Tanja. „Allerdings ist das auch, wie die Büchse der Pandora zu öffnen." Tanja setzte sich und nahm Messer und Gabel in die Hand, starrte wartend auf Emma und Sabine.

Emma setzte sich ebenfalls und beide blick-ten nun auf Sabine.

Diese platzierte sich zögerlich, beugte sich nach vorne, um an den Pancakes zu riechen, blickte die Mädels an und grinste. „Ach, scheiß drauf." Sie griff nach dem Besteck. Emma und Tanja lachten und gemeinsam genossen sie das Frühstück. Anschei-nend hatten sich Sabine und Tanja gestern Abend noch angenähert. Emma war erleichtert, denn auf

Stress hatte sie echt keine Lust. So konnte es sich leben lassen, vielleicht war doch nicht alles ausweglos.

„Wo ist eigentlich Benny?", fragte Tanja.

Emmas Laune sank schlagartig eine Oktave tiefer.

„Der schlabbert gerade sein Futter im Flur."

„Ach ja, wenn wir schon dabei sind, dein Hund kann nicht in meine Wohnung pinkeln. Ich bin heut Morgen barfuß in sein Pipi getreten. Deshalb heißen diese Pancakes auch *Ich-bin-barfuß-in-Hundepipi-getreten-Pancakes*", schimpfte Emma.

Sabine versuchte, Fassung zu wahren, doch Tanja begann schallend zu lachen, so dass sich auch Sabine nicht mehr halten konnte, und dabei versehentlich ihr Essen wieder ausspuckte. Auch Emma ließ sich anstecken. *So viel gelacht habe ich lange nicht mehr,* dachte sie und merkte, wie sich Entspannung sanft über ihren Körper legte. Sie beobachtete Benny, der bellend ins Wohnzimmer kam, und grinste ihn an. Er war ja wirklich niedlich, wenn er nicht gerade in ihre Wohnung pinkelte.

Benny hockte sich hin und machte vor versammelter Mannschaft einen Haufen.

„Scheiße."

* * *

Nachdem Sabine die Schweinerei sauber gemacht hatte, und sie das Frühstück beendet hatten, war Emma endlich mal richtig allein. Sabine war beim Arbeitsamt und Tanja hatte aufs Revier gemusst. Emma hatte nun wenigstens Zeit, ihr neues Rezept online zu stellen, und saß eine Weile an Handy und Laptop, bis Benny zu ihr ins Wohnzimmer kam und bellte. Emma hatte nie viel mit Tieren am Hut gehabt, außer dass sie als Kind Pferde geliebt hatte.

Benny bellte und wedelte mit dem Schwanz. *Ob er wieder einen Haufen machen muss?* Wie oft machen Hunde das eigentlich?

„Du bist nicht mein Hund, ich muss nicht mit dir Gassi gehen."

Der dunkelhaarige, kleine Dackel guckte sie mit seinen bettelnden Hundeaugen an und bellte.

„Ich will hier doch nur in Ruhe arbeiten. Außerdem muss ich als Arbeitslose nicht mehr raus. Das ist doch das Tolle daran."

Doch Benny gab nicht auf und ging in die Hocke.

„Nein", schrie Emma. „Na gut, wir gehen." Noch mehr Exkremente in ihrer Stube konnte sie wirklich nicht gebrauchen.

Benny hob den Po sofort wieder hoch und gab sich zufrieden, wedelte aufgeregt mit dem Schwanz und lief im Flur auf und ab.

Emma stöhnte, *das hat mir gerade noch gefehlt. Wie oft am Tag geht das Ganze jetzt? Und wo bleibt eigentlich Sabine? Die wollte doch nur mal kurz zum Amt.*

Sie suchte in Sabines Zimmer nach einer Leine, sah den offenen Laptop und ihre Neugier war geweckt. Sie setzte sich auf die Schlafcouch und bewegte den Cursor. Ein heller Bildschirm leuchtete auf und sie fand ein Youtube-Video. Emma drückte auf Play. Der Hintergrund kam ihr sehr bekannt vor. Dort stand Sabine in Emmas Badezimmer, schminkte sich und sprach in die Kamera: „Ihr könnt euch nicht vorstellen, die hat nicht mal Lippenstift im Haus. Ihr Gesicht hat noch nie einen Tropfen Schminke abbekommen. Außerdem isst sie den ganzen Tag. Na ja, so sieht sie ja auch aus. Und zu dem Badezimmer muss ich ja nicht mehr viel sagen. Sie hat ein Badradio, das aussieht wie ein Pferd. Ich mein, wo sind wir denn hier? In *Klein Mimmis-Waschraum*? Die Frau ist doch keine vier mehr."

Tränen liefen Emma über die Wangen. Das Ende konnte sie sich nicht anhören. Deshalb ließ sie keine Menschen an sich ran, weil sie Emma immer nur bloßstellten. Diese blöde Kuh musste sofort ausziehen. Allein war sie eben doch besser dran.

Benny schlich sich langsam an und hüpfte auf ihren Schoß, kuschelte sich an sie. Als könnte er Emmas Traurigkeit spüren. Sie wollte dem erst nicht nachgeben, merkte aber dann, wie gut ihr diese Nähe tat, also legte sie ihren Kopf auf sein Fell. Eigentlich war es auch gar nicht so schlecht, mal an die frische Luft zu kommen. Sie brauchte einen Moment Abstand von hier und so verließ sie mit ihm die Wohnung.

Er

Er hatte nicht viel Zeit. Er wusste, es blieben ihm nur wenige Minuten.

Er öffnete die Tür, was ein Kinderspiel für ihn war, und verschwand schnell in der Wohnung. Er hatte schon fünf Minuten verloren, um hierherzukommen. Zu seiner Emma, seiner Angetrauten, seiner Fee, seiner Muse. Seit er sie das erste Mal nach all den Jahren gesehen hatte, ging es ihm so viel besser. *Du machst mich zu einem besseren Menschen,* dachte er versonnen lächelnd und schnappte sich eine Dose Nassfutter, nahm eine Spritze aus seiner Jackettasche und injizierte den Inhalt in das Futter. Ein Blick auf sein Telefon verriet ihm, dass Emmas Handy in unmittelbarer Nähe war. Die Spritze versteckte er in ihrem Nachttisch, so dass sie nicht gleich auffiel. Gezielt schnappte er sich einen Slip aus dem Wäschekorb, steckte ihn in seine Anzugtasche und strich sein Hemd glatt. Seine Haare waren elegant gegelt, so dass man ihn für einen Versicherungsvertreter halten würde.

Seine erste Aufgabe hatte er nun erfolgreich erledigt. Nun ging es über zum zweiten Teil. *Wollen wir doch mal sehen, wie sehr Sabine einen netten Mitbewohner sucht.*

Emma

Emmas Wangen leuchteten rosa, die frische Luft hatte ihr gutgetan. „An dich könnte ich mich gewöhnen", flüsterte sie dem Dackel zu und vergrub ihr Gesicht in sein wuscheliges Fell. Benny schnurrte wie eine Katze.

„Jetzt muss ich aber weiterarbeiten, mein Kleiner", seufzte sie und nahm sich ihren Laptop. Benny sprang von ihrem Schoß und legte sich auf ihre Füße. Sie hatte eine neue E-Mail.

Liebe Emma,
danke, dass du mir so schnell geantwortet hast, und ja, ich verstehe, dass du noch nicht so viel offenbaren willst. Alles braucht seine Zeit.
Ich würde mich allerdings freuen, wenn du beim Kochen und Backen auch mal vor der Kamera stehen würdest. Damit kann man viel Geld verdienen auf Youtube. Vielleicht kannst du es ja gebrauchen, jetzt, wo du gefeuert wurdest.
Übrigens habe ich mich mal wieder schlapp gelacht, als ich heute Morgen dein Pancake-Rezept fand. Werde ich auf jeden Fall nachmachen.
Nun ein wenig zu mir, damit du mich etwas besser kennenlernst. Ich bin 17 Jahre alt und gehe noch zur Schule. Allerdings bin ich da nicht oft, weshalb ich schon zwei Mal die Stufe wiederholen musste. Kinder und Jugendliche sind gemein, wie du sicher auch weißt.
Ich bin seit meinem zwölften Lebensjahr in Therapie. Meine Mutter hat mich jahrelang misshandelt und zugelassen, dass mein Bruder mich anfasst. Ich werde ihr nicht verzeihen können. Mehr möchte ich momentan noch nicht erzählen, auch ich brauche Vertrauen. Mit fällt das alles nicht leicht, aber ich wollte dir trotzdem sagen, dass du mir hilfst.
Danke
Deine Nina

Youtube? Emma war zwar ein großer Fan von *Enie backt* und inzwischen auch begeistert von den lieben Kommentaren, die sie für ihre Rezepte bekam, allerdings konnte sie sich nicht vorstellen, einmal selbst vor der Kamera zu stehen.

Damit kann man viel Geld verdienen, huschte ihr immer wieder durch den Kopf. Was bedeutete denn viel Geld? Wie viel? So viel, dass sie sich überwinden konnte, über ihren Schatten zu springen? Verdiente Sabine damit auch ihr Geld? Und wo blieb die eigentlich? Die konnte ihre scheiß Koffer packen, den Hund hierlassen und gehen. Sie hatte ja von Anfang an gewusst, dass Sabine nur eine dumme Storchentussi war. Die Sorgen, die sie sich gestern angeblich um Emma gemacht hatte, waren doch nur vorgetäuscht, um sich einzuschleimen. In Wirklichkeit hatte sie die Zeit genutzt, um sich über sie lustig zu machen. *Dumme Kuh.*

Meine Mutter hat mich jahrelang misshandelt und zugelassen, dass mein Bruder mich anfasst.

Ja, das kenne ich gut. Mein Vater hat mich auch jahrelang vernachlässigt und mir manchmal wehgetan. Einiges davon werde ich nie ganz verarbeiten und vergessen können, doch seit er tot ist, hat sich die Wut gelegt. Emma hatte ihren Frieden mit der Vergangenheit geschlossen und schaffte es von Tag zu Tag mehr, nach vorne zu schauen. Aber was konnte sie diesem jungen Mädchen schon antworten? Wie konnte man jemanden mit so einer Vergangenheit aufmuntern? Welche Worte waren die Richtigen? Sollte sie darauf überhaupt eingehen?

Emma strich sich durch die Haare und seufzte. „Ach Benny, du hast es gut. Du kannst dich einfach zu einem legen und machst die Welt damit besser. Du musst nicht nach den richtigen Worten suchen." Sie wuschelte durch sein Fell und er blickte sie aus müden Augen an, zwinkerte ein paar Mal und schloss dann wieder seine niedlichen Kulleraugen.

Sie ließ ihren Blick durch die Wohnung streifen, als könnte sie so Antworten finden. Emma saß auf ihrem grauen Sessel, der nicht zum braunen Ecksofa passte. Neben ihr war das Fenster, das weit offen stand und frischen Wind in das Zimmer ließ. Sie hatte Gardinen davor, über die sich Tanja immer lustig machte. „Sowas haben ältere Mütter an den Fenstern, aber doch nicht mehr unsere Generation, Emma", musste sie sich oft anhören.

Na ja, ich habe keine Mutter, also kann ich auch Gardinen an meine Fenster hängen. Ich tue das quasi für sie. Gardinen als Mutterersatz. Emma grinste und beobachtete die Gardinen, die im Wind flatterten. Dann streifte ihr Blick über den Couchtisch. Eine Tasse Tee, ihr Notizblock mit Rezepten, Stifte und ein Buch von Nadine Teuber verzierten den Tisch aus stabilem Eichenholz. Ein Geschenk von Tanja, die Emma von Ikea weglocken wollte. Trotz Gardinen, Ikealampen und -kommoden – Emma fühlte sich wohl. Das war der einzige Ort, an dem sie sich sicher fühlen konnte. Ihre Wohlfühloase. Hier war sie für sich, konnte sein, wie sie wollte, und keiner lachte über sie. Bisher. Sie spielte mit ihren Händen und senkte den Blick.

Sie wohnte hier seit so vielen Jahren und konnte sich nicht vorstellen, jemals woanders leben zu müssen. Lieber würde sie in den sauren Apfel beißen und eine Mitbewohnerin in Kauf nehmen. Am besten eine, die viel verreiste. *Vielleicht such ich mir eine Stewardess?* Auch wenn die Gefahr groß war, wieder auf eine oberflächliche Storchentussi zu stoßen. Andererseits hatte so eine Mitbewohnerin auch was Gutes. Emma hatte heute das erste Mal seit Wochen vergessen, jedes Zimmer zu überprüfen, als sie mit Benny zurückgekommen war. Mit ihm an ihrer Seite fühlte sie sich sicher, auch wenn ihr bewusst war, dass er zu klein war, um einen Einbrecher zu verjagen. Aber sie war nicht mehr allein und das war ein ungewöhnlich gutes Gefühl, in diesem Falle.

Sie schrak hoch, als ihr eine Idee kam, wie sie ihren neuen Fan, Nina, aufmuntern konnte. Sie würde heute *Spaghetti-um-Nina-ein-Lächeln-zuschenken* kochen. Sie hatte auch schon eine perfekte Zutatenliste im Kopf, die mit ihrem Kühlschrankinhalt übereinstimmen müsste.

* * *

Mittlerweile war es spät genug, um schlafen zu gehen, aber von Sabine war immer noch keine Spur. Emma hatte nicht mal eine Telefonnummer von ihr und stand alle paar Minuten auf, um aus dem Fenster zu schauen. Mit Benny war sie bereits ein paar Runden gegangen. Es war ungewohnt, so oft draußen zu sein, doch sie merkte auch, wie gut ihr das tat.

Was sollte sie tun? Auf Sabine warten? Schlafen gehen? Die Polizei einschalten? Morgen früh bei ihrer alten Arbeit anrufen und nach Sabines Nummer fragen? Die würden ihr sowieso keine persönlichen Daten geben und nur dumme Fragen stellen. Vielleicht meldete sie sich einfach bei Tanja.

Aber ob sie jetzt hier weiter auf und ab laufen oder schlafen gehen würde – bewirken könnte sie heute eh nichts mehr. Und die Polizei wird doch erst nach 24 Stunden aktiv bei Erwachsenen, also würde sie bis morgen früh warten und dann Tanja Bescheid geben. „Komm, Benny, wir hauen uns aufs Ohr."

Sie putzte ihre Zähne. Anschließend hüpfte Emma ins Bett und versuchte Benny klar zu machen, dass er auf dem Boden schlafen müsse. Der weiße Teppich, der vor Emmas Bett lag, war schließlich auch kuschelig, doch Benny hielt davon weniger. Er hüpfte immer wieder zu Emma und gurrte wie ein Täubchen.

„Naaaa gut, du hast ja recht, ich will es ja auch." Emma lachte und kuschelte sich mit Benny in ihre Decke.

Zum Glück hatte Sabine einen Schlüssel. So konnte sie wenigstens durchschlafen.

Er

Sie war so wunderschön. Das Mondlicht beleuchtete ihr engelsgleiches Gesicht. Tief und friedlich schlief sie. Er hörte ihren Atem. Es war so viel besser, sie nicht nur über die Kameras zu sehen, sondern direkt vor ihrem Bett zu stehen. Es war so viel persönlicher, machte es so viel realistischer. Und nun war es endlich so weit.

Den Hund hatte er mit ein paar Leckerlis abgespeist und nun kraulte er diesen dummen Köter. Ein Kinderspiel.

Er beugte sich vor zu ihr, roch an ihrem Haar. Eine Wiese mit Apfelbäumen erschien vor seinem inneren Auge. Er fantasierte, wie er mit Emma dort liegen und kuscheln würde. Er würde ihre Narben küssen. Die alten, und die, die er ihr noch hinzufügen würde.

Sie drehte sich zur Seite und somit von ihm weg. Ob sie schlecht träumte? *Ich werde dich von nun an beschützen, werde immer bei dir sein, mein Engel.*

Wie sehr freute er sich darauf, hart in sie einzudringen. *Wie wirst du schauen, wenn ich dich mit meinem Schwanz wecke? Überrascht wahrscheinlich. Doch wenn du mich erst erkennst, wirst du dich mir hingeben. Nach ein paar Stößen werde ich das Messer herausholen und es an deine Brüste setzen. Tief in die Haut schneiden. Dein Blut, mein Engel, es wird fließen wie ein tosender Fluss. Ich werde es trinken. Dich trinken und dich dann küssen. Stoßen. Aufschlitzen. Es wird unsere Nacht. Unvergesslich.*

8. MAI 2019 – DIENSTAG

Emma

Ein Jaulen weckte Emma am nächsten Morgen. Sie hielt den Atem an. Ihr Herz begann sofort zu rasen, ihre Muskeln waren angespannt wie Drahtseile. *Was war das?* Es hörte sich gequält an und passte zu dem Traum von ihrem Vater. Benny hüpfte auf ihr Bett und schlabberte durch ihr Gesicht. Erneut jaulte er und sie erkannte erleichtert, dass es nur ihr kleiner Bettgefährte war, der sich bemerkbar machte.

Sie atmete auf. „Och, Benny, kannst du nicht noch ein bisschen halten?" Emma gähnte mit weit geöffnetem Mund und blinzelte verschlafen.

Benny schleckte ihr wieder übers Gesicht, als wäre sie Schokoeis, und gab nicht auf.

„Igitt, na gut. Wehe, du machst auf mein Laken", drohte sie ihm, rekelte und streckte sich, gähnte noch einmal herzzerreißend und schleppte sich aus dem Bett. Ihr Handy sagte, dass es gerade mal 6:12 Uhr war, doch von draußen schien die Sonne schon hell in ihr Schlafzimmer. Das machte es wenigstens leichter. Benny sprang aus dem Zimmer und rannte zur Tür des Gästezimmers.

„Ich muss dich enttäuschen, mein Schatz, Mama ist noch nicht da. Sonst würden doch ihre Schuhe hier stehen."

Da Benny immer aufgeregter wurde, verzichtete Emma auf ihre Morgenroutine und ging sofort mit ihm raus. Sie wollte wirklich kein neues Malheur und ihn nicht noch länger quälen. Um diese Zeit war Emma schon lange nicht mehr, oder vielleicht sogar noch nie, draußen gewesen. Der Park am Morgen, die frische Luft, ein leichter Windhauch und doch schon angenehme Wärme, die verriet, dass heute ein toller Sommertag werden würde, an dem viele Familien und Freundeskreise baden fahren würden. Eine Sache, die sie sich als Kind immer gewünscht, aber nie getan hatte, als Erwachsene aber nur noch fürchterlich fand. Baden fahren. Viele Menschen um einen herum, die einen dann auch noch komisch wegen seiner Figur anguckten und tuschelten.

Einmal hatte Tanja sie überzeugen können, mit zum See zu kommen, doch das war gründlich in die Hose gegangen. Es hatte damit geendet, dass Tanja einer Storchentussi ein Softeis auf den Kopf gedrückt hatte und sie nach einer Stunde wieder zuhause gewesen waren. Emma hatte sich in allem bestätigt gefühlt und Tanja hatte so ein schlechtes Gewissen gehabt, dass sie Emma nie wieder zu solchen Ausflügen überredet hatte.

Manchmal ließ Emma es zu, sich selbst eine Familie zu wünschen, doch insgeheim wusste sie, dass sie dafür nicht geschaffen war. Sie brauchte so viel Zeit für sich allein. Wie sollte sie ein Leben lang rund um die Uhr für ein Kind da sein? Geschweige denn für einen Mann? Außerdem standen Männer nicht auf Frauen wie sie und sie würde eh nicht mit ihnen sprechen wollen, selbst wenn es mal einer versuchen würde. Nicht, dass sie sich nicht ab und an nach einem Mann sehnte, aber was man nicht kannte, konnte man nicht vermissen, oder?

Benny zog an der Leine und beschnupperte einen anderen Hund. Sie beobachtete die beiden. Wie einfach sie es sich machten. Sahen und beschnupperten sich, schlichen umeinander herum und entschieden, Freunde zu werden oder eben nicht.

„Klara, wir müssen los", hörte sie eine tiefe Stimme und blickte zu dem Hundebesitzer auf.

Emma stellte sich vor, was er wohl dazu sagen würde, wenn sie um ihn herumschleichen und an ihm riechen würde. Sie musste grinsen.

„Na, du bist ja fröhlich drauf." Er blickte ihr in die Augen.

Emma begann zu schwitzen. Sie hatte doch gar nicht ihn angelächelt, doch da strahlte er schon zurück. Er war bärtig und etwas breiter, nicht der typische „Ich-lauf-im-Park-Oberkörper-frei-rum-weil-ich-so-geil-bin-Typ". Er war mindestens zwei Köpfe größer als Emma, was mit ihren 1,65 cm aber auch nicht so schwer war. Er blickte sie auffordernd an, doch sie wusste nicht, was sie sagen sollte, und zog an der Leine.

„Benny, komm. Wir müssen los."

„Sorry, ich wollte dich nicht verschrecken."

„Alles gut", gab sie zurück und raste mit Benny nach Hause. Sie hätte im Erdboden versinken können. Peinlicher ging es ja wohl nicht. Das war die perfekte Bestätigung dafür, dass sie niemals einen Mann finden würde, selbst wenn er nett wäre.

Zuhause schnappte sie sich sofort ihre Zahnbürste. Ohne geputzte Zähne würde sie nie wieder rausgehen. Sie steckte sie in den Mund und setzte sich auf die Toilette, um endlich ihren Morgenurin loszuwerden. Ihre Blase wäre nämlich auch fast geplatzt, nur damit Bennys nicht überlief. Wie schnell man sich selbst für andere hinten anstellen konnte.

Benny kratzte wieder an Sabines Zimmertür und knurrte.

Wo blieb Sabine nur? Emma schrubbte und nahm sich vor, gleich mal Tanja zu fragen, was sie nun machen sollte. Sie konnte vom Klo aus direkt auf Sabines Zimmertür schauen, die sich überraschenderweise öffnete. Dort stand ein Mann.

Er war oben ohne und hatte so viele Muskeln, wie Emma Röllchen hatte. Sie starrte mit weit aufgerissenen Augen auf seinen Oberkörper, zu geschockt, um irgendwie zu reagieren.

„Morgen." Er lächelte und ging Richtung Wohnzimmer, nur mit weißer Calvin Klein Shorts bekleidet und anscheinend darunter auch gut bestückt. Emma lief rot an, brauchte einen Moment, um schnell vom Klo zu kommen und die Zahnbürste wegzustellen. Da kam auch schon Sabine ins Bad.

„Hey, Morgen, Em!"

Em? So hatte sie bisher nur eine Person genannt. Kristina. Die sadistische Patientin, mit der sie sich damals das Zimmer auf einer psychosomatischen Station geteilt hatte und die dann unvermittelt wieder in ihrem Leben aufgetaucht war. Diese Frau hatte Emma, als sie noch ein Mädchen war, gezwungen, gemeine Dinge zu tun. Sie hatte einer anderen Patientin nachts die Haare abschneiden müssen. All die Erinnerungen kamen mit einem Schlag wieder hoch und nahmen ihr die Luft. Ob Sabine nicht ohne Grund bei ihr gelandet war? Steckte Kristina wieder hinter all dem? War es nur wieder eines ihrer perfiden Psychospiele? Jemanden in ihr Leben zu bringen, der ihr dann erneut nur wehtat?

„Du siehst ja aus, als hättest du einen Geist gesehen." Sabine zog ihr Höschen runter, setzte sich auf die Toilette und urinierte. Sie trug ein hellblaues Hemd, das vermutlich dem Modeltypen gehörte. Ihre linke Brust lugte hervor, da sie die Knöpfe nicht geschlossen hatte. Emma wusste keine Antwort und war sich nicht sicher, ob sie diese merkwürdige Situation träumte. *Ein fremder, fast nackter Modelmann, eine halbnackte Ex-Kollegin alias Storchentussi, die einfach mal einen ganzen Tag verschwindet und mich mit ihrem Hund allein lässt und dann so tut, als sei nichts gewesen???*

„Em?", fragte Sabine nach.

„Nenn mich nicht so!", fauchte Emma, als sie aus ihrer Schockstarre erwachte. Benny bellte die beiden Frauen an.

„Was hast du denn?" Sabine verdrehte die Augen.

„Hallo? Was *ich* habe? Kannst du mir mal erklären, wieso hier ein fremder Typ in der Wohnung ist und wo du verdammt nochmal warst, als du nur mal kurz zum Arbeitsamt wolltest?" Emma war selbst überrascht, wie laut sie werden konnte.

„Shht ..." Sabine hielt einen Finger vor den Mund und blickte sie entsetzt an. „Nicht so laut, ich erkläre es dir später. Lass uns erstmal frühstücken." Händewaschend blickte sie in den Spiegel und dann richtete sie ihre Frisur.

„Lass uns erstmal frühstücken? Du kannst deine scheiß Sachen packen und gehen!", schrie Emma weiter.

„Emma, beruhig dich erst mal." Sie eilte in ihr Zimmer und kam mit einem Umschlag zurück. „Hier ist die Miete. Ich hab auch noch was draufgelegt. 600 € dürften dich doch wohl ruhig stimmen, oder?" Sabine lächelte verlegen.

„Ist das dein Ernst? Willst du mich jetzt kaufen, oder was? Außerdem, was willst du überhaupt hier, in diesem hässlichen, kindischen Bad, he?" Emma nahm sich eine Bürste und würdigte Sabine keines Blickes mehr. Sie kämmte ihr Haar, griff dann in Sabines Schminktasche, die auf dem Badschrank lag, und nahm sich einen Lippenstift. Sie malte über ihre Lippen. „Ist es so besser?"

„Oh scheiße", murmelte Sabine. „Em ... ich meine Emma, ich kann es erklären. Es ist nicht so, wie du denkst."

„Was ist denn hier los?" Der Modeltyp kam ins Bad, schob Sabine beiseite, öffnete den Klodeckel und pinkelte im Stehen. Emmas Gesicht wurde von Sekunde zu Sekunde roter, Benny bellte nun noch lauter. Zwei Frauen, ein Mann und ein Hund in einem kleinen Badezimmer waren definitiv zu viel des Guten. Emma rannte mit ihren lila Lippen in ihr Schlafzimmer und knallte die Tür zu. „Ich muss mich beruhigen! Komm runter, Emma!", sagte sie sich immer wieder und lief auf und ab. „Diese dumme Kuh, was denkt die sich eigentlich?"

Kurz darauf hörte sie eine Tür. Hoffentlich waren die jetzt weg und sie musste diese hässliche Störchin nie wieder sehen. Es war nur schade um Benny. Bei dem Gedanken an das kleine, quirlige Wuscheltier wurde ihr ganz flau im Magen.

Emma öffnete zaghaft die Tür.

„Er ist weg." Sabine war also noch da.

„Und was ist mit dir?" Emma funkelte sie wütend an.

„Ich möchte dir erst alles erklären. Emma, bitte."

„Was gibt es denn da noch zu erklären? Du bist verantwortungslos und egoistisch und nutzt mich total aus. Und dann verkündest du auch noch der ganzen Welt, wie scheiße ich bin? Ich glaub, du spinnst!" Emma gestikulierte wie eine Verrückte mit den Händen.

„Emma, bitte. Setz dich einen Moment ins Wohnzimmer. Ich muss dir wirklich was erklären."

Emma zuckte mit den Schultern. Wenn die Alte unbedingt reden wollte, sollte sie reden und eben danach gehen. Sie setzte sich auf den Sessel, damit sie so viel Distanz wie möglich zwischen sich und Sabine brachte. Benny kuschelte sich auf Emmas Schoß und versuchte, sie zu besänftigen. Zu viel Stress für einen Morgen, für alle Parteien. Als Benny sich an sie schmiegte, wurde sie sofort ruhiger, ihr Atem entspannte sich.

„Ich höre?", forderte Emma Sabine auf.

„Warte kurz, ich muss dir dazu was zeigen." Sabine verließ das Wohnzimmer.

„Ich bin gespannt."

Sabine kam mit einer großen Tüte zurück und kippte alles auf den Boden vor Emmas Sessel.

„Spinnst du?", schrie Emma entsetzt auf.

„Warte!" Sabine verschwand erneut und kam einen Augenblick später mit einer neuen Tüte zurück. Auch die kippte sie aus, jedoch etwas vorsichtiger. Ein riesen Haufen Klamotten neben einem riesen Haufen Schminke und Schmuck.

„Was zur Hölle?"

„Lass es mich erklären."

„Nur zu." Emma zog die Augenbrauen hoch.

Sabine setzte sich auf den Boden zwischen den Inhalt der Tüten.

„Ich habe einen Youtube-Kanal."

„Das hab ich gemerkt", gab Emma schnippisch zurück.

„Emma, bitte." Sabine setzte einen Blick auf, den Benny nicht besser hätte hinbekommen können.

„Auf Youtube repräsentiere ich eine Marke. Dieselbe, die ich auch im Büro oder so oft im

Leben verkörpere. Aber das bin nicht ich und ich glaube, das weißt du auch." Sie schaute Emma prüfend in die Augen.

Emma wandte sich ab und richtete ihren Blick auf den Kleiderhaufen.

„Von mir wird wegen meines Aussehens oft erwartet, dass ich eine bestimmte Rolle spiele. Früher hat mich das angekotzt, aber weißt du was? Ich mache das Beste draus und spiele das Spiel einfach mit. Wenn Leute bekommen, was sie erwarten, macht es sie glücklich und das macht wiederum mich glücklich."

„Ich versteh nur Bahnhof."

„Auf Youtube gebe ich mich als Püppchen. Ich spiele die oberflächliche Blondine, die nichts weiter im Kopf hat als Mode und Männer. Das hat zur Folge, dass mir Männer oft Geschenke schicken und Modelabels mich aufgrund meiner Beliebtheit mit den neuesten Designs beglücken, damit ich sie in meinen Videos trage. Inzwischen bediene ich den Mode-, Schmuck- und Kosmetikmarkt, aber auch die Männerwelt und den Teenie-Kosmos. Die schauen zu mir auf und begehren mich, wollen so sein wie ich."

„Sie wollen so sein wie eine oberflächliche Blondine?", stammelte Emma. Ihr Hirn versuchte, Sabines Worte zu verarbeiten.

„Ja, leider schon. Ich verstehe auch nicht, warum, und ich stehe nicht gern dahinter, aber gleichzeitig liebe ich es auch. Ich weiß, das macht keinen Sinn, aber ich kann, indem ich ein bisschen Scheiße laber und gut aussäh, echt viel Geld sparen und auch verdienen. Ich habe so viel von dem Zeug, dass ich es nach ein paar Mal tragen verkaufe und mega die Kohle damit mache."

Emma erhob sich und wühlte in den Klamotten. „Mit sowas?" Ihr ganzer Körper war von Skepsis erfüllt, als sie mit einem Finger ein goldenes Oberteil hochhielt, das mehr Perlen als Stoff besaß.

„Ja, zum Beispiel. Das ist der neuste Scheiß. Jeder dieser Teenies will das tragen."

„Und die Männer wollen das auch tragen?"

„Nein, die wollen mich damit sehen und sich daran aufgeilen." Sabine nahm ihr das Teil aus der Hand und legte es wieder auf den Boden.

Emma verzog das Gesicht. „Stört dich das nicht?"

„Wieso? Sollen sie doch machen, was sie wollen. Mir tut ja keiner was. Ich mach alle glücklich und ab und an bekomm ich ein paar Geschenke."

Sabines Blick verriet, dass sie nicht so selbstbewusst war, wie sie tat, doch Emma behielt diesen Gedanken für sich.

„Was denn für Geschenke?" Emma war sich nicht sicher, ob sie die Antwort darauf wirklich hören wollte.

„Na, Klaus zum Beispiel. Der schickt mir gern Dessous, in denen er mich sehen will. Das stelle ich selbstverständlich nicht auf meinen Kanal, aber er bekommt ein Foto. Ohne Gesicht natürlich." Sabine rettete die Klamotten vor Benny, der es sich gerade auf dem Kleiderberg gemütlich machen wollte. Sie nahm ihn stattdessen in den Arm und gab ihm einen Kuss. „Manche überweisen mir auch Geld dafür, dass ich mal ein paar Brüste zeige oder die Tangas wieder zurückschicke."

„Wie jetzt, zurückschicke?"

„Na getragen halt."

„Du schickst deine getragene Unterwäsche an fremde Männer und die geben dir Geld dafür?" Benny erschrak vor Emmas Lautstärke und verschwand aus dem Wohnzimmer. „Ja, guck mich nicht so urteilend an. Es gibt dafür mega die Kohle und ich verkaufe ja nicht mich damit. Ist ja nicht so, als würde ich mit denen schlafen oder so."

„Ich brauch Wasser." Emma stand auf und ging in die Küche. Sie brauchte einen Moment, um das alles zu verarbeiten. Als sie sich halbwegs beruhigt hatte, ging sie zurück und setzte sich wieder in den Sessel.

„Okay, und was hat das damit zu tun, dass du über mich ablästerst?"

„Verstehst du das nicht? Ich spiele eine Rolle. Die wollen, dass ich oberflächlich bin und über alles und jeden urteile. Und da muss man manchmal kreativ werden." Sie spielte an ihrem rechten Goldohrring, drehte ihn in den Fingern hin und her. „Ich bekomme viel Geld für diesen Kanal", schob sie eine weitere Rechtfertigung hinterher und klang dabei ziemlich kleinlaut.

„Na, dann kannst du dir doch eine eigene Wohnung leisten."

„Ich will nicht allein wohnen, okay?", platzte es aus Sabine heraus. „Außerdem habe ich ein paar Dummheiten in der Vergangenheit begangen, die ich noch eine Weile abzahlen muss."

„Welche Dummheiten? "

„Darüber will ich nicht reden. Es ist mir zu peinlich."

„Und wo warst du gestern den ganzen Tag?"

„Ja, das war alles anders geplant. Tut mir leid, dass ich dich mit Benny allein gelassen habe. War er denn brav?"

„Lenk nicht ab."

„Also, ich habe auf dem Heimweg jemanden kennengelernt und mich mit ihm verabredet. Wir haben gestern den ganzen Tag zusammen verbracht. Du willst doch auch, dass ich bald wieder ausziehe, und dafür suche ich mir eben den nächsten Typen. Der hat Kohle und ne riesige Wohnung. Wenn alles gut läuft, kann ich da bestimmt bald einziehen."

„Aber du verkaufst deinen Körper nicht, ja?" Emma konnte sich ihren Zynismus nicht sparen.

„Fick dich doch!" Sabine sprang auf. „Du bist auch keine Heilige. Du hast doch selbst ordentlich Vorurteile, nur weil ich so aussehe, wie ich es eben tu." Während sie Emma anschrie, packte sie alles in die Tüten und rannte in ihr Zimmer. Als sie die Tür zuknallte, bellte Benny laut auf.

„Oh Shit." Emma saß im Schneidersitz in ihrem Sessel und wickelte nachdenklich eine Haarsträhne um ihren Finger. Sie wusste überhaupt nicht, wie ihr geschah. War sie zu weit gegangen? Und konnte ihr das nicht eigentlich egal sein? Das Gesicht vergrub sie in ihren Händen, die von Tränen feucht wurden. Mit solchen Situationen war sie absolut nicht vertraut. Sie hatte nie Streit. Doch sie war im Recht. Sabine hatte sich nicht mal dafür entschuldigt, dass sie über sie gelästert hatte. Ihre einzige Erklärung war Geld. Na ja und Emma verdiente gerade ihre Miete mit diesem Geld, das Sabine sich so erarbeitet hatte. *Bin ich zu weit gegangen? Aber ich hab doch recht? Sie schläft mit Typen, um bei denen zu wohnen? Das geht gar nicht. Und wieso will sie nicht allein wohnen? Nimmt sie sich deswegen nicht einfach ein Hotelzimmer? An mangelndem Geld kann es ja anscheinend nicht liegen.*

Emma fühlte sich wie eine Verbrecherin. Um sich abzulenken, nahm sie ihr Handy in die Hand und checkte ihr Instagram Profil. „Waaaaas? 300 Follower?", rief sie entsetzt aus. Wie war das denn passiert? Ich hab doch nur ein paar Rezeptbilder gepostet und ein paar Sachen geliket. Mehrere Kommentare befanden sich unter den Bildern. Sie checkte ihren Blog. Wahnsinn. Es waren sogar 18 Leute von Instagram auf ihrer Website gelandet. Wobei es auch ziemlich gruselig war, was sie alles sehen konnte. Vorher hatte sie sich nie darüber Gedanken gemacht, was man im Internet nachverfolgen konnte. So ganz verstand sie die Materie noch nicht, aber schon tausend Mal mehr, als noch vor ein paar Monaten.

Die Kommentare und Likes motivierten sie zu mehr. So viele Komplimente, das war ungewohnt. Aber da es in der digitalen Welt passierte und keiner wusste, wer hinter *Kochen gegen Angst* steckte, konnte sie das Lob wie Schokosoße über ihr Herz träufeln lassen und dieses hüpfte bei jedem lieben Kommentar. Sie nahm Zettel und Stift zur Hand und überlegte, wie sie einen *Ich-hatte-Streit-und-nun?-Auflauf* kochen könnte. Ehe sie sichs versah, stand sie auch schon in der Küche, die nach ihrer Kochorgie aussah wie ein Schlachtfeld, und schob eine Auflaufform in den Ofen. Nun ging es ans Aufräumen, was ihr in der Küche sogar Spaß machte und sie wieder in ihr Leben zurückholte.

Emma hatte von Sabine keinen Mucks gehört. Sie hätte damit gerechnet, dass sie jeden Moment verschwinden würde, doch es passierte einfach nichts. Nicht mal Benny hatte sie gehört. Und der müsste doch schon längst seine nächste Runde gehen, der Arme. *Wahrscheinlich lästert sie schon wieder bei Youtube über mich.* Emma legte den Schwamm weg, trocknete sich die Hände ab und nahm ihren Laptop. Sie stellte ihn in der Küche auf die Theke und suchte auf Youtube nach *Bei Blondi läuft's.* Was ein Name. Emma hatte sich gestern schon darüber gewundert. Sie sah sich das Profil an und musste feststellen, bei Sabine lief es wirklich. 55.000 Abonnenten. Wie krass war das denn bitte? Sie hatte anscheinend echt Ahnung. Sie nahm sich ein älteres Video vor und spielte es ab. *Vielleicht kann ich mir noch ein paar Tipps erschleichen.*

„Ich bin mal kurz Gassi, stalk mich ruhig weiter. Aber lass mich wieder rein. Meine Klamotten sind noch hier.“

Emma zuckte zusammen und klappte den Laptop zu. Scheiße. Das war peinlich. Doch ehe sie etwas sagen konnte, hörte sie schon die Tür knallen.

Er

Oh mein Gott, war das geil. Meine kleine Emma, wie sie auf dem Klo sitzt und pinkelt. Ich bin einfach unschlagbar. Sabine werden wir bald los sein, so viel steht fest, und dann habe ich meine Emma ganz für mich allein.

Gebannt lauschte er dem Gespräch von Emma und Sabine. Zigarettenqualm legte sich im gesamten Raum nieder. Er hob die Hanteln zehn Mal hintereinander hoch und belohnte sich dann mit ein paar Zügen von seiner Zigarette. Er war ihr so nah gewesen. Hatte nur ein Zimmer neben seiner geliebten Emma gelegen. Kein Auge hatte er neben Sabine zugetan. Er zehrte noch immer von dem Augenblick, als er endlich vor ihr gestanden hatte.

Sabine spielte sich gerade selbst ins Aus, ohne dass er noch viel Arbeit zu leisten hatte. Er musste nur noch ein paar Dominosteine platzieren. *Nicht mehr lange, mein Engel. Wir haben es fast geschafft.*

Emma

Als Emma etwas später das Essen aus dem Ofen holte und fotografierte, kam Sabine zurück. Zögerlich betrat sie die Küche. Benny sprang um Emmas Beine, dem der Duft des Auflaufs wohl ebenfalls das Wasser im Munde zusammenlaufen ließ.

„Nein, Benny, so etwas darfst du nicht essen." Unsicher schaute sie zu Sabine. „Oder?"

„Doch eigentlich schon. Früher bei meiner Oma hat der Hund auch immer die Reste vom Mittag bekommen. Aber ich koche so gut wie nie, daher gibt es bei mir eben nur Dosenfutter."

Sabine hielt zwei Einkaufstüten in der Hand und stellte sie vor Emma ab. „Frieden?"

„Was ist das?" Emma starrte auf die Tüten.

„Ich weiß ja nun, wie gern du kochst, und habe als Dankeschön alles an Obst und Gemüse frisch vom Markt geholt, was ich finden konnte. Ich kenne dort einen Händler, deshalb bekomm ich da dienstags immer Rabatt." Sie nahm Benny auf den Arm, der an den Tüten schnupperte.

„Ich weiß nicht, was ich sagen soll," setzte Emma nach einer kurzen Pause an.

„Wie wär's mit *Danke* oder *ich nehme deine Entschuldigung an?*" Sabine strich sich durch die blonde Mähne.

„Ich weiß nicht, du kaufst ein paar Lebensmittel und damit soll dann alles gut sein?", fragte Emma nachdenklich, was Sabine ermunterte, fortzufahren.

„Weißt du, ich habe nachgedacht. Vielleicht hast du recht, deswegen bin ich auch so wütend geworden. Das hat mich getroffen. Ich habe keine Freundinnen, deshalb hab ich keine Ahnung, wie ich mit sowas umgehen soll, und so ehrlich war noch nie jemand zu mir." Sie nahm eine

Strähne und wickelte sie um ihren Finger, so wie Emma es selbst oft tat.

„Emma, ich möchte auch nicht mehr abhängig von anderen sein. Aber allein mit dem Hund und dann auch noch arbeitslos ... so werde ich so schnell keine Wohnung finden. Daher bitte ich dich aus tiefstem Herzen um Entschuldigung und darum, dass ich weiterhin hier wohnen bleiben darf. Wenigstens vorübergehend. Einen Monat oder so. Dann kann ich immer noch selbstständig werden."

Emma nahm die Tüten, stellte sie auf die Theke und begann, beide auszupacken. Sie lächelte, weil sie die gute Qualität förmlich riechen konnte, und nuschelte ein leises „ok", gerade laut genug, dass Sabine sie fröhlich in den Arm nahm. Sie spürte jedoch, dass das zu viel des Guten war, und ging gleich wieder einen Schritt zurück.

„Ok", flüsterte Sabine und deckte den Tisch, als wäre es das Logischste auf der Welt, dass sie jetzt zusammen essen würden.

* * *

„Warum hast du das Essen fotografiert? Ich kenn das nur von meiner Oma, die Bilder von ihrer Geburtstagstafel haben wollte." Sabine pustete grinsend auf ihre Gabel mit den heißen Zucchini, nahm einen Happen und verbrannte sich trotzdem.

Emma musste lachen. „Meine Ersatzoma hat immer gesagt, *Gott bestraft kleine Sünden sofort.*"

„Deine Ersatzoma?"

„Ja, ich war mal eine Weile in einer Klinik, wie du ja sicher aus den Nachrichten weißt. Meine Lieblingskrankenschwester war für mich mein Omaersatz." Sie schob sich eine weitere Portion in den Mund und machte deutlich, dass das Thema an dieser Stelle für sie beendet war, und verschwand in einer Gedankenflut.

„Wieso warst du in der Klinik", traute Sabine sich zu fragen, und blickte auf Emmas narbigen Arm.

Emma strich darüber und bereute, nichts Langes angezogen zu haben.

„Sorry, ich wollte nicht zu weit gehen."

„Ist schon gut. Ich habe viele Jahre immer mal wieder in Kliniken verbracht, weil mein Vater sich nicht gut um mich gekümmert hat und ich daraufhin Verhaltensstörungen entwickelt habe. Ich habe mir wehgetan, wie du ja siehst. Depression, Panikattacken, Sozialphobie. Solche Sachen halt." Es war komisch, das einer Fremden zu erzählen. Als würde sie von einer anderen Emma reden.

Nach einem kurzen Schweigen brach Sabine die Stille.

„Und warum machst du das nun?", erinnerte Sabine an ihre Frage.

Emma kaute langsam, um sich Zeit zu verschaffen. Sollte sie erzählen, was sie gerade tat?

„Nun komm schon", bettelte Sabine.

Sie war es durch Tanja gewohnt, dass jeder redete, wenn er so weit war und man nicht gedrängt wurde. Andererseits wollte sie auch gern mal jemandem davon erzählen und Sabine hatte ja vielleicht sogar Ahnung.

„Ich habe einen Blog", gab Emma zu und schob sich gleich wieder einen riesigen Happen Auflauf in den Mund.

„Duuu? Sorry, nimm mir das nicht übel, aber du wirkst jetzt nicht gerade so auf mich, als ob du offen auf die Welt zugehst."

Emma verzog das Gesicht.

„Das mag ich an dir", rettete sich Sabine. „Worüber bloggst du denn?"

Emma seufzte. „Ich stelle meine Rezepte ins Internet."

„Ahhh, darauf hätte ich auch gleich kommen können." Sabine klatschte sich eine Hand vor die Stirn. „Und, läuft's gut?"

„Ich weiß nicht. Fange gerade erst an und bin eigentlich zufrieden."

„Aber du willst mehr?"

„Na ja, ich habe gehört, dass viele damit eine Menge Geld verdienen und ich bin ja jetzt arbeitslos. Also überlege ich, ob ich daraus mehr machen kann, um nie wieder in einem Büro arbeiten zu müssen."

„Wie heißt dein Blog?"

Emma zögerte einen Moment. *„Kochen gegen Angst"*, sagte sie und verschluckte sich fast an ihrer Antwort.

„Hm ... interessantes Konzept ... aber nur mit einem Blog wird das bestimmt schwierig. Ohne Youtube geht heutzutage gar nichts."

„Aber ich will auf keinen Fall vor die Kamera."

„Ja, das kann ich mir vorstellen." Sabine nickte zustimmend und aß schweigend weiter.

Emma verlor sich ebenfalls in ihren Gedanken.

„Emma, vielleicht filmst du, wie du kochst, aber ohne dein Gesicht zu zeigen."

„Wie soll das gehen? Soll ich ne Maske tragen, oder was?" Emma lachte.

„Gott bewahre. Du bist doch nicht Sido. Nein, vielleicht filmen wir dich so, dass man eben nicht deinen Kopf sehen wird, sondern nur deine Hände oder so."

„Wir?"

„Ich würde dir helfen, wenn du magst. Ich bin schließlich Profi und kann dir zeigen, worauf du achten musst. Und solange ich hier wohne, kannst du mein Equipment benutzen."

Emma nahm ihren Teller und räumte ihn in den Geschirrspüler.

„Ich überleg's mir", murmelte sie, als sie wieder ins Wohnzimmer kam. In ihr breitete sich Panik aus. Das altbekannte Gefühl von Übelkeit machte sich in ihrem gesamten Bauchraum breit. „Stört es dich, wenn ich mit Benny eine Runde raus geh?"

Sabine blickte sie verwundert an. „Geh ruhig."

Er

*E*ndlich *hat sie die Wohnung verlassen.* Aufgeregt sprang er von der Matratze und überprüfte sein Aussehen. *Mein Engel, ich halte es einfach nicht mehr aus ohne dich. Ich muss sofort zu dir. Will dir nah sein, deine Stimme hören.*

Bis sein Plan aufgehen würde, dauerte es ihm einfach zu lang. Er war noch nie der Geduldige gewesen. Erst recht nicht, wenn es um die Liebe seines Lebens ging. Zu schön war die Nacht gewesen, als er vor ihrem Bett gestanden hatte. Fast wäre er diese Sabine von allein losgeworden und dann sowas. Versteh einer die Frauen. Die würde auf jeden Fall ihr Fett wegbekommen. Wer so über seine Emma redete, hatte es nicht verdient, länger am Leben zu sein. Er würde seinen Engel retten.

Ein letzter Blick in den Spiegel zeigte ihm, dass er perfekt aussah. Und es sollte ja alles perfekt sein. Also schulterte er seine Tasche und rannte aus der Wohnung.

Emma

B enny zog an der Leine. Emma hatte Mühe, mitzuhalten. Er kannte den Weg inzwischen und wusste genau, wo es schön war. Es war eher, als würde er mit ihr Gassi gehen. Sobald sie die Vögel zwitschern hörte und den Geruch der Bäume wahrnahm, entspannten sich ihre Schultern ein wenig. Sie nahm einen tiefen Atemzug und hockte sich zu Benny. „Mein Kleiner, du bist einfach super." Emma gab ihm einen Kuss.

Er schlabberte ihr durchs Gesicht und rannte weiter. Bellte freundlich seinen Freunden zu und versuchte, Emma Stöckchen werfen beizubringen.

Sollte ich es wirklich wagen? Youtube? Wirklich? Was würde Tanja dazu sagen? Allerdings hatte sie nun schon in mehreren Kommentaren gelesen, dass ihre Follower sich ein Rezeptvideo wünschten. Und wenn Sabine nur ihre Hände filmte, hatte sie doch nichts zu verlieren, oder? Keiner konnte sie hänseln, weil sie, wie früher als Kind, ungewaschene, löchrige Kleidung trug, die zu klein war. Sie hatte zwar nur schwarze und graue, langweilige Shirts, aber die waren immerhin gewaschen. Vielleicht kaufte sie sich von Sabines Miete eine Bluse oder so. Oder sie trug ihr weißes Shirt, das sie manchmal für die Arbeit angehabt hatte. Das mit den Kaffeeflecken. *Mist. Ich muss unbedingt waschen. Kaum bin ich arbeitslos, vernachlässige ich das Wäschewaschen. Ich hab schon kaum noch frische Unterwäsche im Schrank.* Emma musste schmunzeln. Bennys Gebell brachte sie aus ihren Überlegungen. „Was hast du denn?" Er knurrte einen gutaussehenden Mann an. Benny hatte Geschmack, das musste man ihm lassen. Versuchte er jetzt wieder, sie zu verkuppeln? Aber Bennys Knurren klang anders als sonst. Er mochte diesen Mann mit den schönen eisblauen Augen nicht, wie es schien. *Wow. Darin könnte ich versinken.* Irgendwie kam er ihr bekannt vor, doch sie konnte ihn nicht zuordnen. Wahrscheinlich hatte sie ihn schon mal beim Gassi gehen gesehen. Aber diese Augen. Sie weckten Erinnerungen. Es zog in ihrem Bauch.

„Tut mir leid, ich weiß auch nicht, was er hat", entschuldigte sich Emma.

„Kein Problem. Er riecht sicher meine Chika. Ich habe sie gerade zum Hundetrainer gebracht."

„Ach, sowas gibt es auch?" Emma fuhr sich über ihr Haar, das zu einem Pferdeschwanz zusammengebunden war.

„Natürlich. Soll ich dir die Nummer geben?"

„Eh, nein", stotterte Emma. „Ich muss dann", sagte sie und suchte schnell das Weite. Er musste ja nicht sehen, wie rot sie wurde. Erst später wurde ihr klar, dass er die Nummer von dem Hundetrainer gemeint hatte. *Hach, wenn ich mir schon bei einem harmlosen Hundesmalltalk in die Hose mache, wie soll ich dann bitte eine Youtuberin werden?* Wieder erinnerte sie die Übelkeit an ihre Angst.

Ich werd schon wieder negativ. Tanjas und Emmas Lieblingssatz. Der munterte sie etwas auf und erinnerte Emma an ihre Affirmationen. Eine Strategie, die ihr in letzter Zeit oft geholfen hatte. Wieder eines der guten Dinge ihrer ehemaligen Therapeutin. Sie betrachtete die im Wind rauschenden Birkenblätter, saugte die Sonnenstrahlen förmlich auf. Im Park saßen an jeder Ecke Familien. Kinder fuhren mit Fahrrädern, Inlineskates, Rollern, Eltern rannten ihnen brüllend hinterher. Einige spielten Ball. Ein Pärchen mit Dreadlocks balancierte auf einem blauen Band, das zwischen zwei Bäumen gespannt war. Sie alle waren so mutig. Von denen sah keiner aus, als würde er sich in seiner Kindheit gefangen fühlen und aus Angst Fortschritt vermeiden.

Ich habe echt keine Lust mehr auf diese scheiß Angst. Emma wich einer Horde von Kindern aus. Wahrscheinlich eine Schulklasse, die ihr Hand in Hand im Entenmarsch entgegenkam. Damals hatte niemand Emma an die Hand nehmen wollen. Emma war die gewesen, die roch. Die, die ungewaschene Haare gehabt und nach getrocknetem Schweiß gestunken hatte. Emma war die gewesen, die mal von Natalie Rodowski, der Anführerin ihrer Klasse, erwischt worden war, wie sie eine weggeworfene Stulle aus dem Mülleimer gefischt hatte. „Fischi" hatte sie seit diesem Tag jeder genannt. Die, die nach Essen im Müll gefischt hatte. Emmas Augenbraue zuckte. Ihre Gesichtsfarbe wechselte wieder zu einem Rot und der Angstschweiß kam zurück. *Wieso haben diese Erinnerungen noch so viel Macht über mich? Es ist sooo viele Jahre her. Ich bin 30 Jahre alt und benehme mich wie ein kleines Kind.*

„Da spricht ihr inneres Kind, Frau Burg", hatte ihre Therapeutin damals erklärt. „Sie müssen es beruhigen und ihm versichern, dass nun alles gut ist", hatte Dr. Weber ihr empfohlen. *Na gut, dann versuchen wir es mal. Ich bin gut genug. Ich bin eine tolle Frau.* Es kam ihr komisch vor, doch sie machte weiter. *Ich habe es verdient, erfolgreich, glücklich und beliebt zu sein.* Ein Lächeln huschte über ihr Gesicht. Die positive Wirkung setzte sofort ein. Bei manchen Affirmationen meldete sich jedoch ihre Abwehrhaltung, andere hingegen funktionierten sofort. Sie betrachtete verstohlen die beiden Akrobaten mit dem Seil. *Ich bin mutig und lasse mich nicht mehr von meiner Angst einschränken. Ich schaffe alles, was ich will.* Emma spürte Entspannung durch ihren Körper fließen. Die Anspannung wurde langsam weggespült. Den Rest würde sie später mit einer Meditation beseitigen. Bisher hatte sie sich nicht getraut, weil Sabine da war und das Zimmer belegte, in dem sie sonst meditierte, doch heute würde sie das einfach vorm Schlafen gehen im Bett nachholen. Da ließ sie ja auch immer ihre Einschlafmeditationen dudeln.

Ich lasse mich nicht von meiner Angst einschränken. Ich bin mutig. Ich werde mich trauen.

„Hey, willst du auch mal?" Der Typ mit bunter Batikhose grinste zu ihr herüber. Das Mädel balancierte gerade stark konzentriert, dabei ein Lächeln auf den Lippen.

„Nee, keine Zeit", stammelte Emma und befand, dass sie nun lange genug im Park ausgehalten hatte. *Ich schaffe, was ich will, aber Balancieren ist mir noch ne Nummer zu hoch.*

* * *

„Hey, Emma, wir können anfangen."

„Was?", fragte Emma, als sie in die Küche kam und Sabines Kamera sah. Sie hatte ein paar Requisiten aufgebaut. Küchengeräte lagen herum, Pfannenwender und Kelle hingen nun über der Spüle, Gewürze standen über dem Herd auf dem Regal und nicht mehr im Küchenschrank.

„Wow." Mehr brachte Emma nicht hervor.

„Hast du vielleicht so etwas wie eine coole Schürze?"

„Nee." *Wer trägt denn bitte noch Küchen-schürzen?*, wunderte sie sich.

„Das hab ich mir gedacht. Lass mal in deinen Kleiderschrank gucken, was du tragen könntest."

„Ich denk, es geht ums Kochen und man sieht nur meine Hände?", beschwerte sich Emma und versuchte, Sabine aufzuhalten, doch die war längst in ihrem Schlafzimmer und stand vor dem Kleiderschrank.

„Nichts ... nichts ... auch nichts ... auf keinen Fall ...", kommentierte sie jedes Teil und warf es anschließend auf Emmas Bett. „Boah, Emma, das geht so nicht."

„Ja, das wollte ich dir auch gerade sagen."

„Du verkaufst dich als Marke und nicht als Emma. Das ist wichtig. So bist du auch weniger angreifbar. Und wenn man sich verkaufen will, muss man eben auch Seriosität verkörpern."

„Wenn du meinst ..." Hilflos schaute sie dem ganzen Spektakel zu.

„Das kann doch nicht wahr sein", meckerte Sabine und ging in ihr Zimmer. Emma ließ ihren Blick über ihr Bett schweifen. Nur schwarze, graue und weiße Shirts. Sah echt ein bisschen traurig aus.

„Überleg dir schonmal, was du kochen willst, ich brauch noch ne Stunde", rief Sabine aus ihrem Zimmer.

Als würde ich auf einen Knopf drücken und ein Rezept schießt raus. Was denkt sie denn? Na gut, aber so schwer war es auch nicht, also schaute Emma in den Kühlschrank und ihr Hirn begann zu arbeiten. Sie saß auf dem Küchenboden mit ihrem Notizblock und einem Stift in der

Hand, und holte sich die nötige Bestätigung von Benny, der Nähe suchte.

„Fertig", schrie Sabine eine Weile später und kam mit einem weißen Shirt von Emma angerannt, das sie etwas verändert hatte.

„Also pass auf. Ich hab mir überlegt, dass es gerade in deinem Fall wichtig ist, den Leuten zu vermitteln, dass sie cool sein können, auch wenn sie ängstlich sind. Die sollen ja sehen, dass es möglich ist, sich mit Kochen zu beruhigen, und dadurch verstehen, dass es auch möglich ist, ein normales Leben zu führen und beliebt zu sein. Am Ende geht es ja auch immer um Bestätigung und Anerkennung. Wenn du da mit einem Schlabbershirt ankommst, sieht jeder eine depressive Tussi. Das ist nicht überzeugend. Zu schick geht aber auch nicht, weil das zu weit weg von dir ist. Also habe ich dein weißes, schlichtes Shirt etwas aufgepimpt. Ich habe den Schmuck eh nicht mehr gebraucht und diese Lidschattenfarben hätte ich niemals benutzt. Hier, guck mal." Sabine hielt ihr das Shirt vor die Nase. Emma erstarrte.

„Ja, mit dem Blick hab ich gerechnet. Emma, sei mir nicht böse, aber du willst Geld verdienen und die Leute stehen auf Geschichten. Der rote Kussmund wird noch ganz andere Leute auf deinen Kanal holen. Welche, die hoffen, etwas von der Therapeutennummer zu hören, also sollten wir das wirklich nutzen."

Emma schluckte. Sabine hatte recht. Das würde die Menschen interessieren und anziehen, aber wollte Emma diese Art von Fans überhaupt?

„Emma, du willst Kohle machen, hast du gesagt. Und so funktioniert's nun mal. Mir fällt es auch nicht leicht, über alles und jeden abzulästern und die mega oberflächliche Bitch zu spielen, aber die Zahlen sprechen für sich."

Sie hatte ja recht.

Sabines Handy summte. Emma beobachtete, wie sie sofort alles stehen und liegen ließ, um nachzuschauen, wer ihr geschrieben hatte. Dann sah sie ein breites Grinsen.

„Was ist?"

„Ach. Nix weiter. Mein Date scheint gut gelaufen zu sein. Wir treffen uns heute Abend wieder."

Emma schüttelte den Kopf.

„Keine Sorge. Ich bring ihn nicht wieder mit hierher. So. Und jetzt zieh dein Shirt an. Ein bisschen Fashion, ein klein bisschen Ausschnitt, es wird dir grandios stehen. Wirst schon sehen."

Stumm nahm Emma das Oberteil und ging ins Bad. Sie zog sich um und war ehrlich begeistert. Dort stand sie, dieselbe Emma wie immer, doch das Shirt machte jemand ganz anderen aus ihr. Die Emma, die ihr entgegenstrahlte, sah cool aus. Sie sah nicht so aus, als traute sie sich nicht mal Hundesmalltalk zu. Sie sah fröhlich aus durch die bunten Lidschattenakzente, die ihre rechte, obere Hälfte mit kleinen Punkten verzierte. Der Ausschnitt war ungewohnt für sie, aber hübsch, wäre es nicht ihr Busen gewesen. Und momentan sah es nicht aus wie ihrer, weil er in einem total angesagten Shirt steckte. Links unten leuchtete ihr ein roter Kussmund entgegen. Emma bekam eine leichte Gänsehaut. Sie musste damit ja nur kochen und sich nicht die ganze Zeit angucken. Sabine hatte echt Talent, das musste Emma schon zugeben. Ein letzter Blick in den Spiegel. *Wow.* Sich *ich bin eine tolle Frau* zu sagen, fiel ihr gleich leichter, nur wegen so eines dummen Oberteils. Kopfschüttelnd verließ sie das Badezimmer. Auf zum mutigen Leben.

* * *

Am Abend kam Tanja vorbei, um nach dem Rechten zu sehen.

„Du scheinst wieder normal zu sein". Tanja war erleichtert und gab ihr ein Küsschen auf die Wange. „Fühlst du dich denn noch ein bisschen benommen oder ist alles weg?"

„Hättest du mich nicht darauf angesprochen, hätte ich es fast wieder vergessen. Es ist so viel passiert." Emma tischte im Wohnzimmer auf dem Couchtisch auf. „Vielleicht war es wirklich nur der Stress oder so ein Kurzzeitvirus, den ich ausgeschlafen habe."

Tanja sah sie prüfend an. Emma kannte diesen Blick.

„Lass uns erstmal essen, ich bin noch am Verarbeiten." Das war ihr Ding. Sich erst so verhalten, als wäre alles in Ordnung und dann über Probleme oder Wichtiges reden.

„Ist Sabine gar nicht da?"

„Nee, die hat ein Date. Und ich schmeiße sie hochkant raus, wenn sie den Typen heute wieder mitbringt und er mich begrüßt, während ich gerade pinkel."

Tanja begann schallend zu lachen. „Lass uns schnell essen, ich muss die Story unbedingt hören." Sie half Emma und goss beiden frisch zubereitete Limonade mit Erdbeeren und Minze ein.

„Ich soll dich übrigens schön von Tim grüßen." Tanja zwinkerte ihr zu.

„Was will der denn?" Tim war bereits drei Mal verheiratet gewesen und früher ein Macho, wie er im Buche stand. Emma setzte sich und füllte beiden den *Ich-werde-YouTuberin-Räuchertofusalat* auf.

„Ich glaube, er möchte dich zu seiner Nummer vier machen."

„Ich glaube, der sollte mal zur Therapie oder zum Optiker." Emma spießte den Salat auf.

„Emma, sei doch nicht so. Er hat erkannt, dass du eine tolle, mutige Frau bist, als du uns alle aus der Scheiße holen wolltest. Du hast letztes Jahr dein Leben aufs Spiel gesetzt, als du John vor der Todesküsserin retten wolltest. Nur leider hat Tim nicht erkannt, dass er nicht unbedingt der beste Fisch im Teich ist." Tanja kicherte.

„Ich war nicht mutig, sondern dumm. Ich bin ohne nachzudenken in den Raum gestürzt, in dem meine Therapeutin gerade deinen bescheuerten Ex Chris umbringen wollte. Ohne einen Plan und ohne Sinn, denn alles, was ich erreicht habe, ist, dass ich bewusstlos auf einem Stuhl saß. Ganz große Hilfe", sprach sie mit vollem Mund und ärgerte sich wiederholt über sich selbst.

„Emma, wärst du in dem Moment nicht reingekommen, wer weiß, wer dann noch leben würde. Du hast uns Zeit verschafft. Dank dir wusste ich, wo ihr wart. Wenn einer unser aller

Leben riskiert hat, dann ich. Ich habe schließlich gewusst, dass sie die Mörderin war, und fast meinen Ex zum nächsten Opfer werden lassen." Tanja kratzte an ihren Händen.

Emma antwortete nicht.

„Also gut, ich geb's auf. Jedenfalls lässt er dir ausrichten, dass er dich gern mal auf einen Kaffee einladen würde."

„Du hast ihm doch hoffentlich gesagt, dass er sich das abschminken kann?"

Tanja nahm einen großen Schluck von ihrer Limo. „Das ist köstlich."

„Tanjaaaaa!"

„Na ja, ich war mir nicht sicher. Du bist schließlich solo und ..."

„Und er ist ein Arsch, ein Macho, ein Frauenaufreißer, viel zu alt, schmierig, statt charmant und seine Witze sind frauenverachtend."

„Na jaaaa ..."

„Na jaaa, was? Du hast dich selbst oft über ihn aufgeregt! Was hat sich verändert?"

„Ich glaube, das ist alles nur Fassade. Ich glaube, er ist eigentlich ganz nett."

„Ich glaub's nicht, Tanja, der Schuss in deinen Magen hat wohl irgendeine Nervenzelle zerstört, die durch deinen Kopf ging und fürs Denkvermögen zuständig war."

„Wow?!"

„Tschuldige, ich glaub, irgendwas stimmt doch nicht. Das ist heut schon mein zweiter Streit."

„Du hast dich gestritten? *Du*, Emma Burg?"

„Ja, ich habe die Fassung verloren und sogar richtig geschrien."

„*Du* hast geschrien? Emma, was ist mit dir passiert?"

„Sabine hat sich einfach unmöglich benommen und ich hab ihr die Meinung gegeigt!" Emma wurde wieder lauter.

„*Du* hast jemandem deine Meinung gesagt? Ich glaube, eine Mitbewohnerin tut dir doch gut", scherzte Tanja.

„Mir hat es einfach gereicht. Sie hat bei Youtube über mich gelästert. Öffentlich. Und dann dieser halbnackte Typ in meiner Wohnung, nachdem sie morgens nur mal kurz wegwollte und dann noch nicht da war, als ich schlafen ging. Und mich hat sie mit dem Köter ganz allein gelassen."

„Also wie mir scheint, ist dieser *Köter* nicht unbedingt ein Problem für dich, oder?"

Benny lag auf Emmas Schoß und sie kraulte ihn.

„Es geht ums Prinzip", gab sie schnippisch zurück.

„Habt ihr denn Prinzipien geklärt? Also fürs Zusammenleben?"

„Eigentlich habe ich nie richtig Ja zum Zusammenleben gesagt. Und dass man nicht einfach fremde Männer in meine Wohnung bringen kann, versteht sich ja wohl von selbst, oder?" Ihre Frage klang fast wie eine Drohung.

„Nun ja."

Emma sah sie entsetzt an. „Fällst du mir jetzt auch noch in den Rücken?"

„Über dich lästern geht gar nicht, aber die Sache mit dem Zusammenwohnen handhabt doch jeder anders. Was hat sie denn gesagt?"

Emma schob ihr Essen beiseite. Im Moment war ihr der Hunger vergangen.

„Ist nicht so wichtig, wir haben es geklärt. Das war alles nur Show für ihren Kanal quasi."

„Für ihren Kanal quasi? Ich verstehe nicht ein Wort, das aus deinem Mund kommt."

Emma seufzte. „Ja, das dachte ich mir." Sie stand auf und holte ihren Laptop. „Hier, schau dir das einfach an. Dann weißt du, warum ich plötzlich so rede." Emma startete das Video und sah sich in dem weißen Fashionshirt, wie sie den Salat zubereitete.

Tanja fielen fast die Augen aus dem Gesicht. Sie verschluckte sich und blickte abwechselnd vom Salat zu Emma zum Video. „Jetzt versteh ich gar nichts mehr."

Er

Er saß auf seiner fleckigen Matratze, den Blick starr auf den Bildschirm gerichtet. Seine Haare waren noch nass, Duschwasser tropfte auf seinen nackten Körper.

Sie war gerade ins Bett gegangen.

Er hatte das Date so früh wie möglich beendet, um das nicht zu verpassen.

Einen tiefen Atemzug inhalierte er von seiner Marlboro. Den Rauch blies er in ihre Richtung. Noch einmal saugte er so fest an seiner Zigarette, dass er fast seine Finger verbrannte. Er drückte sie aus und stellte sich vor, wie sie schrie, wenn er die Kippe zwischen ihren Beinen langsam ausdrücken würde. Die Frauen mochten das nicht, doch er war ja nicht irgendjemand. Er war ihr Liebster. Sie gehörten zusammen und sie musste sich doch schließlich auch Mühe geben, um ihm zu gefallen. Besonders, nachdem er so hart um sie kämpfen musste.

Die Hitze in dem kleinen Wohnzimmer war unerträglich. Aus den Duschtropfen wurden erneut Schweißperlen. Er wollte das Fenster nicht öffnen. Er wollte jedes Geräusch hören, das Emma machte.

Sie hatte sich gerade umgezogen und ins Bett gelegt. Ihr Busen, so groß und flauschig, er hätte hineinbeißen können. Bald. Nun lag sie im Bett und las in einem ihrer Bücher. *Wenn du nur wüsstest, dass ich es ebenfalls in der Hand hatte, dass ich es bereits geküsst habe, so wie ich dich bald küssen werde. Bald, mein Engel. Bald ...*

9. MAI 2019 – MITTWOCH

Emma

Emma lungerte in ihrem Bett, neben sich einen Becher Kaffee, die Decke weit weg von sich, weil es so heiß war. Laut Wetter-App sollten es heute 30 Grad werden, und das mitten im Mai. Zum Glück musste sie nicht arbeiten.

Sie hatte ein Kissen auf dem Schoß, auf dem ihr Laptop lag, denn er wurde oft zu heiß für ihre Schenkel. Sabine schien wach zu sein, denn Emma hatte erst Benny aufgeregt bellen und dann die Tür aufgehen hören. Sie war also allein und hatte ein wenig sturmfrei, zumindest eine Gassirunde lang, wobei man bei Sabine ja nie wusste.

„Tolles Shirt, wo kann ich das kaufen?", las sie den ersten Kommentar.

„Bist du so hässlich, dass du dein Gesicht nicht zeigst?" *Wow, respektloser ging es wohl kaum.* Ist ja nicht so, als würde sie fiese Sprüche nicht schon von früher kennen. Auch wenn sie mittlerweile erwachsen war, traf sie so eine Gehässigkeit jedes Mal tief ins Mark. Es holte all die Erinnerungen an ihre Schulzeit hoch, die alles andere als rosig war. Damals hatte ihr Alltag aus Gemeinheiten anderer bestanden.

„Tolles Rezept, mache ich gleich mal nach. Ich sag dir, wie es bei meinem Date ankam – zwinker." Emma musste schmunzeln.

„Super, tolle Idee, schau doch auch mal auf meinem Kanal vorbei", las sie weiter.

„Gern mehr, super Idee."

„Gibt's das auch ohne Shirt? PS: Deine Stimme turnt mich an." *Das Niveau konnte also noch tiefer sinken.* Emma stellte den Laptop neben sich und nahm einen Schluck von ihrem Kaffee. Schon komisch, was die Leute da so schrieben. Und irgendwie gemein. Sie war froh, dass sie ihr Gesicht nicht gezeigt hatte und dass aufgrund des Shirts niemand Rückschlüsse ziehen konnte. Außer natürlich, man sah im Impressum nach, denn dort stand ihr Name.

Neuer Versuch. Sie nahm ihren Laptop wieder zu sich und öffnete ihre Mails. Eine ihr bekannte E-Mail-Adresse sprang ihr direkt ins Auge.

Liebe Emma,
hab vielen Dank für dein tolles Rezept. Ich liebe Spaghetti und deine „Spaghetti-um-Nina-ein-Lächeln-zu-schenken" haben mir wirklich ein Lächeln auf die Lippen gezaubert. Und noch mehr habe ich mich gefreut, als du mir die Videoverlinkung zugeschickt hast. Wow. Ich werde nicht so vermessen sein, zu glauben, dass ich dafür verantwortlich bin, aber falls ich vielleicht ein kleiner Tropfen war, dann freut es mich so sehr

zu wissen. Ich hoffe, dass du sehr erfolgreich sein wirst, und bin jetzt schon dein treuster Fan. Es ist schön, dass du mir von deiner neuen Mitbewohnerin erzählt hast. Dass du jetzt wirklich eine Tussi bei dir hausen lässt ... Wobei mich wundert, dass du so aufgestylt warst. Hatte dich ganz anders eingeschätzt, aber steht dir gut. Tut mir leid, dass ich dich eher für die weite Klamottenlady gehalten habe.

Als ich bat, mehr von dir preiszugeben, meinte ich natürlich, dass ich mehr über deine Kindheit und deine Angststörung erfahren wollte. Wann hast du das erste Mal gemerkt, dass du anders bist? Wie hast du gemerkt, dass Kochen hilft, was stimmt von den Geschichten aus den Zeitungen? Stimmt es, dass dein Vater dich hat hungern lassen und dir wehgetan hat? Wie hat er dir wehgetan?

Tut mir leid, ich stell zu viele Fragen. Am besten, du ignorierst sie einfach. Es ist nur als Kompliment gemeint, weil ich das Gefühl hab, dich schon zu kennen und mit dir vertraut zu sein. Du hingegen weißt gar nicht, wer ich bin. Damit das etwas ausgeglichener ist, füge ich ein Bild von mir bei. Ich mit meiner Katze Motte. Sie hat keine Haare und alle finden sie hässlich, aber genau deswegen liebe ich sie. Ich weiß auch, wie es ist, wenn einen jeder ansieht, als wäre man anders. Wie eine Außerirdische.

Na gut, ich muss jetzt weiter Mathe büffeln.

In Liebe

Deine Nina

Emma öffnete die Datei. Eine junge Frau, fast noch ein Mädchen, blickte in die Kamera und hielt eine Nacktkatze in ihren Armen. Das Mädchen stand vor einem Fenster, ihr Blick scheu wie ein Reh. Unschuldig, wenngleich ihr Klamottenstil auf anderes schließen ließ. Sie trug eine dunkle, zerrissene Jeans, die zu ihren schwarzen Lippen passte. Ein silberner Ring verzierte ihre Unterlippe. Ein rotkariertes, viel zu großes Holzfällerhemd flatterte um ihren Oberkörper. Es war offen und darunter trug sie ein bauchfreies Oberteil. Ein Mix von Stilrichtungen, wie Emma das so oft auf der psychosomatischen Station miterlebt hatte. Rebellion und Schüchternheit hatte sie oft in Form von Klamotten gesehen. Sie selbst wollte keine Rebellion. Sie wollte immer nur ihre Ruhe und dass sie niemand ansprach. Emma hatte nie das Verlangen gehabt, Freunde zu finden. Vielleicht noch ganz früher, in der Grundschule, aber nach den Erfahrungen mit Kristina und seit sie Tanja hatte, brauchte sie niemanden mehr.

Emma registrierte, dass die Haustür aufgeschlossen wurde. Sie ignorierte Sabines sanftes Klopfen und starrte weiter auf das Bild. *Soll sie doch denken, dass ich schlafe. Ich hab gerade keine Lust auf Quatschen. Weil ich das einfach nicht kenne. Ich weiß nicht, wie ich damit umgehen soll. Plötzlich ist nach all den Jahren ein neuer Mensch in meinem Leben. Eine Frau, die bereits öffentlich über mich gelästert hat, die mir dumme Kommentare im Büro gesteckt hat und nun auf einmal in meiner Wohnung lebt und nett zu mir ist.* Emmas Gedanken überschlugen sich und sie verstand die Welt nicht mehr.

Sie fuhr sich durch ihre Haare, nahm eine Strähne und rollte sie über ihren Finger, so wie es ihre Mutter wohl früher getan hatte. Sie erinnerte sich nicht, sie war zu klein gewesen, als sie gestorben war. Aber Emma erinnerte sich genau an das Foto, das sie damals hatte verbrennen müssen, als ihr Vater sie betrunken dazu gezwungen hatte. Ihre Mutter war so wunderschön gewesen und hatte ihre braunen Strähnen um ihren Finger gekräuselt. Emma hatte das Haar ihrer Mutter. Sie fühlte sich ihr so etwas näher und hatte das Gefühl, dass es ihre töchterliche Pflicht war, ihre Haare ebenfalls lang zu tragen und um ihren Finger zu wickeln. Damit ihre Mutter stolz auf sie wäre. *Wie bescheuert. Stolz, weil ich eine Strähne um den Finger wickel.*

„Emma", hörte sie Sabine rufen. Ihre Stimme klang nervös.

„Ich komme", antwortete Emma und hüpfte aus dem Bett. „Was ist los?"

Emma öffnete ihre Schlafzimmertür und erschauderte. Sabine saß mit Benny auf dem Schoß auf dem Boden im Flur, um ihn hatte sie eine Decke gewickelt.

„Ich weiß nicht", schluchzte sie. „Er hat sich die ganze Zeit übergeben und hatte Durchfall. Da war sogar Blut drin." Sie vergrub ihr Gesicht in seinem Fell.

„Zittert er etwa?", fragte Emma vorsichtig.

„Ja, schon die ganze Zeit. Ich weiß gar nicht, was los ist. Heut Morgen war er ein bisschen nervös, aber ich dachte, weil er pinkeln muss. Wir sind eine Runde um den Block, es ging ihm immer schlechter. Ich musste ihn sogar zurücktragen."

„Können Hunde denn auch einen Magen-Darm-Virus bekommen?"

„Ich glaube schon, Emma, aber doch nicht mit Blut. Er wurde bestimmt vergiftet."

„Komm, wir gehen sofort zum Tierarzt, ich zieh mir nur schnell was über und such einen raus. In fünf Minuten können wir los." Sie kraulte Benny kurz, um ihn zu beruhigen, oder vielleicht eher sich selbst. Dann schlüpfte sie in ein paar Klamotten und googelte gleichzeitig nach einer Tierarztpraxis in der Nähe. Sie hatte Glück. Nur zehn Minuten Fußweg entfernt war die nächste.

„Komm, Sabine." Sie strich ihr über den Arm und rief in der Praxis an. „Ja, hallo, hier ist Frau Burg. Wir glauben, unser Hund wurde vergiftet und sind in zehn Minuten bei Ihnen. Ich soll was? Ja, mach ich."

„Was ist?", fragte Sabine.

„Wir sollen etwas von seinem Erbrochenen oder Durchfall mitbringen!"

„Kein Problem, hier in meinem Seidentuch ist genug davon. Ich musste ihn damit nach Hause tragen."

* * *

„Guten Tag, sind Sie die mit dem vergifteten Hund?" Eine stämmige, rothaarige Frau mit todernstem Gesicht und weißem Kittel begrüßte die drei.

„Ja, ich hatte angerufen."

„Schnell, wir haben schon alles vorbereitet. Legen Sie ihn erstmal hier auf die Liege. Kraulen Sie ihn dabei die ganze Zeit und sprechen ihm gut zu. Er sollte nicht das Bewusstsein verlieren."

Sabine und Emma stellten sich um ihn herum und schenkten ihm all ihre Liebe.

„Welches Gift hat er genommen?"

„Sie glauben auch, er wurde vergiftet?"

„Bei Blut im Stuhl, Durchfall, Erbrechen ist das hier leider keine Seltenheit. Wir finden das aber heraus, wenn sie was davon mitgebracht haben."

„Da." Sabine zeigte auf das Tuch, das sie in einer Tüte auf den Boden gelegt hatte.

„Erzählen Sie mir genau, wann sich sein Verhalten wie verändert hat."

Sabine schilderte detailliert von Bennys Verhalten.

„Und gestern haben Sie noch nichts gemerkt?"

Sabine schaute zu Emma.

„Nein, ich habe ihn noch mal Gassi geführt, als Tanja ging, und da war er noch ganz normal. Wir waren nur kurz, weil ich so spät abends nicht mehr durch den Park will." Emma ließ ihren Blick auf Benny gerichtet.

„Und was hat er gegessen?"

„Hast du ihm irgendwas Komisches gegeben?"

„Was?", fragte Emma entsetzt. „Nein, dein Hundefutter. Gestern Abend hatten wir Salat, sowas gebe ich doch keinem Hund."

„Es kann zwischen 2 und 48 Stunden dauern, bis Gift wirkt, also brauche ich eine Auflistung von allem, was er die letzten zwei Tage gegessen hat."

Sabine und Emma zählten auf, eine Tierarzthelferin saß an einem Schreibtisch und notierte alles.

„Hat er irgendwas im Park oder von anderen gefressen?"

Beide Frauen verneinten.

„Es war sehr gut, ihn in eine Decke zu wickeln. Seine Temperatur ist gefallen und er krampft, so haben sie ihn besser unter Kontrolle. Ich gebe ihm jetzt Aktivkohle. Dies sorgt für eine erste Verhinderung der Resorption des Giftes vom Darm in den Körper bzw. Kreislauf. Die Kohlepartikel können nämlich verschiedenste Giftformen an sich binden und diese in gebundener Form wieder aus dem Darm heraustragen. Wundern Sie sich nicht, sein Kot ist dann schwarz." Dr. Neugebauer nahm die Tabletten und gab sie Benny, der sich nicht mal mehr wehrte.

„Außerdem spritze ich ihm ein Gegenmittel. Hochdosiertes Vitamin K1. Halten Sie ihn bitte noch ein wenig fester und reden ihm gut zu." Im nächsten Moment hatte sie Benny schon eine Spritze verabreicht.

Erst jetzt nahm Emma den Geruch wahr. Er hatte etwas von Krankenhaus, nur dass die Tierdüfte hinzukamen. *War mein Essen etwa schuld? Hat er irgendetwas davon nicht vertragen oder war es wirklich Gift?*

„In Berlin erwischen Hunde oft Rattengift. Einige aus Versehen, aber es gibt viele Hundehasser da draußen. Den Täter werden Sie wohl nie finden, aber Sie können natürlich trotzdem Anzeige erstatten. Ich melde mich bei Ihnen, sobald ich die Ergebnisse vorliegen habe. Sandra, bitte lassen Sie das im Labor überprüfen." Sie überreichte der Arzthelferin die Tüte mit dem Tuch voller Kot und Erbrochenem. Auch das konnte Emma jetzt ganz klar riechen. Ihr wurde übel. *Warum sollte jemand einen kleinen, süßen Hund umbringen? Der tut doch niemandem etwas und seinen Kot machen wir auch immer mit einer Tüte weg, also warum?* Ihr lief eine Träne über die Wange. Sie wischte sie schnell beiseite, sie kannte den Hund ja gerade mal ein paar Tage. Wie musste sich erst Sabine fühlen? Sie nahm sie in den Arm.

„Sie können ihn jetzt mit nach Hause nehmen. Dort braucht er viel Liebe und Pflege und es könnte nicht schaden, wenn Sie ein bisschen beten, egal, ob Sie an Gott glauben oder nicht. Es sieht nicht gut für ihn aus. Er ist so klein. Sollte sich sein Zustand verschlechtern, kommen Sie sofort wieder. Alles Weitere zur Pflege können Sie hier nachlesen, hier ist meine Notfallnummer und hier ..." Sie sprach nicht weiter. Emma las nur die Überschrift *Beerdigung von Haustieren* und schluckte ihren dicken Kloß im Hals runter.

„Komm, Sabine, wir gehen nach Hause."

* * *

Benny schlief den ganzen Tag, Emma lenkte sich mit Kochen ab. Sie bereitete Benny Schonkost vor und achtete dabei penibel genau auf die

Richtlinien der Tierärztin. Sabine wich keine Sekunde von Bennys Seite, doch als sie eine Nachricht erhielt, wurde sie unruhig.

„Was ist?", fragte Emma, während sie ihr Risotto aß.

Sabine hatte noch nichts angerührt, was dazu führte, dass Emma sich noch schlechter fühlte.

„Ich muss nochmal los." Sabine blickte auf Benny und strich ihm über den Rücken.

„Du musst?"

„Ja, eigentlich schon."

„Eigentlich?"

„Ja, Fin will mich seinem Chef vorstellen."

„Fin? Ist das der von neulich Nacht?" Neulich ist gut. War das nicht erst zwei Nächte her? Momentan passierte so viel, dass Emma völlig das Zeitgefühl verloren hatte. Vielleicht war das so bei Arbeitslosen. War jedenfalls nicht das schlechteste Gefühl, zeitlos zu sein.

„Ja, der. Ich hab kein Bock mehr auf diese Assistenzjobs. Als Model könnte ich so viel mehr verdienen. Überleg mal, wie hoch allein die Tierarztrechnung war. Und die Miete schon sicher zu wissen, wäre auch nicht schlecht. Klar bekomm ich viel Kohle mit Youtube, aber es ist doch immer ein unsicheres Geschäft. Eine Kleinigkeit kann alles ruinieren."

„Und das ist beim Modeln nicht so?"

„Es wäre auf jeden Fall ein zweites Standbein."

„Hm". Emma schob nachdenklich einen großen Löffel in den Mund und kaute auf den Pilzen.

„Würdest du auf ihn aufpassen?"

„Und wenn ihm was passiert?"

Sabine nahm Emmas Hand. „Dann kann ich genauso wenig ausrichten wie du. Aber er schläft den ganzen Tag so friedlich, ich glaube, das Schlimmste haben wir hinter uns."

„Die Ärztin hat gesagt, es kann bis zu vier Wochen dauern."

„Ja, aber wenn er schläft und nicht blutet, ist es doch schon mal ein riesen Glück, und wenn was ist, kannst du mich sofort anrufen und die Nummer von Dr. Neugebauer hast du auch."

„Soll ich dann nochmal mit ihm raus?"

„Ja, am besten einmal kurz vorm Schlafengehen. Frische Luft wird ihm guttun. Ich komm so schnell ich kann nach Hause."

„Okay." *Hoffentlich stirbt er nicht, wenn ich mit ihm allein bin. Das würde ich mir nie verzeihen.*

* * *

Kurz bevor Emma ins Bett wollte, nahm sie Benny auf den Arm und ging mit ihm vor die Tür. Normalerweise traute sie sich abends nicht mehr in den Park, aber heute war eine Ausnahme. Der kleine Mann brauchte schließlich frische Luft und keine Autoabgase. Sie betrat zögerlich den Park und hörte das Rauschen der Bäume. Ein Sturm zog auf, doch die Luft war immer noch klebend warm. Als würde ihr ein Föhn ins Gesicht blasen. Emma setzte sich auf die erste Bank, die sie erreichte, und ließ Benny auf den Boden nieder. Er nahm seine Kraft zusammen und pinkelte. Danach setzte sie ihn auf ihren Schoß. Er öffnete kurz die Augen. Emma bildete sich ein, Freude in ihnen zu erkennen, doch dann schlief er wieder auf ihren Oberschenkeln ein. So ein süßes Fellknäuel muss so sehr leiden. Zum Glück hatte er überlebt. Sie wollte seinetwegen noch ein paar Minuten bleiben, die frische Luft tat ihnen beiden gut.

Dafür, dass es so warm war, waren erstaunlich wenig Leute unterwegs. Wahrscheinlich mussten die meisten Menschen am nächsten Tag früh arbeiten oder hingen in größeren, angesagteren Gegenden ab, wie zum Beispiel in Kreuzberg. Hier am Prenzlauer Berg waren Muttis am Tag mit ihren Kindern auf dem Spielplatz oder auf Inlineskates unterwegs, doch abends wirkte der Park wie ausgestorben. Obwohl Emma keine Menschenmengen mochte, war die Leere etwas beängstigend.

Emma lief es eiskalt den Rücken runter, als sie eine Gestalt mit Kapuze in den Park hereinlaufen sah. Sie wollte ja mehr Menschen hier, um sich wohler zu fühlen, doch keinen mit Kapuze. Wer trug denn bitte bei so einem Wetter einen Pullover? Na gut, sie selbst war auch langärmelig, doch das lag an ihren vernarbten Armen. Sie zog Benny dichter an sich und griff in ihre Handtasche. Ihr Pfefferspray hatte ihr schon einmal geholfen. Sie hätte keine Hemmungen, es zu benutzen.

Die Gestalt kam näher, doch Emma versuchte, cool zu wirken. Sie ärgerte sich, dass ihre Luft knapper wurde und dass sie immer noch bei keinem Selbstverteidigungskurs angemeldet war. Gleich morgen würde sie es tun. *Scheiß aufs Geld und scheiß auf Sozialphobie. Ich werde es schaffen, damit ich mich sicherer fühle.* Wie oft hatte sie sich das bereits geschworen. Wie Alkoholiker sich versprachen, ab morgen nur noch Apfelsaft zu trinken, doch am nächsten Tag sah die Welt eben wieder anders aus. All die guten Vorsätze waren weg. *So schlimm ist das gar nicht, ich hab alles im Griff, ich hab eh kein Geld, geh einfach nicht nachts in den Park.*

Panisch schreckte sie hoch und weckte Benny, der zu schwach war, um zu bellen. Eine Motte hatte sich auf ihren Arm gesetzt. Sie war zu nervös, um sich davon weiter beeindrucken zu lassen. Der Typ kam näher, ihr Griff um ihre Waffe wurde fester. Sie roch ihren eigenen Angstschweiß, dabei wusste sie, dass die Chance, ein Opfer zu werden, größer war, wenn der Feind Angst witterte. Und sie stank binnen Sekunden so heftig, dass es sie nicht wundern würde, wenn gleich alle Massenmörder und Verbrecher Berlins um sie stehen würden wie bei einer Zombieparade.

Sie hielt die Luft an und atmete erst wieder aus, als der Mann vorbeigegangen war. Doch die Anspannung blieb. Sie nahm Benny auf den Arm und eilte nach Hause. Oben angekommen merkte sie, dass nicht abgeschlossen war. War Sabine wieder zurück?

„Sabine?", rief sie, als sie die Wohnung betrat.

Sabines Zimmertür stand auf, doch niemand war darin. Stattdessen hörte sie Geräusche aus ihrem Schlafzimmer. Sie war immer noch wie in Panik getaucht.

„Sabine?" Wer zur Hölle war in ihrem Schlafzimmer? Wieder griff sie nach ihrem Pfefferspray und erinnerte sich an ihren Selbstverteidigungsvorsatz. *Morgen melde ich mich an, komme, was wolle.* Sollte es zu einem Morgen kommen. Vielleicht stand Kristina, die Sadistin aus ihrer Kindheit, wieder in ihrer Wohnung, nur dass sie sich diesmal selbst reingelassen hatte? Vielleicht wollte sie sich für irgendwas rächen oder einfach nur ihren Spaß haben?

Emma atmete tief durch und setzte Benny leise ab. Sie fischte ihr Handy aus der Hosentasche und wählte Tanjas Nummer. Hoffentlich war es dafür nicht zu spät.

Die Schlafzimmertür wurde heftig aufgestoßen. Emmas Herz setzte aus. Sogar Benny gab einen Schreckenslaut von sich. Doch sie konnte sich weder vor noch zurückbewegen. Es dauerte einen Moment, bis sie Sabine erkannte, die mit einer Spritze in der Hand im Türrahmen stand.

„Sabine? Was machst du in meinem Schlafzimmer?" Und wieso sah sie aus wie eine Irre? Die Szene erinnerte Emma an einen Horrorfilm, zu dem sie Tanja ins Kino gezwungen hatte. In dem Film hatte die Hauptdarstellerin den Mann ihrer Freundin gevögelt, die daraufhin eine Psychose erlitt, als sie davon erfuhr. Sie hatte die Protagonistin mit einem Messer in der Hand in ihrem eigenen Schlafzimmer begrüßt und ihr dann sehr wehgetan.

„Die Frage ist, was *das* in deinem Schlafzimmer macht?" Sabine klang ganz ruhig, auch wenn ihr Gesicht alles andere als entspannt aussah.

„Was redest du da?"

Eine Stimme aus dem Handy in ihrer Hand erinnerte sie daran, dass sie Tanjas Nummer gewählt hatte. „Bitte versuchen Sie es später noch einmal." Emma drückte die Mailbox weg, hielt ihr Handy jedoch drohend in der Hand, allzeit bereit, die Polizei zu rufen. Dieser Blick war ihr nicht geheuer. Und diese Spritze schon gar nicht.

„Was hat die Spritze in deinem Nachttisch zu suchen?"

„*Was hast du an meinem Nachttisch zu suchen,* ist wohl eher eine berechtigte Frage. Außerdem weißt du ja wohl, dass ich keine Drogen nehme!"

„Drogen, dass ich nicht lache. Aber Rattengift, oder was? Wenn du dich rächen willst, dann an mir und nicht an meinem Hund!" Sie kam auf Emma zu und hielt ihr die Spritze drohend an den Hals. „Wenn mein Hund deinetwegen stirbt, dann bringe ich dich mit diesem Zeug um, das verspreche ich dir!"

Emma konnte ihren Atem spüren. Unfähig, sich zu bewegen oder noch einen Ton von sich zu geben. Sabine schien durchzudrehen. Ihr Handy klingelte. Wahrscheinlich rief Tanja zurück, doch Emma traute sich nicht, aufs Display zu sehen.

„Steckt Tanja auch dahinter? Habt ihr euch das gemeinsam ausgedacht?"

„Sabine, ich würde Benny niemals etwas tun. Wie kommst du nur darauf?", stammelte sie.

„Fahr zur Hölle, Emma Burg! Kein Wunder, dass man dich verdächtigt hat, deinen Vater umgebracht zu haben. Wer sogar vor kleinen Hunden nicht Halt macht!" Sabine packte ihren Kram zusammen, stellte alles vor die Tür, nahm Benny auf den Arm und verschwand aus der Wohnung, ohne ein weiteres Wort zu sagen, mit einem letzten, drohenden Blick, der Emmas Blut gefrieren ließ.

Emma verstand die Welt nicht mehr. Wieso war eine Spritze in ihrer Nachttischschublade und was hatte Sabine dort zu suchen? Doch die eine Million Dollar Frage war ja wohl, warum zur Hölle glaubte Sabine allen Ernstes, dass Emma zu so etwas fähig wäre? Es tat weh, tief in ihrer Brust. Beide hier zu haben, war viel schöner gewesen, als sie je zugegeben hätte. Sie fühlte sich sicherer, sie kam raus. Es war, als würde sie endlich eine neue Freundin bekommen, und nun? Nun sollte sie mal wieder die Böse sein? Erst hatte alle Welt gedacht, dass sie ihren eigenen Vater ermordet hatte, und jetzt sowas. Tränen der Wut paarten sich mit Tränen der Enttäuschung und vermischten sich in ihrem blassen Gesicht. Emma löschte das Licht, zog die Vorhänge zu und legte sich in ihr Bett. An Schlaf war nicht zu denken, sie wälzte sich von links nach rechts. *„Fahr zur Hölle"*, hat Sabine gesagt, hämmerte es immer wieder in ihrem Kopf.

Er

Er freute sich, dass sein Plan aufgegangen war. *Nun kann unser Date beginnen.* Sie war endlich allein und er hatte sie ganz für sich. Wahrscheinlich würde sie morgen einkaufen gehen, denn wenn es ihr schlecht ging, stand sie immer am Herd. Diese Chance würde er nutzen. Er hatte bereits alles geplant und goss sich ein weiteres Glas Whiskey ein. Zur Feier des Tages. Der dämliche Köter war zwar nicht gestorben, aber er hatte erreicht, was er wollte. So schnell würde Sabine nicht zurückkommen. Dafür hatte er gesorgt.

Zum zehnten Mal prüfte er seine Tasche. Er durfte nichts vergessen, zu lange wartete er schon darauf. Seit er Emma durch die Klatschpresse wiedererkannt hatte. Sie würde ihn endlich auch wiedererkennen, wenn sie nur mal genauer hinschauen würde. Er legte den Inhalt der Reisetasche auf seine Matratze und strich dann penibel genau die Häkchen auf seiner Date-Liste ab. Stretchfolie, Paketklebeband, diverse Tücher, sein Lieblingsmesser sowie noch ein kleines als Ersatz. Er sortierte die Kerzen, den Grillanzünder, einen Vibrator, man wusste ja nie. Außerdem hatte er natürlich Emmas Zaubertrunk dabei, damit sie ihm auch hörig war, nur für den Anfang natürlich. Wenn sie erkennen würde,

wer da hinter der gutaussehenden Fassade steckte, würde sie freiwillig mit ihm schlafen wollen.
Sein Schwanz wurde hart, schon bei dem Gedanken an morgen. Ein Blick zum Bildschirm,
auf dem Emma sich hin- und her wälzte, bescherte ihm ein süßes Lächeln.

10. MAI 2019 – DONNERSTAG

Emma

Liebe Emma,
danke für deine rührende Antwort. Ich weiß es wirklich zu schätzen, dass du mir diese Dinge anvertraust.

Magst du mir vielleicht auch mal ein Foto von dir schicken, damit ich endlich weiß, wer hinter der Frau steckt, deren treuster Fan ich bin?

Das mit deinem Hund tut mir leid. Ich bin sicher, es wird ihm bald wieder besser gehen. Dein „Benny-darf-nicht-sterben-Risotto" sah sehr köstlich aus. Ich bin froh, dass du noch keinen neuen Job hast und so viel Zeit am Herd verbringst. Ich finde, Frauen sollten gar nicht arbeiten, sondern sich um das Essen und den Haushalt kümmern, auch wenn ich recht allein damit steh.

Nächste Woche muss ich wieder zu so einer psychosomatischen Reha. Ein bisschen freue ich mich darauf, weil ich dann nicht in die Schule muss, aber scheiße ist es trotzdem. Dort fühlt man sich endlich normal, weil alle anderen auch

146

ein Ding am Kopp haben (so hat mein Bruder immer über mich gesprochen). Nichtsdestotrotz werde ich meine geliebte Motte wieder so lange allein lassen müssen, dass sie mir jetzt schon fehlt. Ich lasse sie nicht gern hier bei meiner Familie. Sie behandeln sie nicht gut, aber ich kann nichts dagegen tun. Ich wollte dich eigentlich fragen, ob du sie nehmen kannst. Ich weiß, das schickt sich nicht, aber nun hat sich das ja eh erledigt. Du hast jetzt einen Hund. Ich komme ins Schwafeln.

Jedenfalls freue ich mich auf ein Bild von dir zur Aufmunterung und werde das Nachkochen jetzt schon vermissen. Du weißt ja, bei der Reha ist sowas nicht möglich. Da muss man den Fraß futtern, der einem vorgesetzt wird.

Ich hab das Gefühl, wir werden gute Freundinnen. Ich fühle mich dir jetzt schon ganz nah.

Deine Nina"

Emma saß vor ihrem Laptop und las die E-Mail noch zwei weitere Male sowie auch die ersten drei, die sie von Nina erhalten hatte. Auch das Foto der 17-Jährigen musste sie immer wieder betrachten. Ein Mädchen, das so aussah wie sie, mit den Erfahrungen, Vergewaltigung in der Familie, eine Mutter, die sie vernachlässigte oder ihr nicht glaubte, wochenlang auf Kur, getrennt von der einzigen Liebe, die sie hatte, nämlich der zu ihrer Katze.

Damals hätte sich Emma auch gewünscht, ein Haustier zu haben. Doch erst jetzt konnte sie nachvollziehen, wie wichtig das für sie gewesen wäre, wenigstens ein Wesen auf der Welt zu wissen, das sie brauchte und bedingungslos liebte. Eine Erfahrung, die sie erst mit 30 Jahren machen durfte.

Nina sah aus wie eine typische Außenseiterin, die sich als obercoole Wütende gab, doch sensibel war wie ein Lichtmelder. Aber irgendwie passte das alles nicht zusammen mit den Werten, die sie vertrat. Die Frau muss am Herd stehen und der Mann arbeiten? War das erblich? Ich koche ja auch gern, grübelte sie. Ich habe allerdings früher selten etwas zu essen bekommen und schon gar kein frisch gekochtes Mahl. Sie krabbelte aus ihrem Bett, dehnte und streckte sich und entschied sich für eine Runde Yoga. Ihr Meditations-Arbeits-Yogazimmer war ja nun wieder frei.

Emma schlurfte in Sabines Zimmer. Sie hatte all ihre Sachen mitgenommen. Und das war echt eine Menge. Nur Emmas aufgepimptes Shirt hing über dem Schreibtischstuhl. *Weil sie nie wieder an mich erinnert werden wollte oder weil ich es getragen habe und es sie ekelt?* Emma schüttelte den Gedanken ab und breitete ihre Yogamatte aus, sie holte ihr Handy aus dem Schlafzimmer und vermisste den nervösen Benny, der jetzt wahrscheinlich gerade nerven würde, weil er mal austreten musste.

Emma begann in ihrem Schlafoutfit, das aus einem Pferdeshirt und einer karierten, langen Hose bestand, mit ein paar Stretch-Übungen und startete die Yoga-App auf ihrem Handy. Nach wenigen Minuten zog sie ihre lange Hose aus, da es einfach viel zu warm war. Die Hitze drückte und kurbelte ihren Kreislauf runter. Sie musste die Positionen langsam nachmachen, da ihr immer wieder schwarz vor Augen wurde. Yoga und Meditation hatte sie, seit Sabine eingezogen war, echt vernachlässigt und gerade an Tagen wie diesen merkte sie, wie ihr dieses Ventil zum Druckabbau gefehlt hatte. Der Gedanke an Selbstverletzung war wieder zurückgekommen, wenn auch noch nicht sonderlich stark ausgeprägt. In Gedanken formulierte sie ihre Antwort an Nina. Sollte sie Motte zu sich nehmen? Vielleicht würde das die Leere etwas füllen? Eine Leere, die sie so vorher nie empfunden hatte. Aber eine wildfremde Katze von einem fremden Mädchen aus dem Internet? Sie hatte jetzt nicht gerade die beste Erfahrung mit fremden Frauen und ihren Haustieren gemacht. Was, wenn Motte auch was passierte, während sie in Emmas Obhut war? Dann würde sie nachher wieder dafür verantwortlich gemacht werden.

Ich habe das Gefühl, wir werden gute Freundinnen. Ich fühle mich dir jetzt schon ganz nah. Konnte man sich jemandem nah fühlen, den man gar nicht kannte? Ich meine, was hat sie von mir bisher zu sehen bekommen? Einen kleinen Auszug. Eine Emma, die kocht und über ihre Therapieerfahrungen und Übungen spricht. Ich bin ja nicht nur das. Ich bin doch mehr als meine scheiß Psychosen. Oder? Sie streckte ihren Kopf, als sie die Haltung der Kobra nachmachte, ihre Lieblingsyogafigur. *Aber was bin ich eigentlich?*

„Und nun stellen Sie sich langsam aufrecht, strecken den linken Fuß nach hinten und gehen in die Standwaage. Ihr inneres Gleichgewicht können Sie mit dieser Übung besser zusammenhalten.

Atmen Sie tief in den Bauch und denken Sie an die Bauchmassage!"

Ja, ich bin, was ich mache, und was mache ich? Yoga. Kochen. Meditieren. Arbeitslos abgammeln, nicht mit Freunden draußen abhängen, sondern zuhause sitzen und lesen. Alles führt zu meinen psychischen Problemen zurück, also bin ich doch nur eine gestörte Tussi, der man zutraut, ihren Vater umgebracht zu haben, und die fast einen kleinen, süßen Hund auf dem Gewissen hat.

„Atmen Sie noch einmal tief in den Bauch ein."

„Ach, scheiß doch drauf!" Emma lief der Schweiß inzwischen nur so den Körper hinunter und durchnässte ihre Klamotten. Sie ließ ihr Handy verstummen und sprang unter die Dusche. *Heute mache ich etwas, das absolut nichts mit Psychokram zu tun hat. Etwas mega Normales. Was auch immer das ist.*

* * *

„Bist du dir sicher?" Emma hatte einen zweifelnden Blick aufgesetzt und brachte Tanja damit zur Weißglut.

„Emma, du wolltest mir vertrauen, also frag nicht bei jedem Teil, ob ich mir sicher bin. Wäre ich es nicht, würde ich es dir nicht zum Anprobieren geben!"

„Hm." Emma drehte sich in der engen Umkleidekabine hin und her, um sich von allen Seiten betrachten zu können. „Das ist doch viel zu eng, oder nicht?"

„Nein, es betont deine weiblichen Rundungen, auf die Männer übrigens stehen. Ganz besonders Tim."

Emmas Magen zog sich zusammen. Was hatte sie sich dabei bloß gedacht. *Shoppen und Daten, warum noch mal wollte ich normal sein?*

„Warte." Tanja verließ die Umkleide und kam wenige Minuten später mit einer hellblauen Bluse zurück. Mit einem fordernden „Hier" übergab sie Emma das Teil. „Das ziehst du jetzt an. Es ist schlicht, elegant, nicht zu eng und dennoch ein klein wenig sexy und brustandeutend."

„Brustandeutend? Gibt es dieses Wort überhaupt?"

„Emmaaaaa!"

„Ist ja gut." Emma rollte mit den Augen und schnappte sich das Oberteil.

„Zufrieden?", fragte sie patzig und öffnete kurz darauf die Kabinentür.

Tanja strahlte übers ganze Gesicht. „Jap!"

„Gut, können wir jetzt gehen?"

Tanja räusperte sich.

„Was?"

„Rock, Schmuck, Schminke?"

„Übertreib's nicht, Tanja."

„Ja, wahrscheinlich hast du recht", seufzte sie und nahm die restlichen Klamotten, um sie wieder zurückzuhängen. „Wir treffen uns an der Kasse."

„59 Euro? Das ist doch nicht deren Ernst?", empörte sich Emma.

Tanja stieß ihr den Ellenbogen in die Seite. Emma gab sich geschlagen und beendete ihre

Nörgeleien. Sie zahlte und verließ mit Tanja das Geschäft. *Was hab ich mir nur dabei gedacht? 59 Euro. Das wären 59 E-Books zum Einführungspreis. Aber gut, kaufen wir halt ein Klamottenstück, das ich einmal im Leben tragen werde, wenn überhaupt. So langsam bekomm ich nämlich kalte Füße.*

„Tanja, meinst du, ich tu das Richtige? Ich hatte noch nie ein Date und er schon drei Frauen. Ich mein, der hat mich angebaggert, als er dachte, dass ich meinen Vater ermordet hab", gab Emma zu bedenken.

„Ach, Emma. Du sollst ja nicht gleich Nummer vier werden. Es geht darum, mal nicht zuhause zu sitzen, sondern etwas Normales zu tun. Schon vergessen? Im schlimmsten Fall hast du lecker gegessen und musstest dafür mal nicht kochen und kein Geld ausgeben. Du musst ihn nie wieder sehen. Im Gegenteil zu mir." Sie hustete.

Emma hielt bei einem Pizzastand an und reihte sich in die Schlange ein.

„Was hast du denn jetzt wieder vor? Du gehst gleich Essen!"

„Ja, und da will ich sicher nicht ausgehungert hin. Ich hab das in einem Buch gelesen, dass eine immer vor ihren Dates was gegessen hat, damit sie nicht so verfressen wirkt."

„Das ist bescheuert."

„Das ist klug."

„Ich denke, er interessiert dich nicht und du willst keinen Eindruck machen?", neckte Tanja sie.

„Ich will nur nicht Nummer vier werden. Gegen einen guten Eindruck hab ich nichts, gegen einen verfressenen hingegen schon."

„Meinetwegen. Ich nehm die mit Pilzen. Ich geh kurz aufs Klo." Sie drückte Emma ihre Tüten in die Hand und verschwand um die Ecke.

Er

Ein letzter Blick auf sein Handy verriet ihm, dass sie noch im Einkaufszentrum war. Es machte ihn rasend, dass er sie immer noch nicht hundertprozentig einschätzen konnte. Er war sich sicher gewesen, dass sie den Abend über kochen würde. Na ja, so machte sie es ihm leichter. Denn nun konnte er in Ruhe alles vorbereiten.

Er öffnete Emmas Haustür, huschte in den Flur und atmete ihren Duft ein. Endlich. Heute Nacht würden sie zusammenkommen. Vielleicht spürte sie es und kaufte noch ein paar flotte Dessous? Er lachte. Emma und Dessous ging nun wirklich zu weit. Er liebte ihre Schlichtheit. Er brauchte nicht viel Schnickschnack. Seine Mutter hatte sich früher das ganze Gesicht zugeklebt mit Make-up und viel zu enge und grelle Kleidung getragen. Deshalb mochte er Emma so, da sie sich nicht verbog oder verkleidete wie ein Clown, sondern einfach nur sie selbst blieb.

Außerdem war sie nicht so verbraucht, wie all die anderen Frauen da draußen. Sie saß nicht Abend für Abend mit irgendwelchen Typen in den Bars und riss alles auf, was bei drei nicht auf den Bäumen war.

Er betrachtete sich im Spiegel und grinste. *Gut sehe ich aus. Meine Haare, mein Drei-Tage-Bart, ein hübsches Hemd. Ich sehe aus wie diese Typen aus der Werbung. Mehr braucht Emma nicht, um glücklich zu sein. Ich werde sie auf Händen tragen.* Sein Handy verriet ihm, dass Emma nun das Einkaufszentrum verlassen hatte, allerdings bewegte sie sich nicht in Richtung nach Hause. *Scheiße. Was machte sie bloß?* Hätte er ihr lieber folgen sollen? Ach was, sie würde schon wiederkommen. So hatte er mehr Zeit in der Wohnung, bevor er sich unter ihr Bett legen würde.

Er betrachtete noch einmal alles genau. Konnte sie ihm irgendwie entkommen? Gab es irgendwelche Waffen, von denen er noch nichts wusste? Seine Tasche drapierte er unter Emmas Bett, doch zuvor holte er den Schlummertrunk hervor und tat ein paar Tropfen davon in Emmas Erdbeerwasser, das an ihrem Bett stand. Sie kannte das ja schon und beim letzten Mal war die Dosis wohl ein bisschen zu viel gewesen. *Sie soll ja nicht gleich alles verschlafen. Sie soll nur gut einschlafen und ihre Nacht nie vergessen,* dachte er und in seiner Hose regte sich etwas.

Emma

Tanja, biiiiiitte. Ich schaff das nicht allein."

„Ich ruf John an. Warte kurz." Tanja nahm ihr Handy zur Hand und senkte ihre Stimme. „John, du musst mir einen riesen Gefallen tun."

„Lass mich raten, die werte Frau Burg hat die Hosen voll und ich soll Tim absagen?" Johns Worte hallten laut genug durch Tanjas Telefon, so dass Emma sein breites Grinsen quasi vor sich sehen konnte.

Er hatte Tim schon immer für eine Flachzange gehalten und war sicher eh nicht begeistert von ihrem Date.

„Schlimmer."

Kurzes Schweigen.

Tanja drehte sich weg und flüsterte in den Hörer. „Du bekommst danach auch eine ausgiebige Massage. Mit Happy End", raunte sie mit russischem Akzent.

Emma wurde schon rot beim Zuhören und versuchte, ihr Kopfkino ausgeschaltet zu lassen.

„Danach?" Johns Stimme klang laut und ein paar Oktaven höher.

„Danach!"

Als er anscheinend begriff, durften sie sich eine Menge *Neins* anhören, nur um am Ende ein schmollendes *Ja* zu erhalten.

Tanja steckte das Handy weg. „Er macht's. Wir treffen uns in einer Stunde bei dem Italiener. Bis dahin können wir dich noch ein wenig bei mir schminken und ich zieh mich um." Sie verließen das Zentrum mit eiligen Schritten. „Komm, wir haben keine Zeit."

„Muss ich Tim noch irgendwie Bescheid sagen?"

„Der wird das schon merken. Ich sage ihm einfach, ich hatte so krassen Hunger ... oder so! Nun komm schon."

Emma stand noch immer regungslos vor der Tür des Einkaufszentrums. Tanja kam ein paar Schritte zurück, nahm ihre Hand. Ein paar Passanten beschimpften sie, weil sie im Weg standen, doch die beiden ignorierten das.

„Emma, alles wird gut. Dir kann nichts passieren. Und bei dem Date bist nicht du der komische Kauz, sondern Tim. Du musst ihn nie wieder sehen und verbringst einfach nur einen schönen Abend mit deiner besten Freundin, einem heißen Typen und einem Freund von uns. Okay?"

Emma seufzte. „Okay, so kann ich mir das schönreden, danke", flüsterte sie.

* * *

„Wir sind zu spät." Emma strich sich ihre schwitzigen Hände an ihrer Jeans ab.

„Wir sind Frauen, das ist normal."

„Oh, wir leben wieder in Klischees", bemerkte Emma. „John wird uns umbringen."

„Nicht vor seinem Happy End."

Emma rollte die Augen und guckte zum hundertsten Mal auf ihre Handyuhr.

Tanja grinste. „Hier ist der Laden." Sie nahm Emmas Hand und ging als Erstes hinein.

Eine Kellnerin mit gelbem Jeanshemd, das über dem Bauchnabel zugeknotet war und ihre Muskeln zeigte, begrüßte die beiden.

„Haben Sie reserviert?"

Emma blickte sich suchend um. „Da sind sie", flüsterte sie Tanja zu.

„Ja, haben wir. Unsere Männer sitzen da drüben."

Die Kellnerin brachte die beiden an den Tisch, schimpfte, dass doch nur für zwei Personen reserviert gewesen wäre, stellte einen weiteren kleinen Tisch dazu und meckerte dabei, wie es in Berliner Lokalen eben üblich war. Emma wurde dabei immer kleiner. Hätten die Männer doch bloß schon Bescheid gesagt.

Tanja ignorierte das völlig und begrüßte die beiden. „Hallöchen, Tim." Sie winkte ihm zu, beugte sich dann zu John, flüsterte ihm etwas ins Ohr und setzte sich ihm gegenüber.

Emma stand wie angewurzelt da. *Wie soll ich ihn begrüßen?* Sie winkte John zu, wie Tanja es bei Tim getan hatte, und dann machte sie das Gleiche mit Tim. „Hallo", brachte sie gequält hervor. Ihr Herz raste lauter als die Musik im Hintergrund. Falls man das Musik nennen konnte. Das war wieder einer dieser angesagten Schuppen von Tanjas Empfehlungsliste, der diese bescheuerten, elektronischen Songs spielte.

Emma hatte noch nie verstanden, was das alles mit Musik zu tun haben sollte.

„Hallo, schöne Frau", begrüßte Tim sie. Er stand auf, kam zu ihr und gab ihr einen Kuss auf die Wange. Emma setzte sich panisch auf ihren Stuhl und tat nichts, außer immer mehr zu schwitzen. *Ein Kuss auf die Wange? Das ist für mich doch schon fast Vorspiel, verdammt.*

Tim setzte sich wieder und Tanja begann ein Gespräch mit ihm. Sie redeten die meiste Zeit über die Arbeit, weil es sie eben verband. Ein neuer Mord hatte die Berliner erschüttert, John war der Einsatzleiter. Tanja konnte noch nicht so viel ausrichten, da sie nach ihrer schweren Verletzung gerade erst wieder anfing und im Hamburger Modell nur stundenweise zur Verfügung stand. Emma merkte, dass Tanja das wurmte, denn sie war ziemlich heiß darauf, die Neuigkeiten zu erfahren.

„Im Friedrichshainer Volkspark wurde neulich Nacht ein toter Junge gefunden", versuchte Tim, Emma mit einzubeziehen. Zunächst fand sie es nett von ihm, doch dann fuhr er fort: „Leider fehlte sein unterer Körper. Er sah sehr ausgemergelt aus. Wahrscheinlich hatte er wochenlang nichts Richtiges zu essen bekommen."

Emma wurde schlecht. Sie konnte ihren eigenen Angstschweiß inzwischen riechen. „Ich muss mal!" Sie erhob sich und verließ den Tisch, kam aber gleich darauf wieder zurück, da die Toilette in der anderen Richtung war. Sie hatte schließlich damals die Leiche ihres Vaters gefunden. Ein Anblick, den sie in eine Schublade gesperrt hatte, an der Tim nun rüttelte.

„Hab ich was Falsches gesagt?"

„Du kennst ihre Vergangenheit, du Vollpfosten." Im Vorbeigehen sah Emma, wie Tanja die Augen verdrehte und ihr folgte.

„Na, das fängt ja toll an." Tim sah aus, als hätte er in eine Zitrone gebissen und noch zwei weitere vor sich.

„Alles ok, Maus?" Tanja klopfte an die Kabine.

„Was mach ich nur hier?"

„Einen schönen Abend mit mir verbringen."

„Ich stinke wie die Pest. Und der erste Gang ist noch nicht mal serviert." Emma rümpfte die Nase.

„Du ziehst jetzt dieses Oberteil aus. Ich hab es heimlich zweimal gekauft, falls du kleckerst. Dann wäscht du dich und wir versuchen meinen Geheimtrick."

„Deinen Geheimtrick? Und wieso kaufst du mir die Bluse zwei Mal?"

„Ich wusste, dass du sie brauchen wirst, und hatte keinen Bock auf Diskussionen. Nun wasch dich, wir haben nicht ewig Zeit." Tanja kramte in ihrer Handtasche. „Hier, der Geheimtrick."

„Was soll ich mit Binden? Ich schwitze nicht im Schritt." Emma sah verwirrt drein.

Tanja lachte. „Du schmierst dich mit Deo ein und dann klebst du dir die Binden unter die Achseln. Das bewirkt Wunder und die saugen alles auf."

Als Tanja Emmas Blick sah, forderte sie Emma erneut auf. „Mach einfach, wirst schon sehen. Und nun schnell, sonst kommt jemand und das wird dir nur wieder peinlich sein, so dass du dich gleich nochmal waschen kannst."

„Er sieht viel besser aus als damals", bemerkte Emma.

„Sag ich ja. Er hat ganz schön abgespeckt. Kaffee trinkt er auch nur noch eine Tasse am Tag und er ist beim Sport angemeldet. Ich weiß gar nicht, was bei dem los ist. Er redet da nicht drüber und macht immer nur dumme Sprüche. Tim halt. Sogar seine Glatze glänzt irgendwie, oder?" Tanja grinste breit.

Emma ließ sie die Binden in ihre Bluse kleben und bekam einen Lachanfall dabei. Dann zog sie sich die Bluse wieder an, als auch schon eine Tussi in den Vorraum der Toilette kam und es eng wurde.

„Los, die denken noch, wir haben Durchfall." Tanja zog sie zurück ins Lokal. Eingehakt und immer wieder kichernd liefen die zwei Frauen zurück an ihren Tisch.

„Hey, was ist denn mit euch los?" John war offensichtlich verwundert, über die plötzlich ausgelassene Stimmung. „Habt ihr was genommen?", fragte er mit prüfendem Blick.

„Ach, Schatz, du weißt es doch besser." Tanja gab ihm einen Kuss in den Nacken und setzte sich wieder an den Tisch.

Emma verkniff sich die Antwort, dass ihre Droge zwei Binden unterm Arm waren, und grinste die ganze Zeit debil. Als die Kellnerin jedem ein Glas Wein hinstellte, bemerkte Tanja sofort, wie Emma protestieren wollte, und trat ihr gegen den Fuß. Emma begriff und nippte ein wenig daran.

Wow. Das Zeug macht ja wirklich etwas lockerer. Jetzt versteh ich, warum alle das so gern zur Beruhigung nehmen. Vielleicht sollte ich auch Alkoholikerin werden. Ihr Grinsen verstärkte sich, was bei Tim gut ankam. Emma wunderte sich, dass Tim noch nicht einen frauenfeindlichen Spruch abgelassen hatte. Oder sie hatte es nur nicht gecheckt, weil sie in einer Weinwolke klebte.

„Darf ich dich nach Hause bringen?", fragte Tim am Ende des Abends, als die vier vor dem Restaurant standen und dabei waren, sich zu verabschieden.

Emma fing an zu stottern.

„Also, nur bis vor die Tür", ergänzte er, um klar zu machen, dass er nicht auf Sex aus war.

„Ja, mach das mal, die Stadt ist nicht sicher", antwortete Tanja stattdessen und verabschiedete sich von Emma und Tim.

„Tschüss, Tim, pass gut auf Emma auf, sonst wirst du ziemlichen Ärger mit meiner Frau bekommen."

„Tss, deiner Frau. Steck du ihr erst mal einen Ring an den Finger", konterte er und klopfte John unbeholfen auf die Schulter.

Sie schauten Tanja und John hinterher.

„Willst du laufen oder mit der Bahn fahren?" Tim blickte fragend zu Emma. Sobald seine Kollegen weg waren, zeigte sich seine Nervosität deutlich. Seine Stimme klang heller, schwächer.

„Laufen ist gut", brachte sie hervor. „Wir müssen hier lang."

Er nickte und sie gingen los.

„Es war ein schöner Abend, oder?" Er versuchte, ein Gespräch zu beginnen.

„Ja. Es war schön." Schweigen legte sich wie eine dicke Wolldecke auf sie. Sie schielte heimlich zu ihm hinüber und sah, dass er zu überlegen schien, wie er das Gespräch in Gang setzen könnte. Sie wollte ihm so gern helfen, doch sie wusste selbst nicht, wie. Sie war zu aufgeregt.

„Leider hast du kaum gesprochen." Er zuckte zusammen, als hätte er bemerkt, dass seine Worte wie ein Vorwurf klangen. „Also ... ich meine ... Wir haben zu viel über die Arbeit geredet. Ich hätte doch aber gern mehr von dir erfahren."

Emma nickte.

„Und hat dir das Essen geschmeckt?"

„Ja. Es war sehr lecker." Sie beide wussten, dass er diese Frage bereits zweimal im Restaurant gestellt hatte. Anscheinend wollte er unbedingt ein Gespräch mit ihr am Laufen halten. Sie musste sich mehr Mühe geben, doch ihr Gehirn war leer. Sie durchforstete es, als suchte sie eine Datei auf einem alten Rechner, von der sie nicht wusste, ob es sie überhaupt gab. Irgendwas musste sie doch sagen können.

„Das Wetter ist unglaublich. So warm war es noch nie im Mai, oder?"

Emma nickte erneut. „Ja, es ist wirklich ungewöhnlich heiß. Und schwül."

„Ich wette, heute gibt es noch ein heftiges Gewitter."

Sie stimmte ihm zu und dann war auch dieses Thema beendet. Tim schien aufgegeben zu haben. Den Rest des Fußweges verbrachten sie in Stille.

Sie war heilfroh, als sie endlich ihre Haustür erreichte, um das peinliche Schweigen zu beenden. Den Schlüssel hatte sie bereits seit fünf Minuten in der Hand. Emma stand vor ihm und schaute ihn für einen kurzen Moment an. *Oh mein Gott, er erwartet jetzt aber keinen Kuss, oder?* Panisch blickte sie ihn an. Als er sich auf sie zubewegte, um sie zu umarmen, sprang sie einen Schritt zurück, winkte ihm stattdessen zu und drehte sich weg. Hektisch schloss sie die Tür auf, ließ den Schlüssel fallen, nahm ihn und rannte in den Aufgang, ohne sich noch einmal umzudrehen. So konnte er nicht mehr bemerken, wie rot sie wurde.

Im Hausflur atmete sie erst einmal tief durch. *Puh.* Emma griff sich unter die Arme und entfernte die Binden von ihren Achseln, die sie dann einfach in den Papiermüll warf. Normalerweise machte sie sowas nicht, aber der Gedanke, wie Frau Hefter rätselte, was die Binden zu bedeuten hatten und es Thema im Haus wurde, ließ sie den unangenehmen Moment einen kurzen Augenblick lang vergessen.

Sie stieg die Treppen hoch und blieb dann vor ihrer Eingangstür stehen. Sie wollte noch nicht in diese Wohnung zurück. Klar, es war ihr Zufluchtsort und normalerweise tat sie alles, um so schnell wie möglich dort hineinzugelangen, doch heute hatte sie einen völlig anderen Tag erlebt als sonst. Sie grinste über beide Ohren und setzte sich auf die oberste Stufe. *Ich war shoppen und hatte ein Doppeldate. Es ist wirklich passiert. Ich habe sogar ein Glas Wein getrunken.*

Wenn ich da jetzt rein geh, bin ich wieder die alte Emma. Die Emma mit den Problemen und der stillen Wohnung, allein und ohne Benny und Sabine. Sie holte ihr Handy aus der Tasche und schrieb Tanja. „Bin zu Hause. Lass uns morgen telefonieren. Danke, Kuss." Dann packte sie ihr Telefon wieder in ihre Hosentasche. *Ich hatte ein Date.* Und eigentlich war Tim ganz nett gewesen. Er hatte wirklich viel besser ausgesehen und hatte kaum bescheuerte Sprüche gemacht, und wenn, dann hatte Emma meist darüber lachen können. Es war alles in allem, bis auf den Schluss vor der Tür, ziemlich normal verlaufen. Zumindest insofern, wie sie sich normale Dates vorgestellt hatte. *Oh Mann.* Sie vergrub ihr Gesicht in den Händen und merkte die Hitze wieder aufsteigen. *War das peinlich. Ob er das morgen auf dem Revier erzählen würde?*

Tim hatte Emma den ganzen Abend nicht aus den Augen gelassen, das hatte sie bemerkt und auch ein klein wenig genossen, obwohl es auch irgendwie unangenehm war. *Heute war ich normal. Bis auf die Binden unter den Armen.* Sie musste kichern und hörte eine Tür aufgehen. *Scheiße.* Sie erhob sich zügig und fischte in ihrer Tasche nach ihrem Schlüssel. Es war wie ein Abschied. Ein Abschied von der neuen Emma, die sie ganz kurz mal gewesen war. „Auf Wiedersehen", murmelte sie, schloss auf und betrat ihre Wohnung.

Sie schloss hinter sich ab und ging ins Gästezimmer. Die alte Emma durchlief ihre übliche Routine, um zu kontrollieren, ob jemand hier

war. Sie hatte lediglich in der kurzen Mitbewoh-
nerinnenzeit damit aufgehört. Mit Sabines Auszug waren ihre Ängste wieder zurückgekehrt.
Emma guckte hinter die Tür, hinter die Vorhänge und ärgerte sich gleichzeitig darüber. Sie
checkte das Badezimmer und kurz darauf stand
sie genervt von sich selbst im Schlafzimmer. *Machen das andere Menschen auch? Sicher nicht.*
Sie ballte die Fäuste. „Nein!", sagte sie fest zu
sich selbst. *Ab heute höre ich damit auf. Ich will
nicht mehr die alte Emma sein, die vor allem
Angst hat. Die mutige Emma musste nicht wieder rückfällig werden, nur weil sie in ihrer
Wohnung zurück war. Ich werde mir jetzt ange-
wöhnen, normal zu sein.* „Das Wort *normal*'
mögen wir hier nicht so gern", äffte sie die Worte ihrer alten Therapeutin nach.

Ab heute wird alles anders. *Ich begrabe die
alte Emma.* Entschlossen verließ sie das Schlafzimmer und knallte die Tür hinter sich zu, um
ihren Entschluss zu bekräftigen. Das tat gut. *Ich
bin frei von Angst. Ich liebe mich. Ich bin mutig.
Was machen normale Menschen nach einem
Date? Vielleicht dem Typen schreiben? Hmm.
Was habe ich zu verlieren?* Mit zittrigen Händen
zog sie ihr Handy aus der Jeanstasche und setzte
sich auf ihren Sessel. Seine Nummer hatte Tanja
ihr geschickt, also gab's jetzt keine Ausreden
mehr für die neue Emma.

„Lieber Tim. Der Abend war schön. Gern
wieder." *Nee, das geht gar nicht.* „Lieber Tim"
klang viel zu spießig. Sie löschte ihre Worte und
begann von neuem. „Hey Tim, danke für den

netten Abend. Kuss. Emma." Zu viel des Guten. Sie löschte ihre Worte erneut und so zog sich das hin, bis sie zufrieden war. „Hallo Tim, ich fand den Abend sehr schön. Danke dafür, nachträgliche Umarmung, Emma." *Scheiße, das ist gut. Tief einatmen und abschicken*, mahnte sie sich und tat, wie sich selbst befohlen. Sie drückte auf Senden und war ganz aufgeregt. Ob sie sich doch wiedersehen würden? Er hatte es sicher nicht leicht mit ihr gehabt und war trotzdem tapfer bis zum bitteren Ende geblieben. Das musste sie ihm hoch anrechnen und er hatte sie mehrmals zum Lachen gebracht.

Außerdem hatte sie bemerkt, dass sie öfter auf seine Arme geschielt hatte. Die waren ziemlich muskulös geworden und auch, wenn Emma vor anderen schwören würde, dass sie nicht so eine war, die das beeindruckte, hatte ihr das doch gefallen. Ein Mann, der sie im Zweifel beschützen könnte, wäre in ihrem chaotischen Leben nicht so schlecht. Ein paar Schmetterlinge hüpften durch ihren Körper, auch wenn sie sicher war, dass nur das Schwärmen an sich genoss und es gar nicht um Tim selbst ging. Obwohl seine Stimme schon verdammt sexy war. *Ach, papperlapapp. Ich benehme mich dämlich*, schimpfte sie mit sich, als sie merkte, dass sie zum zehnten Mal innerhalb von gefühlt einer Minute WhatsApp geöffnet hatte, um zu gucken, ob er die Nachricht schon gelesen hatte. Falls er die blauen Haken überhaupt aktiviert hatte. Sie legte ihr Handy auf den Couchtisch, nahm es doch nochmal zur Hand und überprüfte, ob ihr Ton wenigstens angeschaltet war.

Ich geh jetzt Zähne putzen, beschloss sie und tanzte ins Badezimmer, um sich bettfertig zu machen. Als sie hörte, dass sie eine Nachricht bekommen hatte, rannte sie so schnell ins Wohnzimmer zu ihrem Handy, als gäbe es kein Morgen mehr. Sie benahm sich ja schon wie Sabine. Emma lachte sich selbst aus. Und vor allem, als sie enttäuscht Tanjas Namen auf dem Display las, begann sie, an ihrem Verstand zu zweifeln. Zurück im Badezimmer klingelte es wieder und sie schalt sich, nun aber in Ruhe ihr Gesicht zu Ende einzucremen und nicht wie eine Bekloppte zum Handy zurück zu rennen. Langsam cremte sie, als würde sie sich selbst etwas beweisen wollen. Dann tat sie so, als würde sie ganz entspannt zu ihrem Handy gehen und unmotiviert aufs Display blicken, als würde sie jemand beobachten und sie müsste die Coole sein. *So bescheuert,* dachte sie wiederholt und schüttelte den Kopf über sich selbst. Eine Sprachnachricht von Tim. „Yes", schrie sie auf und hielt sich dann die Hand vor den Mund, als ob sie jemand hören könnte.

Das Handy fest an ihr Ohr gepresst, lauschte sie seinen Worten: „Hallo Emma, ich fand es auch schön. Können wir gern mal wiederholen. Wollen wir die Tage vielleicht eine Runde im Park spazieren und Eis essen gehen? Vielleicht mal zu zweit? John ist nämlich nicht unbedingt mein Lieblingskollege. Ich würde mich freuen. Du bist eine sehr interessante Frau und dein Lächeln ist fantastisch."

Sie schrak zusammen. Ein lautes Donnern hatte sie aus ihrer rosa Wolke geschmissen. Sie stand bestimmt eine Minute wie angewurzelt mit ihrem

Handy in der Hand im Wohnzimmer und traute ihren Ohren kaum. „Dein Lächeln ist fantastisch." Hatte er das wirklich gesagt? Und dann dieses Lachen, als er von John geredet hatte. Sie ließ sich in ihren Sessel fallen und spielte die Nachricht immer und immer wieder ab, ihr Handy dabei dicht an ihr Ohr gedrückt.

Die alte Emma wurde heute begraben. Endgültig. Der Regen, der sanft an ihr Fenster klopfte, beweinte dies. *Ich werde ab heute ein völlig neues Leben führen. Ein normales Leben. Ein lebenswerteres Leben. Eins, das Spaß macht und hoffentlich bald ohne Angst.* Sie nahm sich ihre Kopfhörer aus ihrem Rucksack, damit sie seine Stimme noch näher hören konnte. Die Nachricht noch immer abspielend ging sie ins Bett und merkte, wie sie sich plötzlich nach Nähe und Berührungen sehnte. Nahm ein Buch zur Hand, doch konnte sich nicht konzentrieren. Ihre Gedanken kreisten um tausende von Fragen.

Wie es wohl wäre, wenn er mich umarmt? Werde ich mich beim nächsten Mal trauen? Werde ich irgendwann in seinen Armen liegen und mich fallen lassen können? Werde ich mich jemals bei einem Mann fallen lassen können, geschweige denn mal wieder Sex haben? In ihrer weißen Bettwäsche liegend tat sie noch etwas Neues, für Emma Untypisches. Sie begann, sich zärtlich zu berühren.

2. TEIL

11. MAI 2019 – FREITAG

Er

Er atmete flach. So flach, dass ihm davon schwindelig wurde. Er musste leise sein. Sie durfte ihn nicht hören. Schweiß rann ihm über die Stirn und tropfte auf den Teppich, so wie der Regen an das Fenster klopfte. Die Aufregung ließ seine Körpertemperatur auf Hochtouren laufen. Gleich würde sich sein Traum erfüllen. Der Gedanke daran ließ ihn fast zerschmelzen.

Endlich löschte sie das Licht. Es war nun dunkel in ihrem Schlafzimmer, doch seine Augen gewöhnten sich schnell daran. Wie eine Fledermaus, die nur darauf lauerte, sich in den nach Apfelshampoo duftenden Haaren ihres Opfers zu vergraben.

Er lag auf dem Rücken und starrte ins Schwarze. Nur wenige Millimeter trennten sie voneinander. Es wurde noch besser. Er konnte sein Glück kaum fassen, als er das Rascheln der Bettdecke hörte. Sanft schnurrte sie wie ein Kätzchen. Es verriet ihm, dass sie sich selbst berührte.

Sie seufzte leise.

Sein Schwanz wurde steinhart, während er unter ihrem Bett wartete. Er holte eins ihrer Höschen hervor und roch daran.

Weiß sie, dass ich da bin? Tut sie das gerade für mich? Soll sie sich ruhig schon mal feucht machen, dann bringt es gleich noch mehr Spaß. Heute wird meine Nacht. Unsere Nacht.

Er konnte nicht anders und griff in seine Hose. Er wollte sein Pulver nicht verschießen, doch die Nacht würde lang werden. Vielleicht war es besser, schonmal etwas Druck abzulassen, um sie noch länger genießen zu können. Hart rieb er seinen Schwanz, wünschte sich fast, sie würde ihn entdecken und ihm dabei helfen. Am liebsten würde er sich vors Bett stellen und ihr dabei zusehen, wie sie es sich selbst machte. Doch konnte er es wagen?

Nein. So lange hatte er darauf hin gefiebert, sich vorgestellt, wie sie klang, wenn sie genoss, wie sie schmeckte, wie sie sich anfühlte. Das konnte er sich jetzt nicht kaputt machen. Er würde sich später alles auf seiner Kamera ansehen. So sanft und weich wie ihre Haut aus der Ferne aussah, wie Wolken am Himmel. Ihre Haut, die er gleich unter seinem Körper spüren würde. Ihren Körper, den er so lange schon begehrte, dem er so gern wehtun wollte.

Er schloss die Augen und unterdrückte ein Stöhnen, als er abspritzte. Endlich war sie ihm ganz nah. Sie stimmte sich gerade perfekt ein. Das war besser als in jeder Version, die er sich vorher zurecht fantasiert hatte. Alle Viere von sich gestreckt lag er da und lauschte ihrer Melodie.

*Ob sie fühlt, dass ich da bin? Ob sie darauf
wartet, dass ich gleich unter ihrem Bett hervorkrieche? Ich lasse sie noch zum Ende kommen,
einschlafen und dann lege ich mich zu ihr. Vielleicht muss ich sie kurz fesseln, vielleicht will sie
mich auch gleich so, wenn sie mich wiedererkennt. Wir gehören schließlich zusammen. Sie
wird das auch fühlen. Gleich sind wir für immer
vereint und werden uns lieben. Ich werde sie
lieben, so wie es noch nie jemand zuvor getan
hat.*

Sie hatte ihr Getränk nicht angerührt, aber das
war ihm egal. Sie schlief schließlich tief und fest
auch ohne das Erdbeerwasser. Er war perfekt
vorbereitet, auf jede erdenkliche Situation. Vo-
rausschauendes Fahren hatte ihm sein Fahrlehrer
damals beigebracht und so hatte er sich jedes erdenkliche Hindernis vorher ausgemalt und war
bereit, es mit allen Hürden aufzunehmen. Als er
ihren gleichmäßigen Atem hörte, der Rhythmus
des Schlafs eines Engels, griff er in seine Reisetasche und fingerte nach dem Spritzenbehälter mit
dem Zaubertrunk. Und der Trunk war noch viel
wichtiger als das Wasser. Er half ihr, sich zu ent-
spannen und sich gehen zu lassen oder ihn einfach machen zu lassen. Leise zog er den Reißverschluss des Behälters auf, stellte sich dabei vor, es
wäre der Verschluss der weißen Bluse, die er ihr
besorgt hatte. So sehr er ihre Schlichtheit auch
mochte, heute war ein besonderer Tag. Er würde
sie zurechtmachen, denn er hatte sich schließlich
auch herausgeputzt.

Seine rote Krawatte nahm ihm die Luft, doch ihm war es wichtig, die Farbe der Liebe zu tragen, wenn sie sich vereinten. Die Farbe der Liebe und des Blutes, beides Dinge, die er gern sah und die für ihn zusammengehörten. Der Moment, wenn die Blusen seiner Frauen von Blut durchtränkt wurden, machte ihn einfach jedes Mal geil. Beim ersten Mal war es Zufall gewesen. Er hatte sich irgendjemanden geschnappt und kurzen Prozess gemacht. Beim zweiten Mal hatte er seine Frau besser ausgesucht, doch auch diese Befriedigung hatte nicht lange angehalten. Es waren für seinen Geschmack zu viele Zufälle und zu viel Glück im Spiel gewesen, dass er nicht ertappt worden war. Diesmal steckte wochenlange Planung dahinter, damit er sich endlich Zeit lassen konnte. Einige Dinge hatte er an Frauen bereits ausgetestet, doch sie hatten das gewollt, was ihn abturnte. Eine bittere Kombi, die ihm den ganzen Spaß verdarb. Heute war seine Nacht.

Er verließ vorsichtig sein Versteck unter dem Bett. Ihr gleichmäßiger Engelsrhythmus beruhigte ihn. Sie sah glücklich aus. Ein sanftes Lächeln war auf ihren Lippen verblieben. Er hoffte, das würde sie in ihren Träumen gerade ihm widmen. Aber spätestens nach dieser Nacht wäre er für immer in ihren Träumen, so wie sie seit Wochen in seinen.

Die Spritze hielt er wie ein Profi zwischen den Fingern, setzte blitzschnell an. Selbst wenn sie wach werden würde, das Zaubermittel wirkte binnen Sekunden, so dass sie nicht mehr davonlaufen könnte. Nur für den Fall, dass sie ihn nicht gleich erkannte. Wahrscheinlich würde sie einen kleinen Schreck bekommen, doch sie würde schon verstehen, dass es sich hierbei um eine liebevolle Überraschung handelte. Emma hatte ihn immer schon verstanden.

Sie stöhnte laut auf, wurde aber nicht wach. Er legte die Spritze auf ihrem Nachttisch ab. Die Tasche holte er nun ebenfalls hervor, sie musste nicht mehr unter ihrem Bett versteckt werden. Sorgsam holte er alle Utensilien heraus und legte sie geordnet auf den weißen Teppich, der vor Emmas Bett lag. In der Reihenfolge, in der er sie gebrauchen würde. Als er damit fertig war, hielt er noch einen letzten Moment inne. Nun würde seine langersehnte Nacht beginnen.

Emma

Ihr Arm tat weh.

Sie wollte ihn anfassen, konnte aber den anderen Arm nicht anheben. Wahrscheinlich war sie noch in einer Art Schlafparalyse. Emma hatte mal gelesen, dass dies eine normale Schutzfunktion des Körpers war, damit man im Traum keine Menschen umbrachte oder aus dem Bett fiel. Sie versuchte also zunächst, ihre Hände und Füße leicht zu bewegen und damit etwas rumzuzappeln, doch es gelang ihr nicht. All ihre Kraft zusammennehmend versuchte sie es einige Male. Emma wollte die Augen öffnen, doch sie merkte, dass auch das nicht möglich war. *Wieso bekomme ich meine Lider nicht auf?*

Irgendetwas rüttelte an ihr. *Was zur Hölle war das? Wach auf, Emma, wach auf, du hast nur einen dämlichen Alptraum.* Jemand hob sie an und sie war sich ziemlich sicher, dass sie eine kalte Hand auf ihrer Taille fühlte. *Soll das jetzt ein Sextraum werden?*

„Keine Angst, Emma, ich bin's bloß", hauchte ihr eine männliche Stimme ins Ohr.

Fuck, das war kein Traum. Da war jemand in ihrem Zimmer und hatte ihr gerade das Schlafshirt ausgezogen. *Wieso kann ich mich nicht bewegen?* Sie versuchte zu schreien, doch auch das war nicht möglich. Sie spürte seinen Atem auf ihrem Hals, er flüsterte immer wieder: „Ich bin's bloß, hab keine Angst." Er leckte an ihrem Ohr. Ihr Würgereflex setzte ein, doch es passierte nichts. Draußen donnerte es immer noch. Das Gewitter war nähergekommen.

„Ich habe dir etwas mitgebracht. Für unser Date sollst du doch genauso schön aussehen wie ich. Zu schade, dass du es nicht sehen kannst, aber das haben wir in ein paar Stunden, dann wirst du die Augen wieder öffnen können. Ich verspreche es. Du kannst mir vertrauen, Emma Burg." Wieder leckte er ihren Hals entlang und knabberte an ihrem Ohr. Er roch nach Aschenbecher und Aftershave.

In ein paar Stunden? Was hat der Typ vor? Wer ist das? Wieso kennt er meinen Namen?

Emmas Atem wurde panisch, sie versuchte erneut, sich zu bewegen, wollte einfach nur wegrennen, doch es passierte gar nichts. Nicht mal ihren kleinen Finger konnte sie bewegen. Sie konnte ihn nicht sehen.

Er bewegte sie wie eine Puppe, zog ihr etwas über, das sich wie Seide anfühlte. „Es würde dir gefallen, Emma."

Wie er meinen Namen sagt, als würde er mich kennen. Was für einen Psychopathen sollte ich kennen? Die, die ich kannte, sind alle bereits tot. Außer vielleicht Kristina. Ich kenne keine Menschen, ich habe keine Freunde, wer soll das sein, verdammt? War das die Rache von Sabine?

Sanft bettete er sie wieder auf ihr Kissen. Sie spürte, wie das Gewicht der Decke von ihren Beinen verschwand. Dann zog er an ihrem Slip. *Oh Gott. Bitte nicht meine Unterwäsche. Nein! Lass mich! Bitte tu mir nichts! Nein, bitte nicht ...* schrie es in ihrem Kopf und das Wort Vergewaltigung formte sich auf ihren Lippen. Doch keiner konnte sie hören.

Wieso kann ich mich nicht bewegen, aber alles spüren? Wieso konnte er nicht einfach meine Gefühle betäuben, ich will gar nicht merken, wie er mich anfasst. Ich will das nicht, nimm die Finger weg, nein.

„Bist du schon aufgeregt, mein Schatz? Ich weiß, du hast auch so lange darauf gewartet. Ich bin so froh, dass unsere Zeit endlich gekommen ist, dass ich dich endlich wiedergefunden habe."

Er hat mich wiedergefunden? Denk nach, Emma, wer sollte das sein? Woher solltest du

einen Irren kennen? Vielleicht von der Arbeit?
Die Rache meines Chefs? Oder eines Kollegen?
Doch was soll ich falsch gemacht haben? Ich tue
niemandem etwas zuleide, niemals. Oder habe
ich jemanden mit meinem Kanal verärgert? Doch
auch da helfe ich anderen. Womit soll ich da je-
manden verletzt haben?

Zu ihrer Beruhigung zog er ihr etwas über,
das sich anfühlte wie ein Rock. Unterwäsche
fehlte immer noch. Wieso zog er sie an, als wäre
sie seine Puppe? Was hatte er vor?

Denken, verdammt, ich muss denken! Was
würde Tanja in so einer Situation tun? Nachdenken und überlegen, mit was für einer Art Psycho
sie es zu tun hatte, um dann mitzuspielen und zu
entkommen. In ihren Büchern klang das immer
so einfach und vernünftig, doch woher sollte sie
wissen, was für eine Art Psychopath ihr da gegen-
übersaß? *Will er mich töten, vergewaltigen, mir*
wehtun oder mich gefangen halten? Oh mein Gott.
Ich muss rational bleiben. Aber wie soll ich darüber
nachdenken, ohne verrückt vor Angst zu werden?
Und wie zur Hölle soll ich es herausfinden, wenn
ich kein Wort mit ihm wechseln kann?

„Wir feiern heut unsere Wiedervereinigung,
mein Engel."

Wiedervereinigung? Woher kenn ich ihn?
Schule?

„Ich bin so froh, dass ich dich in den Zeitungen entdeckt habe. Du und Kristina, ganz wie in
alten Zeiten."

Kristina? Wieso zur Hölle musste jede Horr-
orgeschichte mit dieser schrecklichen Sadistin

*zusammenhängen? Aber ... wenn er uns beide
kennt, dann muss er von unserer Psychostation
kommen ... und dann ... kann es nur einer sein.
Erik Spitzke.
Ich komm hier nie mehr lebend raus.*

Er

Wie ein Engel lag sie da. Auf ihrem
schneeweißen Laken mit der weißen
Bluse, die Emma eine Unschuld verlieh, von der
er wusste, dass sie die nicht mehr hatte. Er wusste es, denn sie hatte ihre Unschuld vor sehr vielen Jahren verloren – an ihn. Er war ihr Erster
gewesen und er würde ihr Letzter sein. Er hatte
schon immer einen Hang zur Romantik gehabt.
Wie er sie einschätzte, hatte es nach ihm nicht
mehr viele gegeben, vielleicht sogar niemanden.
Das bewies eindeutig, dass sie immer noch an
ihn dachte, dass sie sich nie von ihm gelöst hatte.

Er knipste mit seinem Handy ein Foto von ihrer Sanftheit. Dann montierte er die mitgebrachte
Kamera so, dass das Objektiv direkt aufs Bett gerichtet war, aber in einem anderen Winkel als die
Kamera, mit der er sie seit Tagen beobachtete.
Langsam wurde es Zeit. Zeit, zu beginnen. Er ging
zu seinen aufgereihten Utensilien.

Er wollte erst einmal seine Werkzeuge testen.
Nur ganz kurz. Er wollte ein kleines, aber feines Vorspiel. Das Cuttermesser war ein schöner Anfang. Es

war scharf, so scharf wie sie in ihrem Date-Outfit. Er setzte sich zu ihr aufs Bett.

„Emma", flüsterte er. „Wir können jetzt beginnen." Auch wenn sie sich nicht bewegen und reden konnte, spürte er ihre Erregung. Das verband sie mit ihm. In ihm bebte jede Faser seines Körpers. Er lächelte noch einmal in die Kamera und krempelte den Ärmel ihrer Bluse hoch. Er saugte an ihrem Unterarm, leckte über ihre Narben. Einige kannte er noch von früher, andere waren hinzugekommen. Die Überbleibsel der Qualen ihres Vaters, aber vor allem ihre sich selbst zugefügten Verletzungen. Sie brauchte den Schmerz, so wie er sie brauchte. Schon immer. Erst seit er sie wiedergefunden hatte, war diese tiefe Leere endlich verschwunden.

Er biss in ihren Unterarm, doch sie rührte sich nicht. Er wollte, dass sie wenigstens zuckte, doch das Mittel wirkte noch zu stark. Es war zu früh. *Ich darf nicht vergessen, ich bin in der Testphase.* Zack, setzte er das Messer an und ritzte ihr zwischen die Finger. Das Blut schoss heraus, vier Mal setzte er an ihrer linken Hand an. Er lutschte an ihren Fingerspitzen, nahm sie ganz in den Mund und kostete das Blut, das ihm ins Gesicht spritzte. Das war ein sanfter Anfang nach seinem Geschmack. Er hatte Frühlingsgefühle in seinem Bauch. Die Blutung stoppte nicht, so dass er ihre Hand auf ihren Bauch legen konnte, um zu beobachten, wie die Farbe ihrer Bluse sich veränderte. Die Unschuld begann zu verschwinden, so unaufhaltsam, wie die Jahreszeiten wechselten.

Emma

Sie merkte, wie er ihr etwas in den Mund schob, bis sie würgen musste. Der Geschmack von Gummi breitete sich in ihrem Rachen aus. Er hatte sich über sie gebeugt, sein Atem wieder ganz nah an ihrem Ohr. Sie schauderte. Die Panik größer als der Schmerz zwischen den Fingern.

Wozu schiebt er mir was in den Mund? Ich kann mich doch nicht mal bewegen, wie sollte ich schreien können?

Sie roch seinen Schweiß, fühlte sein nasses Gesicht an ihren Wangen, die durchtränkt waren von ihren Tränen. *Warum habe ich anders sein wollen? Warum habe ich mir Sex gewünscht? Warum habe ich mich zum Shoppen und Daten hinreißen lassen? Ist das jetzt die Strafe?* Er fuhr mit etwas Spitzem ihren Körper entlang. Es machte sie wahnsinnig, dass sie nichts sehen konnte. Sie wollte ihm in die Augen sehen, ihn überzeugen, dass ihr leidtat, was damals geschehen war. Etwas kaltes Hartes strich um ihre Brüste, wurde etwas fester auf ihrem Bauch, fuhr dann ihre Oberschenkel hinunter.

Er spreizte ihre Beine. „Ich muss doch besser rankommen", drohte er ihr. Seine Stimme klang so tief, so anders. So beängstigend. Noch schlimmer als früher. Sie hätte nie den Jungen von früher hinter dieser Stimme erkannt. Dennoch kam ihr seine Tonlage vertraut vor. Als hätte sie sie vor Kurzem schon mal gehört. Er schob den Rock ein wenig höher, um ihre Beine noch weiter auseinanderzuziehen, und sie spürte, wie er etwas um ihre Knöchel band.

„Nachher werden wir sehen, ob ich dich von deinen Fesseln lösen kann. Das ist nur eine Vorsichtsmaßnahme. Du verstehst das doch sicher, oder, Emma?", hörte sie seine tiefe Stimme säuseln. *Bitte vergewaltige mich nicht, bitte vergewaltige mich nicht.* Sie sah all die Szenarien aus ihren gelesenen Thrillern vor sich, all die Szenen, die jahrelang in ihren Alpträumen vorgekommen waren.

„Wo warst du heute eigentlich? Ich dachte, du kochst für uns? Stattdessen treibst du dich in einem Einkaufszentrum rum und rennst dann noch in ein Restaurant? Ich will doch mal hoffen, dass du da nur mit deiner geliebten Tanja warst. Ausgerechnet heute an unserem Tag." Er kniff ihr in die Brustwarzen, was höllisch wehtat. Als hätte sich eine Wäscheklammer in ihnen festgekrallt.

Wieso weiß er, wo ich war? Und dass ich sonst koche? Wie lange beobachtet er mich schon?

„Jetzt sind wir die dumme Sabine endlich losgeworden und diesen dämlichen Köter noch dazu und dann treibst du dich draußen rum? Aber doch bestimmt nur, um unsere Wiedervereinigung zu feiern. Du hast es gespürt, oder? Gespürt, dass jetzt alles anders werden würde ..." Er schob ihre Bluse etwas hoch und biss ihr in den Bauch. Ein Schmerz zog heftig durch ihre Eingeweide. Langsam zog er den Reißverschluss an ihrem Rock auf, als wollte er die Spannung möglichst hoch halten. *Bitte lass den Rock da, wo er ist. Bitte lass mich in Ruhe.*

„Hunde zu töten, macht mich jetzt nicht unbedingt geil, aber es war schon lustig, wie einfach ihr Weiber zu manipulieren seid. Nichts für ungut. Ich meine natürlich nicht dich damit. Sondern nur diese dämliche Sabine. Wie hast du sie neulich in deinem Video genannt? Storchentussi? Ich bin froh, dass wir sie los sind."

Er hat mein Video gesehen und sicher alles auf meinem Blog verfolgt. Ich bin ein offenes Buch für jeden, der es lesen will. Was hat er vor??? Er nahm ihre Hände von ihrem Bauch und etwas metallisches Kaltes klickte um ihre Handgelenke. Vermutlich waren das Handschellen, mit denen sie ihm nun noch mehr ausgeliefert war. *Er hat versucht, Benny zu töten, was wird er dann erst mit mir machen?* Wie komm ich hier raus? *Denk nach, Emma. Bitte, streng dich an.*

Erneut krachte es draußen. Es klang, als hätte der Blitz im Innenhof eingeschlagen.

„Auch wenn deine Augen geschlossen sind, du kannst doch sicher erahnen, was ich jetzt vorhabe, oder, meine geliebte Prinzessin?"

Emma spürte sein Gewicht auf sich. Die Luft wurde ihr abgedrückt, der Knebel löste wieder einen Würgereflex aus, ihre Nase verstopfte allmählich vom Heulen, so dass sie nicht wusste, wie sie noch länger atmen sollte. Es war nur ganz flach möglich, so dass ihr bereits schwindelig war. Sie musste sich hart darauf konzentrieren. Dann hörte sie das Klicken eines Feuerzeugs. Es wurde heller vor ihren Lidern. *Oh mein Gott. Was hat er vor?* Das Licht kam näher und in ihrem Gesicht wurde es wärmer, der helle Schein wanderte von ihrer linken Wange zur rechten, bis es an ihrem rechten Auge immer heißer wurde und sie versengte Wimpern roch. Sie wollte schreien, konnte aber keinen Mucks machen. Emma versuchte, sich nur auf den Regen zu konzentrieren und ihm nicht mehr zuzuhören. Sie hatte verloren, der einzige Weg war, so schnell wie möglich zu sterben. *Kann man sich selbst ersticken?*

Er

E in paar Spritzer waren bereits auf dem weißen Teppich gelandet, über den er vorhin noch gerobbt war. Seine Mutter hatte ihm beigebracht, dass Weiß nichts für dreckige, kleine Jungs war. Denn die würden alles schmutzig machen. Und jedes Mal, wenn sie einen Fleck gefunden hatte, bekam er eine Menge Ärger. Dann hatte sie ihn mit einem Feuerzeug verbrannt und ihm die Armhaare abgesengt. Er hatte sich währenddessen vorgestellt, dass er ein Hexenjunge wäre und dafür auf den Scheiterhaufen müsste, doch er könnte sich mit Hilfe seiner Zauberkräfte befreien. Seine Mutter hatte stets weiße Blusen getragen. Gekrönt hatte dies eine Dauerwelle, weil es damals eben modern gewesen war, wie ein hässlicher Pudel auszusehen.

Es war, als hätte sie mit Absicht alles so klinisch gemacht. Kein Fussel hatte auf dem Boden liegen dürfen, wie in einem OP-Saal, wo Dreck zum Tode führen konnte. Er hoffte, dass sie von ihrem Grab aus sehen konnte, wie abartig er gerade gehaust hatte. Doch damit war jetzt Schluss. Seine Emma würde das wieder gut machen und immer für Ordnung sorgen.

Erik hatte sich stets adrett kleiden müssen. „Mein kleiner Prinz" hatte seine Mutter ihn genannt. „Ich will dir nicht wehtun, das weißt du doch, aber du musst lernen, zu gehorchen und keinen Dreck zu hinterlassen." Er wusste genau, was Angst bedeutete. Das Gefühl, das in der Magengegend langsam aufstieg, als hätte man fünf schwarze Kaffee auf nüchternen Magen getrunken, und zu Übelkeit wurde. Das Herzrasen wie bei einem Formel-1-Wettrennen. Der Geschmack von Blut, als hätte man sich ein Stück Zunge abgebissen. Der Geruch von verbranntem Haar.

Er hatte sich Emma damals schon verbunden gefühlt, denn sie war, wie er selbst, immer an Ordnung interessiert gewesen. Während die anderen Kinder und Jugendlichen überall ihr Zeug herumliegen lassen hatten, die Betten voll mit Chipskrümeln und Schokoflecken gewesen waren, hatte Emma täglich das Bett gemacht und ihren Nachtschrank gewischt. Sogar im Badezimmer hätte er über den Boden lecken können und es wäre nicht unhygienisch gewesen. Sie hatte zuhause auch alles sauber halten müssen, so wie er. Auch sie war bestraft worden, wenn auch eher für andere Dinge. Auch sie wusste, was Schmerz bedeutete. Er erinnerte sich noch genau, als sie sich eines Nachts auf dem Flur begegnet waren und bis zum Morgengrauen über ihre Eltern geredet hatten. Emma hatte keine Mutter mehr, und sein Vater war verschwunden. Er hatte keine Ahnung, ob sein Erzeuger tot oder abgehauen war. Er hatte sich nie getraut, zu fragen.

Damals schon hatte er gewusst, dass Emma sein Engel war. Wie sie mit ihm zusammen im Badezimmer auf dem Boden gesessen hatte. Ganz leise hatten sie geflüstert. Sie hatte in ihrem schneeweißen Nachthemd und mit offenen, langen Haaren auf den Fliesen gesessen, Narben hatten rot an ihrem Körper geschimmert. Sie hatten sich ihre Verletzungen gezeigt und die dazugehörigen Geschichten erzählt, wie andere heute wohl ihre Tattoos erklärten. Jede Narbe war eine Erinnerung, die stets irgendwo in ihren Hinterköpfen nagte, an manchen Tagen mehr, an anderen weniger.

Sie hatte ihm gebeichtet, dass sie sich selbst verletzte. Anfangs, weil sie gedacht hatte, dass sie es verdient hatte, später, weil sie dadurch ein Ventil gefunden hatte, ihre Gefühle loszuwerden, den seelischen Schmerz zu übertönen. Sie hatte die Haut ihrer Fingerknöchel abgekaut. Er war fasziniert gewesen und hatte es ebenfalls versucht. Es hatte funktioniert. Doch noch besser war es, das Blut bei anderen fließen zu sehen.

Den Unterschied zu beobachten, wenn die Tropfen vereinzelt wie Nieselregen fielen oder wie Sturzbäche hinausströmten. Wie jeder Schnitt, jede Körperstelle eine andere Intensität aufwies. Sein Schwanz wurde noch härter. Er legte sich auf Emma und rieb sich an ihr, stöhnte ihren Namen immer wieder in ihr Ohr.

„Emma, ich habe dich nie vergessen! Hab keine Angst, ich bin endlich wieder bei dir."

Ihr Gesicht war nass. Der Tränenkanal war zum Glück nicht betäubt. Sie war anscheinend genauso gerührt und glücklich wie er. Sie hatte ihm damals gezeigt, wie gut es tat, Druck abzulassen, so, wie es Sport nie bei ihm hatte bewirken können. Er würde ihr zeigen, wie gut es tat, den Druck bei anderen herauszulassen. Er würde ihr die Klinge in die Hand drücken und er würde ihr Erster sein. So wie damals.

Emma

Sie versuchte, ihren Atem zu unterdrücken, doch immer wieder holte sie im letzten Moment Luft. Der Überlebensinstinkt setzte stets in letzter Sekunde ein, sie konnte nicht dagegen ankämpfen. Sie war nicht stark genug.

Ausgerechnet Erik. Ich war so verliebt in ihn. Er, meine erste und einzige Liebe, bis ich mir geschworen habe, so etwas nie wieder zuzulassen. Ich weiß noch genau, wie wir nachts heimlich zusammensaßen, wie er mich berührt hat, ganz sanft. Er hat mich seinen Engel genannt. Ich fand das toll. Ich war so verknallt. Ich war zu schüchtern, um es ihm zu sagen, doch er wusste genau, wie sehr ich ihn mochte. Auch er war nicht gerade ein Draufgänger gewesen, er war sensibel und wortkarg. Emma hatte es am meisten gefallen, dass er mit ihr redete und mit niemandem sonst. Er war ein magerer Junge und hatte damals total niedliche Löckchen gehabt. Sie hatte sich getraut, damit zu spielen, das Shampoo zu riechen, das in der Klinik alle außer ihr selbst benutzt hatten, weil es in der Dusche gestanden hatte. Meeresrauschen hieß es und war eine Mischung aus Duschbad und Shampoo. Nur sie hatte das Shampoo benutzt, das ihre Mutter verwendet hatte. Ihre Betreuer hatten es ihr immer zum Geburtstag geschenkt.

Erik und sie hatten sich heimlich getroffen, nachts im Bad. Niemand hatte etwas merken sollen, sie hatten gewusst, es würde alles kaputt machen. Sie würde es kaputt machen. Kristina. So wie sie alles bisher zerstört hatte.

Eines Nachts hatten sie sich geliebt, doch Emma hätte es wissen müssen, dass Kristina sie schon lange beobachtet hatte. Sie hatte schon längst einen Plan geschmiedet, wartete nur wie ein Aasgeier auf den richtigen Moment zum Angriff. *Sie hat alles kaputt gemacht und ich habe es zugelassen. Ich habe es verdient.*

Er rieb sich an ihr und sie ergab sich ihrem Schicksal. Das war besser, als geschnitten zu werden. Als könnte er ihre Gedanken lesen, stand er auf. Sie hörte einen Reißverschluss und das Rascheln von Klamotten. Es wirkte wie ein Lied, das im Gleichklang mit dem Blätterrauschen aus dem Innenhof drang. Zog er sich gerade die Hose aus? Wieder raschelte es und dann landete etwas auf ihrem Kopf. Es war nass und roch nach Schweiß, wahrscheinlich sein Hemd. Ihre Chance, endlich zu ersticken. Doch da nahm er es ihr schon wieder weg.

„Emma, mein Engel, wir werden viel Spaß haben heute, doch bevor wir loslegen, werde ich dich ficken. Nicht wie damals, sanft und vorsichtig, sondern wie ein Mann. Wir sind schließlich erwachsen geworden und ich werde dir zeigen, was ich alles dazugelernt habe." Erneut durchströmte sie Panik. Sie konnte nichts tun.

„Du kannst dich nicht bewegen, weil ich dir mit einer Spritze etwas verabreicht habe. Die liegt jetzt auf deinem Nachttisch und ich bin bereit, sofort nachzulegen, wenn du mir nicht gehorchst, sobald das Zeug nachlässt."

Er leckte an ihrem Ohr und schnupperte an ihr wie ein räudiger Köter, der auf der verzweifelten Suche nach einem Knochen war. „Du riechst immer noch wie ein köstlicher Apfel. Da kann ich doch nur hineinbeißen." Er biss in ihren Hals und innerlich schrie sie schmerzerfüllt auf.

Er riss ihre Bluse und ihren Rock auf und legte sich auf sie. Sein Schwanz war hart und er rieb ihn an ihren Schenkeln. Inzwischen war sie froh, ihn nicht sehen zu müssen. Seine eisblauen Augen, in die sie einst so verliebt gewesen war. Hatte sie nicht gerade erst jemanden im Park mit diesen Augen gesehen. War er das etwa gewesen?

„Ich werde dich ficken, bis du mir endlich in die Augen schauen kannst", hauchte er mit fester Stimme und erneut spürte sie einen heftigen Schmerz zwischen den Beinen. Als würde sie jemand aufspießen, immer und immer wieder.

Er

Als er in sie eindrang, schossen Erinnerungsfetzen durch seinen Kopf.

Er hatte sie geliebt und sie hatte ihn verraten. Sie hatte ihn angeschwärzt und erzählt, dass er sie angefasst hatte. Sie hatte erzählt, dass sie das alles nicht gewollt hatte. Sie hatte erzählt, dass er einen kleinen Schwanz hatte und überall seinen an sie gerichteten Liebesbrief verbreitet. Die Kopien seines Briefes hatten auf Stühlen und in jedem Patientenbett gelegen und sogar am schwarzen Brett gehangen. Alle hatten über ihn gelacht. Alle. Er war von der Station verwiesen worden, weil er sie berührt und bedrängt und sie es angeblich nicht gewollt hatte.

So oft hatte er sich gefragt, warum? Warum hatte sie ihm das angetan? Er war sich so sicher gewesen, dass sie ihn auch liebte. All die Gespräche, all die Tränen, all das Blut. Eines Nachts waren sie sogar Blutsbrüder geworden. Sie hatten sich in den Arm geschnitten und ihr Blut miteinander vermischt. Das war ihr Ja-Wort gewesen. Und dann, eines Tages, hatte sie ihm nicht mal mehr in die Augen gesehen. Er hatte nie mit ihr darüber reden können. Es war alles ganz schnell gegangen. Alle hatten gelacht, er war zu einem Gespräch mit seinem Bezugstherapeuten und diversen Ärzten gebeten worden und hatte dann die Klinik verlassen und in eine Jugendeinrichtung für schwer Erziehbare ziehen müssen. Es hatte einen Eintrag in seine Akte gegeben, aber keine größeren Konsequenzen. Er war schließlich noch nicht strafbar.

„Wie fühlt sich das an, Emma Burg, mal so richtig gefickt zu werden? Bin ich diesmal gut genug? Ist dir mein Schwanz heute groß genug?" Er stieß immer härter zu, ließ seine Wut raus. Hin- und hergerissen zwischen den Erinnerungen ihrer gemeinsamen schönen Nächte, die schönsten seines Lebens, und der Demut und Enttäuschung, als von Heut auf Morgen alles vorbeigewesen war und sie ihr wahres Ich gezeigt hatte. Doch wenn er sich nur genug anstrengte, dann würden sie wieder gemeinsam lachen und sich von ihren Verletzungen erzählen, er war sich sicher. Er musste ihr nur eine Lehre erteilen und ihr zeigen, dass er viel besser geworden war. Der beste Partner, den sie sich wünschen könnte. Er wollte sie schließlich auf Händen tragen, bis ans Ende ihrer Tage.

Er zog seinen Schwanz raus, nahm ihr die Handschellen von den Händen und die Fesseln von den Füßen. Er drehte sie auf den Bauch. „Ich zeig dir, wer hier der Mann ist."

Er nahm sie von hinten. „Bin ich wieder dein Erster in dem Loch?" Er lachte, er weinte. Er stieß zu, war schon völlig außer Atem.

Emma

Emma gab auf. Es tat so weh, ihr ganzer Unterkörper war ein einziger Schmerz. Sie konnte nicht mal mehr genau orten, an welcher Stelle sich welche Körperteile befanden. Alles war Schmerz. Sie konnte nur hoffen, dass er sie einfach töten würde und sie nicht noch mehr Horror erleiden musste.

Immerhin war sie jetzt nicht mehr gefesselt, doch was sollte ihr das bringen? Sie konnte sich nach wie vor nicht bewegen. Und sie wollte es auch nicht mehr. Sie wollte nur noch sterben und das am besten so schnell wie möglich, denn die Alternative wollte sie sich nicht mal in ihrem schlimmsten Alptraum ausmalen.

Es gab nur einen einzigen Weg, das zu überstehen, und das waren ihre Gedanken. Dr. Weber hatte ihr damals erzählt, dass sie bei Schmerzen bewusst ihre Gedanken lenken sollte. Sie sollte an Blumen und das Meer denken. Doch wie sollte sie an die schöne Natur denken, wenn sie jemand, den sie mal geliebt und lange verdrängt hatte, brutal vergewaltigte?

Sich auf den Regen zu fokussieren, hatte ihr nichts gebracht. Also konzentrierte sie sich nun völlig auf ihre Hand. Mit all ihrer Kraft lenkte sie ihre Aufmerksamkeit nur noch darauf. Und tatsächlich, es schoss ein Kribbeln durch ihren Zeigefinger. *Oh mein Gott. Ich kann ihn bewegen. Ganz leicht nur, aber ich kann ihn bewegen.* Sie hatte also doch eine Chance. Er hatte ihr gerade noch damit gedroht, dass neben ihr auf dem Nachttisch die Spritze lag. Die Spritze, mit der er sie lahmgelegt hatte. Sie müsste nur einen guten Moment abpassen, doch im nächsten Moment stieß er so heftig zu, dass sie Sternchen sah. Der Schmerz war kaum noch auszuhalten und sie glaubte, bald ohnmächtig zu werden. *Bleib wach Emma, das ist vielleicht die einzige Möglichkeit. Spiel sein Spiel mit, wenn du kannst, und ramm ihm die scheiß Spritze in den Arm.*

„So, Emma Burg, ich hoffe, das war dir eine Lehre! Nun können wir mit dem eigentlichen Liebesakt beginnen."

Sie spürte, wie er sein Gewicht von ihr nahm.

Er drehte sie wieder auf den Rücken.

Untenrum fühlte es sich an, als hätte er nie aufgehört, sie zu stoßen. Es brannte höllisch. Ihr Gesicht war nassgeweint. *Was hat er vor? Ich ertrag nicht noch mehr.* Ihr war schwindelig, denn sie bekam kaum noch Luft. Der Knebel und die Panik nahmen sie ihr.

„Zur Belohnung nehme ich dir den Knebel aus dem Mund. Ich möchte dich doch auch genießen hören."

Konzentrier dich auf deine Finger, bewege sie und bete, dass er es nicht merkt. Nimm all deine Kraft zusammen, passe die richtige Möglichkeit ab. Emma, das ist deine vielleicht letzte Chance.

„Was haben wir denn da? Zu schade, dass du nicht sehen kannst, was hier alles liegt. Aber ich kann dir ja aufzählen, was uns beide heute noch erwartet."

Ich will es gar nicht hören. Echt nicht. Höre nicht hin, Emma.

„Also, ich hätte hier eine Zange und bin versucht, damit anzufangen."

Eine Zange? Was will er denn mit einer Zange? Ich muss hier raus, verdammt.

Er setzte sich zu ihr aufs Bett und legte ihr die Zange in die Hand.

„Wollen wir spielen?"

Sie bekam keine Luft mehr. Die Angst nahm ihr den letzten Atem, sie wollte nur noch sterben. In ihr war keine Hoffnung mehr.

Er

Die Vögel begannen zu zwitschern und machten den Morgen vollkommen. Sogar der Regen hatte aufgehört. Ihr erster gemeinsamer Morgen. Es dämmerte. Er betrachtete sie genau, als er die Zange in ihre Hand legte. Vielleicht hatte sie Angst, doch das musste sie nicht. Es würde ihr gefallen, er würde sie überzeugen. Er wusste noch gut, wie sehr sie den Schmerz zum Überleben gebraucht hatte. Doch er wünschte sich, mit ihr reden zu können. *Wieso zur Hölle dauerte es so lange, bis die Betäubung nachließ?* Er wollte sich doch mit ihr austauschen, fragen, wie sie ihre Zusammenführung empfand, ob sie sich freute, ihn zu sehen. Warum hatte sie Tränenspuren auf dem Gesicht? War es Wiedersehensfreude? War es Angst? Er konnte sich schon vorstellen, dass es ein Schock für sie gewesen sein musste. Zumal sie wahrscheinlich dachte, dass er ihr nicht verziehen hatte. Doch das hatte er. Er war so viele Jahre wie ein Zombie mit bitterer Wut durchs Leben gewandert. Als wäre er von einem Nebel umhüllt gewesen, der ihn nicht mal bis zu seiner Hand hat sehen lassen. Er hatte nie wieder jemandem vertraut.

Manchmal hatte er an die schöne Zeit mit Emma zurückgedacht, manchmal hatte er sie aus vollstem Herzen gehasst. Doch dann war ein Brief eingetrudelt, der alles verändert hatte. Er war überraschend, aus dem Nichts, von Kristina gekommen.

Sie hatte ihm offenbart, dass Emma nichts für all sein Leiden gekonnt hatte. Kristina hatte hinter all dem gesteckt, sie hatte ihre Beziehung sabotiert. So, wie sie immer alles kaputt gemacht hatte, war es ihr auch gelungen, Emma und ihn auseinanderzubringen. In einer Nacht hatte sie alles zerstört, was ihm je etwas bedeutet hatte und nun, nach so langer Zeit, hatte sie ihm diesen Brief geschrieben. Was hatte sie damit bezwecken wollen? Alte Wunden aufreißen? Sich entschuldigen? Sie wieder zusammenführen? Kristina tat nie etwas aus Nettigkeit, also wohl eher, damit er litt, denn er hatte Emma aufgegeben, sie nie wiedergesehen. Seit diesem Tag hatte er jede Sekunde an Emma gedacht und daran, dass sie einen Neuanfang wagen konnten. Sie gemeinsam, als erwachsene Menschen. Nur hatte er die ganze Zeit nicht gewusst, wie er es anstellen sollte und wo Emma jetzt wohnte.

Vor wenigen Wochen hatte dann eine veraltete Zeitung in seinem Briefkasten gesteckt. Er hatte sie erst wegwerfen wollen, denn solche Schundblätter las er nicht, doch dann hatte er das Datum gesehen und sich das Titelbild näher angeschaut. Dort war seine Emma mit Kristina. Als er im Internet wieder nach ihrem Namen gesucht hatte, fand er ihren Blog. Ein Hoch auf die deutsche Impressumspflicht.

Mit dem Artikel waren auch seine Zweifel zurückgekehrt. Was hatten die beiden miteinander zu tun? Sie waren verdächtigt worden, ihre Väter umgebracht zu haben. Gemeinsam. War das möglich? War Emma die, die er früher geliebt hatte, die er geglaubt hatte, zu kennen, oder gehörten Kristina und Emma zusammen? Heckten sie ihre Intrigen gemeinsam aus? War das nur ein neues, ekliges Spiel, um ihn zu manipulieren, um ihn fertig zu machen? Und von wem war die Zeitung gekommen? Es konnte doch nur Kristina dahinterstecken, aber warum?

Er hatte so viele Fragen. Wann würde er sie endlich stellen können? Ihm verging ein bisschen die Lust. In seiner Fantasie war es so viel schöner gewesen. Da war es ihm egal gewesen, dass sie anfangs betäubt sein würde, doch nun dauerte es ihm einfach zu lang. Er hatte so viel zu klären, er wollte ihre Stimme hören, dass sie mit ihm interagierte. Wieso konnte denn nicht mal der Schmerz eine Reaktion hervorrufen? Seine Stimmung wechselte erneut und die Wut musste raus. Er nahm ihr die Zange aus der Hand und setzte sie an ihrer Brust an, doch es tat sich nichts. Keine Bewegung, sie konnte ihm nicht mal in die Augen gucken. Würde sie es tun, wenn sie es könnte?

Seine Gedanken drehten durch. Der wütende Feuerball in seinem Bauch löste sich auf und er fiel erschöpft neben sie. Er würde warten. So konnte er nicht weitermachen. Er hielt sie fest umschlossen und dachte an damals. Damals, als sie sich das erste Mal umarmt hatten, ihr erster Kuss, ihre erste Nacht. Er dachte an damals und weinte.

„Emma, meine Emma, endlich sind wir wieder zusammen."

Emma

Er war eingeschlafen. Wie konnte dieser Irre einfach neben ihr liegen und einschlafen? Sie konnte inzwischen ihre Füße bewegen und jeden einzelnen Finger. Sogar ihre Hand konnte sie leicht anheben. Die Sonne ging langsam auf, sie konnte mit geschlossenen Augen sehen, wie es heller wurde. Mit dem Licht kam Emmas Hoffnung zurück. Hoffnung, hier irgendwie wieder rauszukommen.

Er hielt sie fest umschlossen, doch vielleicht könnte sie mit ihrem linken Arm an die Spritze kommen. Die Spritze, mit der er sie lahmgelegt hatte. Doch sie brauchte Zeit. Sie wusste nicht, wie viel ihr davon blieb. Sie hoffte, umso mehr sie mit ihren Fingern zappelte, desto schneller würde ihr Körper Stück für Stück erwachen. So als wäre er nur eingeschlafen, und müsste bewegt werden.

Es roch nach frischer Luft nach einem Sommerregen und versengten Wimpern. Sie füllte ihre Lungen, so tief sie konnte, mit Sauerstoff, um Kraft zu schöpfen.

Ihre Augen öffneten sich. Sie blinzelte, das Licht tat weh, so als würde man in Rotlicht starren. Es dauerte seine Zeit, bis sie sich an die Helligkeit gewöhnt hatte. Sie sah an die Decke, blinzelte weiter. Nach einer Weile schielte Emma nach links und sah tatsächlich die Spritze, so, wie Erik es ihr angedroht hatte. Auf dem Boden lagen Messer, Kerzen und andere merkwürdige Sachen ausgebreitet, sie konnte nicht so tief gucken, es tat zu sehr weh, seelisch sowie körperlich. Ihr Herz klopfte wie verrückt. Wenn sie sich nicht beruhigte, würde ihr Herz aus ihrem Körper springen. Konnte er es hören? Die Schläge in ihrem Körper?

Sie schielte nach rechts. Seine eisblauen Augen waren geschlossen. Sie war froh, ihm nicht in die Augen sehen zu müssen. Hoffte, dass sie das nie wieder tun müsste. Sein Blick, damals, hatte sich ihr eingebrannt wie ein unsichtbares Brandmal. Dieser Blick hatte sie viele Jahre heimgesucht, am

Tag und in der Nacht. Seine Augen hatten Liebe, Hass, Enttäuschung, Verwirrung, Angst und Sehnsucht ausgedrückt. Doch Emma hatte nie erklären können, dass sie ihn wirklich geliebt hatte. Dass Kristina hinter all dem gesteckt hatte. Wären sie sich eines Tages auf der Straße begegnet, hätte Emma ihm alles erklären können. Sie wäre nicht so feige gewesen wie damals, sie hätte nicht geschwiegen. Sie hätte sich entschuldigt und sich gewünscht, dass sie die Jahre zwischendrin vergaßen und einfach dort weiter machten, wo sie aufgehört hatten. Bei ihm hatte sie sich sicher gefühlt, damals, so sicher wie noch nie in ihrem ganzen Leben, bis heute.

Sein Atem wärmte ihre rechte Wange im gleichmäßigen Takt. Sie konnte sich gut an ihre erste Nacht erinnern. Sie hatte so getan, als würde sie schlafen, doch war die halbe Nacht wach geblieben, um dieses Gefühl, das er ihr gegeben hatte, für immer und ewig in sich zu speichern. Eine Umarmung, sein Atem, das Gefühl des Beschütztseins. Lange hatte sie all das verdrängt, doch nun erinnerte sie sich wieder glasklar daran. Und wie falsch es jetzt war, nun seinen beißenden Mundgeruch und sein durchdringendes Aftershave zu riechen, das sich mit seinem Schweiß untrennbar verbunden hatte. Jeder Atemzug, der auf ihrer Wange landete, erinnerte sie an ihre Übelkeit. Aus dem Gefühl von Sicherheit war blanke Panik geworden.

Sie versuchte, ihren Arm leicht anzuheben. Es gelang ihr, doch es fühlte sich so an, als hätte jemand Gewichte drangehängt. Sie hob ihn wenige

Zentimeter, aber es reichte nicht aus. Noch nicht. Ihr Körper bestand aus Schmerz, aber dieser Bruch in ihrem Herzen war viel schlimmer. Er hatte geschworen, ihr niemals wehzutun, und jetzt hatte er sie so verletzt, wie es nicht mal ihr Vater getan hatte. Er hatte geschworen, sie vor ihm zu beschützen. Nun war ihr Vater tot und sie wünschte Erik dasselbe Schicksal.

Emma zog ihr Kinn Richtung Brustkorb und öffnete erneut die Augen. Sie wollte ihren Körper sehen. Doch als sie das Blut entdeckte, wurde ihr schlecht und sie flüchtete sich schnell wieder in die Dunkelheit zurück. Das linke Bein kribbelte stärker, so dass sie es ein wenig hin und her wackeln konnte. Dabei spürte sie den extremen Schmerz zwischen ihren Beinen stärker. Sie merkte, wie dort alles verkrustet war und sich jede Bewegung tief in ihren Unterleib einbrannte, als würde immer wieder ein Messer in sie gestoßen werden. Sie bezweifelte, dass sie die nächsten Tage laufen könnte, geschweige denn, es hier wegschaffen würde. Sollte sie überhaupt so weit kommen.

Noch einmal öffnete sie die Augen. Sie konnte es sich nicht verkneifen und schielte nach rechts zu ihm. Wollte ihn genauer betrachten. Sehen, wie sehr er sich verändert hatte. Ob sie Erik noch erkennen würde oder da nur noch das Monster war, ein Fremder? Emma blickte in das eisig blaue Meer, das sie in die Tiefe ziehen wollte.

„Guten Morgen, mein Engel. Schön, dass du endlich wach bist."

Sie hatte verloren, ihre letzte Chance sank wie ein winziges Schlauchboot im Ozean.

12. MAI 2019 – SAMSTAG

Er

*W*ie schön sie ist, meine kleine Prinzessin. *Wie wunderschön sie ist. Sie sieht aus wie ein Engel, auch wenn ihr Gesicht ein wenig lädiert ist. Es war eine anstrengende Nacht gewesen. Für uns beide.*

Wie schön, endlich neben ihr aufzuwachen.

Wie schön, dass wir nun endlich reden können.

Wie schön, heute werden wir unser erstes gemeinsames Frühstück essen, den ersten richtigen gemeinsamen Tag verbringen.

Wie schön!

„Hey, du musst deine Augen doch nicht gleich wieder schließen." So lange hatte er sich nach ihren apfelgrünen Augen gesehnt. Er strich ihr über den Kopf, küsste ihre Wange, ihre Nase, ihre Lider, ihre Stirn, ihr Kinn und ihren Mund. Emma reagierte nicht, ihre Augen blieben verschlossen. Ihr Mund erwiderte den Kuss nicht. *Konnte oder wollte sie nicht?*

„Ich mache uns erst einmal Frühstück, mein Engelchen." Er rollte über sie und stieg aus dem

Bett. „Weglaufen wirste mir ja nicht!", sagte er drohend. „Ab morgen kannst du dich dann wieder ums Essen kümmern, ich weiß ja wie gern du in der Küche stehst." Und mit diesen Worten verließ er das Schlafzimmer, zog sich dabei seine Shorts an und ging auf die Toilette. Mit Emmas Zahnbürste putzte er sich die Zähne und summte vor sich hin. Er steckte sich eine Kippe an und schlenderte in aller Seelenruhe in die Küche, kochte Kaffee. Seine Mutter hatte ihm damals kochend heißen Kaffee über den Rücken gekippt. Er hatte geschrien, als hätte man ihn in den Ofen gesteckt. Dieser Schmerz war einer der schlimmsten gewesen, den er je hatte erleben müssen. Als wäre Säure seinen Rücken hinab gesickert. Es hatte lange nicht aufgehört zu brennen. Sehr lange. Dicke Brandblasen waren mit der Zeit zu wulstigen Narben geworden. Emma hatte sie geküsst, damals, so wie er ihre Verletzungen heil geküsst hatte, so wie sie es jetzt gemeinsam für den Rest ihres Lebens tun konnten.

Emma

Er ist weg, dachte sie, doch sie konnte sich keinen Millimeter bewegen. Es hatte alles keinen Sinn mehr. Sie hatte nicht genug Kraft, um davonzulaufen. Wahrscheinlich hatte er sowieso die Haustür abgeschlossen und den Schlüssel versteckt.

Sie hörte, wie der Wasserhahn in der Küche lief, das Klirren von Besteck, die Kühlschranktür. Sie roch Zigarettenqualm. Mit geschlossenen Augen waren ihre Sinne geschärft, so dass sie sich auf jedes Geräusch konzentrierte und sich dabei vorstellte, wie er in der Küche stand und ein gemeinsames Liebesfrühstück vorbereitete. *Das ist doch krank.*

Es piepte. Emmas Herz begann erneut zu rasen. Das war ihr Handy. Hatte er es gehört? Wo lag es? Könnte sie Hilfe holen? All die Fragen schossen ihr wie spitze Dartpfeile durch den Kopf. Sie hatte Angst davor, ihre Augen zu öffnen und wieder in seine zu blicken. Doch die Geräuschkulisse versicherte ihr, dass sie den Moment nutzen konnte. Angespannt öffnete sie die Augen und prüfte, ob er wirklich nicht in der Tür stand und sie beobachtete, doch sie war allein. Langsam versuchte sie, ihre Arme zu bewegen, ihren Körper leicht zu drehen. Es fühlte sich an, als wären die ganze Nacht hindurch Züge über sie gerollt. Jeder Millimeter Bewegung war wie ein Workout mit Tanja. Schlimmer noch.

Es piepte erneut. *Hoffentlich hört er das nicht. Scheiße.* Das Adrenalin verlieh ihr die nötige Kraft, um mit ihrem Arm die Nachttischschublade zu erreichen. Sie hatte noch kein Gefühl in den Händen, so dass sie mit mehr Kraft an der Schublade zog, als sie wollte. Es gab einen leichten Ruck, der in ihren Ohren klang wie ein lauter Hammerschlag. Identisch zu denen, die die ganze Zeit in ihrem Kopf hämmerten.

Das Geräusch hatte er auf jeden Fall gehört. *Fuck, was soll ich jetzt tun? Das Handy greifen oder drinnen lassen?* Doch schon hörte sie, wie die Küchengeräusche verstummten. Mit letzter Kraft schmiss sie die Schublade zu und die Wasserflasche um, die auf dem Nachttisch stand. Emma legte sich schwer atmend auf den Rücken und hoffte, dass ihr Handy nicht noch eine Nachricht empfangen würde. Und wenn, dann auf keinen Fall dann, wenn er es hören konnte. Das war vielleicht ihre letzte Rettung.

Da stand er schon in der Tür. Auch wenn sie die Augen geschlossen hatte, konnte sie ihn fühlen.

„Was war das?", fragte er sie drohend.

Sie riss sich zusammen. Sie durfte jetzt nichts falsch machen. Zögerlich öffnete sie die Augen. „Ich ...", versuchte sie zu sagen, doch es war mehr ein Krächzen. *Bitte, liebes Handy, sei still.*

Er kam zu ihr und setzte sich auf die Bettkante. Streichelte sanft über ihren Kopf. „Mein Engel, du warst so brav in der Nacht. So tapfer. Du ruhst dich heute erstmal ein bisschen aus. Ich bin aber auch blöd, du wolltest sicher nur etwas trinken." Er hob die Flasche wieder auf und stellte sie aus ihrer Reichweite. „Aber das, mein Engel, ist ganz sicher nichts für dich. Da solltest du erstmal nicht mehr ran. Ich bring uns heute zur Feier des Tages Frühstück ans Bett. Bin gleich wieder da." Er küsste sie auf die Stirn und verschwand.

Emmas Herz raste. Sie hatte Glück gehabt, doch wenn sie hier frühstücken würden, hielt das sicher nicht lange an. Ihr Handy durfte auf keinen Fall klingeln. Sie musste, sobald sie sich besser bewegen konnte, eine perfekte Gelegenheit abpassen. Oder sollte sie es jetzt nochmal versuchen?

Doch da stand er schon wieder in der Tür, mit einem großen Tablett in der Hand. Er grinste bis über beide Ohren. „Ab morgen darfst du uns dann das Frühstück machen. Ich freue mich schon so, wenn du mir das erste Mal etwas kochst. Ich habe ja schon länger die Reste aus deinem Kühlschrank gekostet und bin schwer begeistert von deinen Kochkünsten", schwärmte er.

Er hat meine Gerichte gekostet? Vor Schreck spannte sie ihren Körper an. *Er war hier in meiner Wohnung? Wie lange beobachtet er mich denn schon? War er etwa hier, als ich auch hier war? Aber das kann gar nicht sein, ich überprüfe doch immer alle Zimmer.*

Er stellte das Tablett auf ihren Nachttisch, nachdem er mit dem Fuß die Bücher heruntergefegt hatte. „Entschuldige bitte, mein Engel, das räumen wir später auf. Aber ich brauchte Platz. Und jetzt setzen wir dich erst einmal auf, damit du etwas zu dir nehmen kannst." Er half ihr mühsam hoch. „Komm schon, mein Engel, du musst mir auch ein bisschen helfen."

Dann hättest du mich nicht vergiften sollen, dachte sie. Ihre Angst war für einen kurzen Moment der Wut gewichen. Sie hatte das schonmal erlebt, nämlich als sie die Todesküsserin hatte aufhalten wollen. Vielleicht würde ihr diese Wut diesmal wieder helfen.

„Emma, komm schon, du musst mitmachen", stöhnte er und sein Ton wurde ungeduldig.

Doch selbst wenn sie gewollt hätte – sie hatte solche Schmerzen, die es ihr unmöglich machten. Mit einem Ruck hob er sie etwas weiter nach hinten, damit sie wahrscheinlich an die Wand gelehnt sitzen konnte, doch ihr Unterleib brüllte so vor Schmerz, dass ihr Tränen in die Augen schossen. Sie gab ein klägliches Geräusch von sich.

„Ach Mist, du hast Schmerzen, was? Ja, da müssen wir durch. Aber du musst wenigstens etwas trinken. Warte, so." Er hielt ihren Oberkörper mit einer Hand an ihrem Rücken leicht angehoben und mit der anderen schob er ihr ein Glas vor den Mund.

Sie wollte nichts lieber, als etwas zu trinken, und damit gegen diesen ekligen Gummigeschmack und die Trockenheit ankämpfen, also versuchte sie, für einen kurzen Moment die schrecklichen Schmerzen auszublenden, und trank. Die Hälfte floss jedoch daneben, und als sie sich verschluckte, verlor sie jegliche Kraft.

Er ließ sie fallen und hatte ein Einsehen. „Na gut, mein Engel. Das ist wohl alles noch ein bisschen früh. Ich kann warten. Dann lass uns noch ein bisschen kuscheln und schlafen. Wir können auch nachher frühstücken. Es wird ja nicht schlecht." Erik legte sich zu ihr und schmiegte sich an sie. Für sie war jede Berührung eine weitere Folter. Die vorhin aufgekommene Wut war so schnell gewichen wie die Luft aus einem geplatzten Ballon. Sie würde am liebsten aufgeben, doch wie es schien, würde das noch viel schlimmere Qualen bedeuten, deswegen musste sie versuchen, sich zu erholen. Sie musste versuchen, ebenfalls ein wenig Schlaf zu bekommen, um zu Kräften zu kommen, doch wie könnte sie das, wenn ein Monster neben ihr lag?

Es dauerte nur wenige Minuten, bis sie sein gleichmäßiges, tiefes Atmen hörte und wusste, dass er eingeschlafen war. Seinen Arm wieder fest um ihre Taille gelegt, hätte sie nichts tun können, so dass sie wartete. Wartete auf einen schrecklichen Tag, auf den schlimmsten Horror ihres Lebens.

* * *

Sie erwachte sofort, als er sich bewegte. Sie hatte der Schwäche nachgegeben und war in einen traumlosen Schlaf geflohen, doch jederzeit bereit aufzuwachen, damit sie keine sich für sie auftuende Chance verpassen würde. Emma ließ ihre Augen geschlossen und tat, als würde sie noch tief und fest schlafen. Erik sollte sich sicher fühlen und würde hoffentlich das Schlafzimmer verlassen. Das war ihre Chance, an ihr Handy zu kommen. Ein Wunder, dass er es bisher nicht entdeckt hatte.

Erik schien aus dem Bett zu klettern, ganz leise. Vielleicht, um sie nicht zu wecken. Ein paar Augenblicke später spürte sie, wie er neben ihr stand und sich ihr langsam näherte. Sie wollte auf alles vorbereitet sein und auf keinen Fall ihre Tarnung verraten. Dann spürte sie seine Lippen auf den ihren.

„Schlaf weiter, mein Engel." Sie lauschte seinem Flüstern. Im nächsten Moment hörte sie, wie eine Tür geschlossen wurde. Es konnte nur die Badezimmertür gewesen sein, denn sie quietschte ein wenig, hätte längst geölt werden müssen. Wenn sie Glück hatte, würde er sie nicht testen, sondern war wirklich gerade aus dem Schlafzimmer ins Bad gegangen. Er hatte sie allein gelassen. Sie traute sich und öffnete die Augen. Panisch schaute sie sich um. Erst als sie ihn pinkeln hörte, wusste sie, dass er tatsächlich weg war und ihr vielleicht nur wenige Sekunden blieben. Sie wackelte mit ihren Armen und versuchte kurz, ein Gefühl dafür zu bekommen, und dann riss sie, so schnell sie konnte, an der Schublade. Dort lag es. Ihr Handy. Sie konnte ihr Glück kaum fassen. Mit zittrigen Fingern griff sie danach, entsperrte es und öffnete die Nachricht von Tanja. Sie hörte die Spülung, tippte das Wort Hilfe, doch als Erik die Badtür aufriss, ließ sie das Telefon fallen. Ohne die Nachricht abzuschicken.

Er

Was zur Hölle ...", brüllte Erik. *Wie konnte sie mir das antun?*

Sie hatte ihn schon wieder verarscht. Ihr Handy. Wie hatte er das vergessen können? Wie hatte er diesen Fehler begehen können? Dieses beschissene Handy war doch das Erste, an das man denken musste. Er war sich ihrer zu sicher gewesen, hatte sich von ihrer Schönheit blenden lassen.

„Erik", krächzte sie.

Er war mit wenigen Schritten bei ihr und griff nach dem Telefon. Auf dem Display stand das Wort Hilfe. Sie hat ernsthaft um Hilfe gebeten, obwohl sie glücklich hätte sein müssen. Sie hatten sich schließlich endlich wieder. Nach all den Jahren.

Er spürte Hitze in sich aufsteigen. Er wusste nicht, wohin mit seiner Wut. Er musste jetzt klar denken. Er durfte sich keinen weiteren Fehler erlauben. Er zündete sich eine Zigarette an. „Hast du schon irgendwem geschrieben?"

Sie schüttelte heulend den Kopf.

„Das werden wir ja sehen." Er prüfte die Anrufliste und dann schaute er sich ihren Nachrichtenverlauf an. „Wer ist Tim?" Die Worte schossen langsam, aber scharf aus seinem Mund. Er wendete all seine Beherrschung auf, die er konnte, und blickte ihr tief in die Augen.

Emma reagierte nicht, ihr Blick wirkte panisch.

Er blies ihr Zigarettenqualm ins Gesicht, so dass sie hustete.

„Wer ist Tim?", schrie er nun. Seine Kippe trat er barfuß auf dem weißen Teppich aus.

Sie lag auf der Seite und vergrub das Gesicht in ihren Händen.

„Antworte!" Er riss ihr die Hände weg und brüllte: „Antworte! Los! Betrügst du mich etwa, du Schlampe?" Dann schlug er zu und Emma schrie laut auf.

„Halt die Fresse, du Hure." Noch einmal traf seine Faust ihr Gesicht. Er ließ einen Moment von ihr ab und nahm sich das Handy wieder. Er öffnete den Chat und las ihre Nachricht. Er spielte eine Sprachnachricht von diesem Tim ab. „Du hast mich ernsthaft betrogen, du dämliche Hure. An unserem Tag. Zu unserer Wiedervereinigung. Wie war er? Hat er einen größeren Schwanz? Hat er es dir besorgt?"

Emma schüttelte ihren Kopf. Blut quoll aus ihrem Mund und ihrer Nase. Doch das gab ihm keine Befriedigung. Wie sollte sie das wieder gut machen können? Vielleicht hatte ihre Beziehung nach all den Jahren doch keine Chance mehr. Vielleicht hatte er sich getäuscht und sie war nicht die Richtige. Hatte er sich ihre Liebe nur eingebildet? Und wie konnte er verpasst haben, dass sie einen Typen hat? Wieso wusste er davon nichts? „Wie lang geht das schon?"

Emma antwortete nicht.

„Wie lang geht das schon?", schrie er und warf ihr das Handy an die Stirn, was einen lauten Schrei auslöste. Dann fiel er über sie her.

Emma

Emma wollte sich wehren, doch Erik war so wütend, dass sie keine Chance hatte. Schützend hielt sie ihre Hände vor ihr blutendes Gesicht. Er holte gerade erneut zum Schlag aus und sie wusste nicht, wie sie seinen Ausbruch überleben sollte und ob sie das überhaupt noch wollte.

Ein lautes Surren ließ sie beide zusammenzucken. Es hatte geklingelt. An ihrer Haustür. Sie konnte ihr Glück nicht fassen. Hatte sie jemand gehört? Sollte sie gerettet werden? Stand Tanja vor ihrer Tür? Würde sie sie befreien?

„Wer ist das?", zischte Erik. Sein Gesicht sah aus wie eine zusammengeballte Faust. „Ist das etwa dein Freund? Ich schwöre dir, den bring ich direkt vor deinen Augen um!"

Ob Tanja mit ihm fertig werden würde? Sie schüttelte ahnungslos den Kopf.

Es klingelte erneut. Erik machte ihre Hände mit den Handschellen hinter ihrem Rücken fest und klebte ihr den Mund mit Klebeband zu. „Ein Ton und du bist Geschichte."

Ihr Herz bebte, als sie zusah, wie er sich hektisch anzog und das Schlafzimmer verließ. Sie hätte versuchen können, aufzustehen und in den Flur zu hüpfen, doch mit ihrem pochenden Unterleib und ihren Schmerzen untenrum war sie nicht fähig, sich auch nur einen Millimeter zu bewegen. Sie war kurz vorm Ersticken und hatte große Mühe, sich aufs flache Atmen zu konzentrieren. Emma lauschte angestrengt und hoffte von Herzen, dass Tanja dort mit John stand und die beiden ihn platt machen würden.

„Hallo, kann ich dir helfen?"

„Oh. Ehm. Ich wusste nicht, dass ... Also ... Ehm ... Ich wollte zu Emma." Eine Mädchenstimme sprach die Worte, was Emma verwunderte.

Wer ist das?

„Emma ist gerade nicht da. Kann ich ihr etwas ausrichten?"

„Sie ... also ... sie wollte auf meine Katze aufpassen." Das Mädchen klang überfordert.

Ihre Katze? Oh mein Gott, Nina ... Hoffentlich tut er ihr nicht weh. In der Sekunde begriff Emma, dass das ihre Chance war, nach einer Verteidigung zu suchen. Ihr Handy, mit dem er sie beworfen hatte, war auf den Boden zurückgeprallt und lag nun neben den Büchern, die er für das Frühstückstablett vom Nachttisch gefeuert hatte. Wie sollte sie sich nur bücken? Doch ihr blieb keine andere Wahl. Daneben stand seine Tasche, aus der sie Messer blitzen sah. Sie musste auf den Boden kommen.

„Ach ja, die Katze. Ich soll dir ausrichten, dass das leider doch nicht möglich ist. Sie verreist für eine Weile."

„Oh ... Schade."

„Also dann ..."

„Können Sie ihr bitte noch etwas ausrichten?", fragte das Mädchen.

Bitte, halt ihn hin. Bitte. Sie musste doch gehört haben, was hier abging. Bitte, bitte, lass dir Zeit. Lenk ihn ab, Nina. Emma weinte, weil alles so wehtat. Doch sie robbte vom Bett und lag dann auf dem Boden. Durch die hinter ihrem Rücken gefesselten Hände hatte sie Mühe, das Handy zu greifen und zu entsperren und vor allem, den Bildschirm zu erkennen, doch sie versuchte, das Telefon mit beiden Händen so weit wie möglich nach links zu halten und dann gelang es ihr. Ein Hoch auf ihre Yogaübungen.

Der Chat mit Tim war noch geöffnet und sie hatte keine Zeit zu verlieren, konnte kaum etwas erkennen, also drückte sie einfach auf wählen und es klingelte. Sie ließ das Handy fallen und prüfte, dass es mit dem Bildschirm auf dem Boden lag, damit Erik nicht sehen konnte, dass sie jemanden angerufen hatte. Emma hoffte, Tim würde rangehen. Wenn ihr die Zeit blieb, konnte sie ihm sagen, dass sie Hilfe brauchte, doch wenn nicht, würde er alles mithören können.

Leider blieb ihr keine Zeit mehr, auf seine erlösende Stimme zu warten. Sie quälte sich zu Eriks Tasche und griff nach einem Cuttermesser.

„Sagen Sie ihr bitte, dass ich ihr heute Abend schreiben werde und mir das mit dem Hund leidtut. Und wegen der Katze braucht sie sich keine Sorgen zu machen. Ich finde schon eine Lösung."

„Okay."

„Und grüßen Sie sie bitte von mir. Ich wünsche ihr eine gute Reise."

„Das mache ich."

„Okay, dann ... auf Wiedersehen."

„Auf Wiedersehen."

Emma hörte, wie die Tür geschlossen wurde. Sie nahm ihre Kraft zusammen und hievte sich aufs Bett zurück. Das Cuttermesser versteckte sie unter ihrem Kissen. Solang ihre Hände gefesselt waren, hatte sie eh keine Chance, also müsste sie warten. Als das Gespräch zwischen Erik und Nina verstummte, hörte sie, wie laut das Tuten des Telefons war. Hoffentlich war es vorbei, bevor Erik zurückkam und hoffentlich würde er nicht gleich auf das Handy schauen.

Anstatt dass er zurückkam, hörte Emma die knallende Badezimmertür. Das Tuten verstummte.

Er

Scheiße, scheiße, scheiße!" Erik sah in den Spiegel und versuchte, sich zu beruhigen. Erst hatte er Emmas Date verpasst und dann hatte sie eine Freundin, deren Katze sie nehmen wollte? Er hatte gedacht, niemandem würde auffallen, dass Emma weg war und dass er sich nur um ihre Tanja kümmern musste. Das hätte er zudem bei dem ganzen Drama fast vergessen. Er musste ihrer besten Freundin schreiben, und zwar so, dass es glaubhaft rüberkam, dass sie sich ein paar Tage nicht meldete, damit er genug Zeit hatte, mit ihr zu verschwinden. Hierzubleiben wäre unklug. Er hatte eigentlich gedacht, dass sie hier zusammenwohnen könnten. Denn er wollte es seinem Engel so angenehm wie möglich machen, und Emma nicht aus ihrer gewohnten Umgebung reißen. Zumindest nicht die ersten Tage. Sie hätte sich über ihn, ihre große Liebe, gefreut und wenn es gut gelaufen wäre, hätte Emma ihn sogar Tanja vorgestellt. Allerdings hätte die Freundschaft in seiner Vorstellung nicht mehr lange Bestand gehabt.

Doch nun war er sich nicht sicher, ob das eine gute Idee war. Wenn sie schrie, so wie gerade eben, konnten das die Nachbarn hören. Ob diese kleine Mädchenschlampe Emma gehört hatte? Er musste sich echt besser beherrschen. Er konnte nicht ständig so durchdrehen. Er machte dann immer viel zu viele Fehler.

Er spritzte sich kaltes Wasser in sein Gesicht, trank es und verteilte es über seinen Kopf. Es kühlte seine Kehle und seine Gedanken und half ihm, wieder zur Ruhe zu kommen. Bei den anderen Frauen war es so viel einfacher gewesen. Sie waren ihm egal gewesen. Aber bei Emma war nichts egal. Jede Kleinigkeit machte ihn rasend, entweder vor Erregung oder vor Wut. Er hatte gedacht, er würde sie kennen, verdammt. Er hatte gedacht, er hatte im Vorfeld gute Arbeit geleistet, doch dem war nicht so. Wie hatte ihm das nur passieren können?

Er musste sich einen neuen Plan überlegen.

Erstens: Er musste sofort Tanja schreiben. Hoffentlich war das Handy nicht kaputt gegangen.

Zweitens: Er durfte heute nichts Waghalsiges mehr tun und ausrasten. Emma musste sich heute Nacht schließlich bewegen können, und bis dahin durfte niemand mehr ihre Schreie hören.

Drittens: Er musste sie eine Weile allein lassen und ein Auto besorgen.

Viertens: Er musste mehr über dieses Mädchen erfahren. Würde es etwas unternehmen? War es misstrauisch geworden? Emma musste ihm auf jeden Fall noch schreiben und es besänftigen.

Bis dahin würde er klarkommen müssen. Am besten, er ließ Emma so lang allein. Der Gedanke, in ihr Gesicht zu gucken, ließ ihn sofort vor

Wut überschäumen. Die Hure hatte einen Typen. Er durfte nicht daran denken, nicht, so lange sie noch hier in dieser Wohnung waren. Erik durfte sich nicht so sehr darauf konzentrieren, was er nun nicht mehr haben würde, sondern er musste lediglich einen Tag warten. Er hatte so lange gewartet, da würde der eine Tag mehr oder weniger auch nicht mehr ins Gewicht fallen. Dann würden sie eben gleich ihr neues Leben woanders beginnen. Daran war schließlich nichts auszusetzen. Ein richtiger Neuanfang für beide. Dort würde er sie gar nicht erst mit anderen Typen zusammenkommen lassen. Und er musste schließlich zugeben – sie hatte ja nichts davon gewusst, dass er sie noch liebte. Auch wenn er gehofft hatte, dass sie das selbst auf die Entfernung gespürt hatte. Oder dass sie ihn erkannt hätte. Nicht mal jetzt hatte sie gepeilt, dass sie ihm schon mehrmals begegnet war, weil sie andere Männer eben nie anschaute. Und dann traf sie sich mit einem anderen. Unfassbar. Vielleicht schaute sie deshalb keinen mehr an. Weil sie nur noch Augen für diesen Typen hatte. Nein. Wie es schien, war es ein einziges Date gewesen. Das konnte überhaupt nicht sein. Er musste aufhören, sich so derbe hineinzusteigern. Es war nun mal so und nicht mehr zu ändern. Er war einen Tag zu spät gekommen und daran war diese Schlampe von Sabine schuld. Er versuchte jetzt einen Neuanfang mit Emma und würde nicht mehr ausrasten, bis sie in ihrer neuen Wohnung waren, und nun musste er dringend ein paar Sachen organisieren. Erik trocknete sich ab und verließ das Badezimmer.

„Emma, mein Engel." Er stand vor ihrem Bett, riss ihr das Klebeband von den Lippen, woraufhin sie laut nach Luft rang. Er hob ein paar Bücher auf, die er auf dem Boden verteilt hatte, um sie in einer Ecke zu stapeln. Doch mittendrin hielt er inne, nahm das Handy und setzte sich zu ihr. „Wir haben neue Pläne. Möchtest du auch lieber mehr im Grünen leben?"

Er sah Emmas panischen Blick.

„Ach, komm schon, mein Engel, sei doch nicht sauer. Du musst doch verstehen, dass ich mich nicht darüber freue, dass du mit anderen Typen rumvögelst, aber das ist erstmal vergeben und vergessen. Du hast ja schon einen Teil deiner Strafe erhalten." Er streichelte ihr über den Kopf. „Mensch, wir müssen dich dringend mal waschen. Du siehst furchtbar aus und riechst auch schon ein bisschen. Keine Sorge, ich liebe dich natürlich trotzdem." Er löste die Handschellen und zog ihr den Rest der Bluse von den Armen, die immer noch aufgeschnitten an ihr hing. Er beobachtete, wie sie sich schmerzverzerrt die Hände rieb. Die Handgelenke waren rot, als hätte sie zu sehr an den Handschellen gezerrt. Dann hielt sie sich die Hände vor ihren Unterleib. Wahrscheinlich schämte sie sich für ihr Nacktsein. Er stand auf, holte ein weites Shirt raus und zog es ihr über. Bis sie sich um ihre Hygiene kümmern könnten, würde es noch ein wenig dauern, und frieren sollte sein Engel ja auch nicht.

„Wie ist deine PIN?", fragte er.

„Ich muss es mit dem Finger entsperren."

Wie sie zitterte. Er glaubte ihr nicht. Trotzdem gab er ihr das Telefon.

„Erik", flüsterte sie ihm zu und er sah ihr in die Augen. „Es tut mir leid."

„Schon gut", sagte er und riss ihr das Telefon aus der Hand, als er merkte, dass sie es längst entsperrt hatte.

Er suchte den Chat mit Tanja raus und ignorierte die Gedanken an diesen Wichser Tim. Stumm las er sich durch, was die beiden miteinander geschrieben hatten.

„So, was schreiben wir denn deiner Liebsten? Ich schlage vor, du tippst hier jetzt was rein und machst keine Faxen. Sag, dass du allein verreisen möchtest, weil dich die Sache mit dem Hund so beschäftigt und du nicht möchtest, dass sie sich meldet. Du wirst ihr schreiben, wenn du so weit bist, aber jetzt brauchst du ein paar Tage Pause vom Handy. Was meinst du?"

Emma nickte zaghaft.

„So, mein Engel. Du schreibst und ich schau dir ein wenig zu." Er legte ihr das Telefon in die Hände und kontrollierte, wie sie gemächlich mit dem Tippen begann. Er hatte viele Nachrichten zwischen ihnen gelesen, er würde also hoffentlich erkennen, wenn sie unterschwellige Hinweise einbauen würde. *Ich darf nicht wieder scheitern. Nicht bei Tanja. Die Fotze ist Polizistin und kann mir gefährlich werden.*

Emma

Emma tat, was er verlangte, und schwitzte dabei Blut und Wasser. Wie konnte sie Tanja vermitteln, dass sie Hilfe brauchte, ohne dass Erik es bemerkte? Würde er auch nur einen Funken Misstrauen verspüren, dann wäre sein Zorn sicher nicht mehr zu bändigen. Sie war froh, dass er sich ein wenig beruhigt hatte. Das Klingeln von Nina hatte ihr vielleicht in mehrfacher Hinsicht das Leben gerettet. Erstmal.

Sie schrieb: „Mach dir keine Sorgen. Mir wurde alles zu viel. Ich werde mit Nina verreisen. Ich werde mein Handy nicht weiter beachten, also bitte wundere dich nicht, wenn du nichts von mir hörst. Ich werde mich melden, sobald ich zurück bin. Grüße an John." Sie überreichte Erik das Handy.

Er schaute ihr tief in die Augen. „Was soll der Scheiß mit dieser Nina?"

„Was meinst du?"

„Tanja glaubt dir, dass du mit einer anderen wegfährst?"

Emma nickte. Sie versuchte, ihre Stimme ruhig und sicher klingen zu lassen, doch ihr Herz raste. „Tanja würde mir niemals glauben, dass ich allein wegfahre, also war das die einzige Möglichkeit, dass sie mich ein paar Tage in Ruhe lässt. Und das willst du doch, oder?" Sie schenkte ihm ein Lächeln. Ob er es als eines verstand oder er die quälende Folter erkannte, die es ihr bereitete, wusste sie nicht.

„Ich schwöre dir, ich werde dich aufschlitzen, wenn du mich anlügst. Und zwar so, dass es selbst mir keinen Spaß mehr macht." Langsam legte er ihr das Handy in die Hand zurück. „Wer ist Nina?"

„Sie ist ein Fan von meinem Blog."

„Du hast aber nicht über WhatsApp mit ihr geredet."

Emma schüttelte den Kopf. „Nein, sie hat mir per E-Mail geschrieben."

„Zeig mir eure Mails."

Das heißt, er hatte ihre Nachrichten alle gelesen, aber nicht ihre E-Mails? Sie öffnete ihr E-Mail-Programm und gab ihm das Handy zurück.

Er las, lachte, schwieg.

Warum sagte er nichts mehr? Sie sah ihm zu, wie er sich erhob und anfing, seine Tasche mit den Messern und dem ganzen anderen schrecklichen Zeug zu packen. Das Handy hielt er dabei fest umkrallt und schaute immer wieder darauf. Hoffentlich würde Tanja nicht so schnell antworten und fragen, wer Nina war. Erik öffnete den Kleiderschrank und warf ein paar Sachen von ihr in seine Tasche. Er schwitzte.

Emma lag auf ihrem Bett und versuchte, mit ihren Schmerzen und ihrer Angst klarzukommen. Wenn er sie in Ruhe ließ, hatte sie damit kein Problem. Vielleicht hatte sie sogar Glück und er würde die Wohnung verlassen und ihr ein wenig Ruhe gönnen? Sie könnte versuchen, zu ihrer Tasche zu kommen, und das Pfefferspray rauszuholen, das sie wegen ihrer Parkausflüge nun nicht mehr im Nachtschrank hatte.

Erik setzte sich wieder zu ihr, was sofort zu einer Schnappatmung von Emma führte. Ihn so nah ertragen zu müssen, verschlimmerte ihre Schmerzen.

„Schreib ihr, dass dir das mit der Katze leid-tut und lass dir eine vernünftige Entschuldigung einfallen. Tu so normal wie möglich. Sie muss dir glauben."

Sie nahm das Handy entgegen und überlegte, was sie schreiben könnte.

Er hatte sich mittlerweile hinter sie gelegt und schaute über ihre Schulter hinweg genau auf das Display. Dabei streichelte er ihren Rücken. Jede Berührung traf sie wie ein elektrischer Schlag tief ins Mark.

Emma entschuldigte sich bei Nina und erzählte ihr, dass sie jetzt einen Freund hatte und mit dem verreisen würde. Sie hielt sich kurz und knapp und hoffte, er würde damit kein Problem haben.

„Mehr hast du nicht zu sagen? Eure Mails waren sonst viel länger."

„Sonst habe ich Fragen von ihr bekommen, die ich beantworten konnte. Diesmal hat sie auf meine letzte Mail noch nicht geantwortet. Viel-leicht wollte sie das vorhin persönlich tun." Sie hoffte, damit würde sie all seine Zweifel ausräu-men und gleichzeitig wünschte sie sich, dass Ni-na ihren stummen Hilfeschrei verstand.

Er küsste sie im Nacken und roch an ihren Haaren. „Gott, wie ich dich vermisst habe, mein kleiner Apfel."

Emma musste mitspielen. Sie durfte das nicht versauen. Doch sie wollte ihn auch unbedingt so weit wie möglich von sich weghaben, damit er sie auf keinen Fall nochmal anfasste. Würgereiz kam auf, den sie unbemerkt unterdrücken musste.

„Ich habe Schmerzen", wagte sie sich vor. „Kannst du mir vielleicht ein paar Schmerzmittel besorgen?"

„Klar, mein Engel, weil du so brav warst. Ich bring dir welche mit. Ich muss jetzt eh erstmal ein paar Sachen vorbereiten." Er stand auf und setzte sich zu ihr. „Kann ich dich allein lassen?"

Sie nickte.

Er gab ihr einen Kuss auf den Mund und wollte mehr.

Emma drehte sich weg, konnte das nicht und sah sofort die Wut in seinen Augen aufflammen. „Es tut mir leid, aber ich habe doch noch nicht mal meine Zähne geputzt. Ich stinke. Das möchte ich dir nicht antun", ratterte sie, so schnell sie konnte, eine Ausrede runter.

Er ließ sie gelten, stand auf, ging ins Bad und brachte ihr eine Zahnbürste mit Pasta drauf.

Sie begann, sanft zu putzen, währenddessen zog er sich einen Anzug an und band sich eine rote Krawatte um den Hals. Wie gern hätte sie ihm damit die Luft abgeschnürt, um hier rauszukommen.

Er verschwand erneut, um mit einem Becher zurückzukommen. „Hier kannst du reinspucken."

Emma nickte ihm dankend zu. Hoffentlich kam er in der Zeit von seinem Kusswunsch ab. Hoffentlich ließ er sie ungefesselt zurück.

Als sie fertig war, nahm er ihr die Zahnputz-sachen wieder ab und brachte sie zurück ins Badezimmer. „Ich sorge für dich, mein Engelchen. Doch nun muss ich los." Er nahm die Tasche, warf Emmas Handy rein und setzte sich ein letztes Mal aufs Bett. „Aber Zeit für einen Abschiedskuss ist noch drin."

Als würde sie ihre Zunge in einen Sack Scheiße tauchen, der sie von einem schrecklichen Gift heilte, ließ sie es geschehen. Sie hatte doch eh keine Wahl und das war allemal besser, als ihn wütend zu machen.

Nach dem Kuss nahm er die Handschellen erneut.

„Erik, bitte nicht. Die tun so weh. Ich hab doch schon so viele Schmerzen."

„Engelchen, das geht nicht. Ich kann dich hier nicht einfach so frei lassen. Das musst du doch verstehen."

„Und wenn du nur meine Beine an das Bett fesselst? Dann kann ich doch auch nicht weg."

Prüfend sah er sie an. Sekundenlang. Vielleicht eine Minute. Dann hatte sie den Test bestanden. Er kramte ein Seil aus seiner Tasche und band es um ihre hinter dem Rücken verschränkten Arme. „Das kann ich nicht, weil du dann den Knebel rausnimmst, den ich dir gleich gebe. Aber ich binde dich nur mit einem Seil fest. Mach keinen Scheiß." Er packte ihr den Knebel zurück in den Mund, so schnell, dass Emma nicht mal protestieren konnte. „Ich kann nicht riskieren, dass du die ganze Nachbarschaft zusammenschreist."

Ihr war es egal, solange er einfach nur gehen würde. Den Rest würde sie dann sehen.

Er stand in der Tür. Kaum zu glauben, wie seriös er in seinem Anzug aussah. Nicht, wie ein Psychopath, sondern wie der perfekte Schwiegersohn. Erik schaute zu ihr. „Übrigens, wenn du Mist baust, dann kann ich es sehen. Denn da ist eine Kamera und das nicht erst seit gestern." Damit ließ er eine völlig schockierte Emma allein und sie hörte nur noch die Wohnungstür ins Schloss fallen und wie sie von außen abgeschlossen wurde.

Endlich war sie allein. Aber ... eine Kamera? Wie lang hatte er sie schon beobachtet? Ihr wurde schlecht bei dem Gedanken daran. Wo waren noch überall Kameras, was hatte er gesehen? Sie konnte nicht länger darüber nachdenken, sonst würde sie verrückt werden. Sie musste jetzt einen Weg finden, hier wegzukommen. Sie hatte das Messer und war zumindest nicht ans Bett gefesselt. Das bedeutete, dass sie durch die Wohnung gehen könnte. Doch was sollte sie tun? Wie könnte sie entkommen? Sie könnte versuchen, mit dem Messer ihr Seil durchzutrennen, aber wie? Mit den Füßen? Dafür hatte sie definitiv nicht genug Yoga praktiziert. Sie wohnte zu weit oben, als dass sie aus dem Fenster klettern könnte, sie konnte nicht schreien, wegen dieses beschissenen Knebels, der ihren Kiefer zur Verzweiflung brachte. Sie hatte echt keine Ahnung, was sie tun könnte. Vielleicht die Musik laut aufdrehen, um sich bemerkbar zu machen, aber wahrscheinlich würde es eh niemanden stören. Und wenn Erik sie sehen konnte, konnte er sie auch hören?

Ein weiterer Schmerz wurde von Sekunde zu Sekunde deutlicher. Ihre Blase. Sie hatte wirklich Angst davor, auf die Toilette zu müssen. Es tat so schon unendlich weh, wie sollte sie denn einen Toilettengang überleben? Sie konnte ja noch nicht mal aufrecht sitzen.

Sie fasste einen Entschluss. Sie musste durch die ganze Wohnung laufen und schauen, ob sie etwas finden könnte, das ihr bei einer Flucht helfen würde, und wenn nicht, dann wenigstens bei einem nächtlichen Angriff. Also erhob sie sich unter Stöhnen aus dem Bett und versuchte, ein paar Schritte zu laufen. Jede Bewegung eine Pein. Als wäre sie stundenlang ausgepeitscht worden.

Emma durfte ihn nicht verärgern. Sie wollte versuchen, mitzuspielen und falls er sah, dass sie aufgestanden war, würde sie sagen, dass sie auf dem Klo war. So einfach war das. Sie schleppte sich nur mit einem Shirt bekleidet in den Flur und suchte ihre Handtasche. Darin war ihr Pfefferspray, doch leider lag sie hier nirgendwo. Dann lief sie weiter zum Wohnzimmer. Doch auch da sah sie nichts, das ihr hätte helfen können. Ihre Hoffnung waren die Messer. Sie brauchte alles, was sie finden konnte. Aber sie hatte nicht mit Eriks guter Vorbereitung gerechnet, denn es gab keine Messer mehr. Einen kurzen Augenblick überlegte sie, ob sie einfach ein Stück Papier auf den Ofen legen sollte, um ein Feuer zu machen, doch vermutlich würde sie das nicht überleben und das Letzte, was sie wollte, war zu verbrennen. Hoffentlich würde sie das nicht bereuen.

Sie schaute in allen Schubladen, ob sie wenigstens ein Feuerzeug oder Streichhölzer finden würde, doch nichts. Also ging sie in ihr Meditationszimmer. Gerade noch hatte Sabine darin gewohnt und alles schien sich zum Guten zu wenden. Das sollte alles vorbei sein? Nun sollte ihr wieder mal die Hölle bevorstehen? Der Schmerz ihrer Blase wurde schlimmer, der in ihrem Herzen stieg parallel dazu an. Auch in dem Zimmer sah sie auf den ersten Blick nichts, das ihr nützlich sein könnte, aber dann fiel ihr etwas ein. Sie könnte versuchen, eine Botschaft zu hinterlassen. Wenn Tanja irgendwann in ihre Wohnung kommen würde, dann könnte sie den Zettel entdecken. Sie wurde hektisch, sie wusste schließlich nicht, wie viel Zeit ihr blieb und wo er überall Kameras hatte. Sie griff mit ihren gefesselten Händen nach einem Stift und einem Zettel und schrieb so ordentlich sie konnte: Erik Spitzke.

Den Zettel legte sie in die Schublade, in der Tanja noch ein paar Sachen hatte. So könnte sie ihm weismachen, dass der dort schon lange lag als Erinnerung an ihre schönen Zeiten, und Tanja würde hoffentlich verstehen, was er zu bedeuten hatte. Emma zuckte zusammen und riss die Augen weit auf. Sie hörte, wie jemand versuchte, den Schlüssel ins Schloss zu schieben. Dann folgten ein Klirren und ein Fluch. Während Erik hörbar zum nächsten Versuch ansetzte, quälte sie sich, so schnell es eben ging, ins Bad, und platzierte sich auf der Toilette. Dass sie keine Unterwäsche trug, erwies sich wenigstens hierbei als etwas Gutes. Sie hatte Tränen in den Augen. Vor Schmerz, vor Angst.

Er

Emma Burg!", schrie er, nachdem er die Tür geschlossen hatte. „Ich dachte, ich kann dir vertrauen." Er sah die Badtür angelehnt und riss sie auf. Dort fand er eine heulende Emma auf dem Klo sitzen. Er nahm ihr den Knebel aus dem Mund, damit sie etwas sagen konnte.

„Ich musste so nötig." Ein tränenverschleierter Blick erweichte sein Herz binnen Sekunden.

„Ach Mist, darauf hätte ich auch selbst kommen können." Trotzdem blieb er skeptisch und schaute, ob er irgendetwas Auffälliges an ihr entdecken konnte. „Warum weinst du denn? Hast du Angst ohne mich? Oder Angst, dass ich nicht wiederkomme?" Er küsste sie auf das Haar.

„Es tut nur so weh."

„Ach, mein Engel, das tut mir so leid. Ich werde dir etwas gegen die Schmerzen besorgen, aber wenn du mir so einen Schreck einjagst, dann verlieren wir Zeit, weil ich ständig herkommen muss. Du hättest doch auch einfach etwas sagen können."

„Tut mir leid. Das war mir peinlich. Ich habe noch nie vor einem Mann gepullert."

„Ach, Engelchen. Wir werden jetzt für immer zusammenbleiben. Du kannst dich schon mal daran gewöhnen. Wir teilen von nun an alles miteinander. Dir muss nie wieder etwas vor mir peinlich sein."

„Kannst du mir die Fesseln abmachen, damit ich an das Klopapier komme?"

„Aber natürlich, mein Engel." Er befreite ihre Arme. „Ich lass dich einen Moment allein."

Sie nickte erleichtert.

Er drehte sich noch einmal um und zwinkerte ihr zu: „Vielleicht hilft es dir ja, wenn du weißt, dass ich dich nicht zum ersten Mal pinkeln seh."

Emma

Emma lag in ihrem Bett und rührte sich nicht. Er hatte ihr den Knebel wieder verabreicht, der ihrem Kiefer unglaublich wehtat. Inzwischen waren ihre Lippen aufgerissen. Ihre Hände waren erneut gefesselt. Er war seit Stunden unterwegs. Sie hatte überlegt, wie sie sich hätte befreien können, doch ihr war einfach nichts Kluges eingefallen. Sie sah keine Chance, sich aus diesem Alptraum zu retten, also musste sie auf eine gute Gelegenheit warten. Sie hatte schließlich das Cuttermesser.

Irgendwann war sie in einen leichten Schlaf gefallen, der ihr hoffentlich die nötigen Kräfte verleihen würde, wenn es darauf ankam. Die Schmerzen schwächten sie enorm.

Sie verbrachte Stunden in diesem Dämmerzustand, bis es plötzlich an ihrer Tür klopfte. „Emma, mach auf!"

Mit einem Ruck richtete sie sich auf und ihr Herz hämmerte wie verrückt.

„Emma. Komm schon!"

Das war Sabine. Was hatte sie hier zu suchen? Scheiß egal, sie musste sich bemerkbar machen. Doch Erik konnte jeden Moment zurückkommen, und zudem beobachtete er sie schließlich. Was sollte sie tun? Im selben Augenblick kroch sie aus dem Bett und versuchte, ohne sofort wieder umzufallen, zur Tür zu gelangen. Sabine war ihre Rettung. Sabine könnte sie hier befreien. Ihr Kreislauf versagte, so dass sie das alles ewig viel Zeit kostete. Aber Sabine war zum Glück hartnäckig und hämmerte immer noch gegen die Tür. Emma erreichte gerade ihr Ziel und umfasste mit ihren auf den Rücken gefesselten Händen die Klinke, als sie etwas anderes hörte.

„Was willst du hier?" Erik war zurück.

Emmas Schultern sanken zwei Zentimeter tiefer. Ihre Chance war vorüber und sie hatte Glück gehabt, dass sie nicht schneller gewesen war, sonst hätte er sie ertappt, wie sie vor ihm fliehen wollte. Wahrscheinlich wäre sie eh nicht rausgekommen, weil er die Tür doch sicher abgeschlossen hatte. Mit letzter Kraft schleppte sie sich zurück ins Bett. Sie durfte sich nichts anmerken lassen. Sie musste ihm zeigen, dass er ihr vertrauen konnte. Nur so hatte sie noch eine Chance.

„Fin? Was machst du denn hier? Hast du mich gesucht? War dein Handy kaputt?"

„Ich war beschäftigt."

„Beschäftigt?" Sabine klang verdutzt. „Sag nicht, ihr seid ...?" Sie sprach es nicht aus.

„Sorry, wir wollten nicht, dass du es so er-
fährst."

„Ich will sie sofort sehen!", schrie sie nun.

„Emma ist verreist", hörte sie ihn lügen.

„Ja, genau. Emma verreist. Und was suchst du
dann hier? Verarschen kann ich mich selber. Sie
soll gefälligst den Arsch in der Hose haben und
mir die Wahrheit ins Gesicht sagen."

Fin? Das war ihr Date gewesen? Oh mein Gott,
jetzt fiel es ihr wie Schuppen von den Augen. Erik
war der Typ, der sie beim Pinkeln gesehen hatte.
Deswegen dieser Spruch vorhin. Er war hier gewesen. Und sie hatte es nicht gecheckt. Und jetzt
glaubte Sabine nicht nur, dass sie ihren Hund hatte
umbringen wollen, sondern auch noch, dass Emma ihr den Kerl ausgespannt hatte. Konnte es
noch schlimmer werden? Selbst wenn sie könnte,
würde Sabine sie nun nicht mehr retten.

„Deswegen hast du dich nicht mehr gemeldet.
Und ich bin so dumm und warte seit Tagen darauf."

„Du solltest jetzt gehen."

„Ich werd einen Teufel tun. Das ist schließlich auch meine Bude! Emma, mach die scheiß
Tür auf." Es hämmerte gegen die Tür.

Emma liefen Tränen die Wangen hinab. Musste
er echt so etwas Schlimmes über sie erzählen? Sabine hatte doch schon genug gelitten.

„Soweit ich weiß, bist du ausgezogen und wenn
du nicht gleich mit deinem Köter verschwindest,
dann wird Emma mehr als nur Rattengift in das
scheiß Fressen tun. Also verpiss dich endlich, du
Fotze!"

Emma hörte, wie Erik seine Beherrschung verlor. Das konnte schlecht für sie sein, weil er seine Wut dann gleich wieder an ihr auslassen würde, aber es konnte auch gut sein, denn Sabine müsste spätestens jetzt gewarnt sein. Sie wusste es doch besser, dass Emma niemals was mit ihrem Date anfangen würde, oder? Aber was, wenn er Sabine jetzt mit hineinzog und ihr etwas antat? Sie lauschte angespannt. Alles, was sie wahrnehmen konnte, waren klackernde Absätze, die im Aufgang hallten und der Schlüssel im Schloss. Die Tür war also wirklich abgeschlossen. Natürlich. Sie hatte alles richtig gemacht. Sie war erleichtert und hatte große Panik zugleich. Was würde jetzt passieren, wenn ein wütender Erik zu ihr ins Bett kam?

Er

*W*as ist das nur für eine dämliche Schlampe? Wie dumm ist sie eigentlich? Warum kommt sie plötzlich wieder und tut so, als würde sie hier wohnen? Er konnte keine Zeit mehr verlieren, er musste hier so zügig wie möglich mit Emma verschwinden, sonst wäre er schneller im Gefängnis, als ihm lieb war. Er wusste nicht, wie sehr er Emma vertrauen konnte, aber er befürchtete, sie würde bei jeder Gelegenheit fliehen, weil sie noch immer Angst vor ihm hatte. Das zersplitterte sein Herz, doch er musste versuchen, sie zu verstehen. Auch wenn das nicht unbedingt seine Stärke war. Er bemühte sich, die Tür nicht zu sehr hinter sich zuknallen zu lassen, und ging in Gedanken sein Programm durch, um seine Aggressionen herunterzufahren. Ab ins Badezimmer, kaltes Wasser ins Gesicht, zählen. Er musste jetzt konzentriert und ohne zu große Emotionen bleiben. Wieso zur Hölle hatte Emma sie auch hier wohnen lassen? Das passte doch überhaupt nicht zu ihr!

Er musste sich auf die guten Sachen konzentrieren. Emma war nicht zu Sabine geeilt, als sie eben an der Tür gestanden hatte. Das musste er ihr hoch anrechnen. Sie hätte die Chance nutzen können, um zu fliehen. Vielleicht konnte er ihr doch schon mehr vertrauen, als er dachte?

Doch wie sollte es jetzt weitergehen? Sein Plan, erst in der Nacht loszufahren, ging nicht mehr auf. So lange konnten sie unmöglich warten. Das Auto stand bereits vor der Tür. Wenn sie gesehen wurden, war es eben Pech. Er musste hier sofort los. Genau so würden sie es machen. Erik trocknete sein Gesicht ab, richtete seine Krawatte und eilte zu Emma.

„Hallo, mein Engel." Er setzte sich zu ihr aufs Bett, nahm ihr den Knebel aus dem Mund und löste ihre Fesseln. „Wie schön, dass ich dir vertrauen kann." Zärtlich strich er über ihr Haar. „Aber wir müssen jetzt eine Planänderung vornehmen. Diese Tussi hat uns schon wieder alles versaut. Glaub mir, irgendwann bekommt sie dafür ihre Strafe. Aber nicht mehr heute. Wir müssen in unser neues Heim fahren." Er zog ein paar Tabletten aus seiner Jackentasche. „Hier, mein Engel, als erstes nimmst du ein wenig Schmerzmittel. Ich helf dir."

Sie schluckte die Tabletten und trank ein wenig. Er sah, dass sie noch Schwierigkeiten hatte, das Glas zu halten. Wie sollte sie es da ins Auto schaffen?

„Mein Engel, wir müssen dich jetzt fit bekommen. Ordentlich anziehen und ein bisschen Frische ins Gesicht zaubern. Wir haben keine Zeit mehr, also musst du dich ein bisschen anstrengen." Er ging zum Kleiderschrank und behielt sie dabei im Blick. Würde sie sitzen bleiben oder gleich wieder ins Bett fallen? Doch sie hielt sich tapfer, auch wenn er sehen konnte, dass sie Schmerzen hatte.

„Hier, das kannst du anziehen, aber erstmal solltest du endlich ins Bad. Du müffelst ziemlich, mein Engel." Er sah, wie Emma ihre Mundwinkel verzog, doch im nächsten Moment lächelte sie ihn an. *Na, geht doch.* Erik half ihr auf und brachte sie ins Badezimmer. „Das schaffst du allein, oder?"

Sie nickte. Und im selben Moment ertönte ihr Magen.

„Ja, mein Engel, etwas zu Essen holen wir uns unterwegs. Das war leider nicht mehr drin." Er lehnte die Tür an. „Ich lass dir auch ein wenig Privatsphäre."

„Ich muss auf die Toilette. Darf ich für die Zeit die Tür schließen?" Emma klang so schüchtern wie damals, als er sie kennengelernt hatte, so dass er gar nicht verneinen konnte. Sie hatte der dämlichen Sabine schließlich nicht geöffnet, dafür hatte sie ein wenig mehr Vertrauen verdient. Er nickte ihr zu und schloss die Tür.

Emma

E mma atmete auf, als sie endlich allein im Badezimmer war. Sie schnappte sich einen Lappen aus der obersten Schrankschublade und ihr blitzte etwas entgegen, das ihr Herz höher schlagen ließ. Ihre Nagelschere. An sowas hatte sie vorhin gar nicht gedacht. Sofort legte sie ein paar Lappen auf die Schere, damit er diese nicht ebenfalls entdecken würde, und schloss schnell die Schublade. Doch nun musste sie sich erstmal einem viel größeren Problem stellen. Sie musste wirklich auf die Toilette, doch alles tat so weh, wie sollte das gehen? Seit er in ihrem Anus gewesen war, fühlte sich alles komisch in ihrem Darm an und sie begann erst einmal, den Waschlappen mit lauwarmem Wasser zu tränken, um sich vorsichtig den Körper damit abzuseifen. Sie begann sanft an ihren Armen und tastete sich zu den empfindlichen und verletzten Stellen vor. Sie stöhnte vor Schmerz.

„Alles gut, mein Engel?" Erik schien vor der Tür zu lauern.

„Ja, bitte lass mir noch einen Moment."

„Darf ich kurz reinkommen und dir eine Salbe geben?"

Was hätte sie schon sagen sollen? Sie ließ ihn herein und er reichte ihr eine Tube. „Das ist für deine Verletzungen. Schmier es dick drauf. Aber Engelchen, wir haben wirklich kaum noch Zeit. Soll ich dir nicht helfen?"

Emma schüttelte panisch den Kopf. Auf keinen Fall wollte sie, dass er sie noch länger nackt sah und sie berührte. Sie sah in seine enttäuschten Augen. Zum Glück ging er, ohne noch etwas zu erwidern. Sie säuberte sich und gab sich Mühe, keine weiteren Geräusche mehr von sich zu geben. Ihr Darm drückte immer mehr und sie hatte keine Wahl, sie musste sich auf die Toilette setzen. „Erik, bitte stehe nicht vor der Tür. Dann geht es schneller. Mir ist das wirklich sehr unangenehm."

„Engelchen, ich hatte meinen Schwanz da drinnen. Meinst du nicht, wir waren schon intim genug?"

„Bitte", flehte sie.

„Okay, aber wir haben nur noch fünf Minuten."

Ist ja nicht so, als würde sie das nicht unter Druck setzen, doch sobald sie durch die dünnwandige Tür hörte, dass er in der Küche wirtschaftete und dort den Wasserhahn aufdrehte, ließ sie los und gab ihrem Druck nach. Sie hatte nun nicht mehr viel Zeit, alles musste rasend schnell passieren. Säubern, die Salbe auf ihre Verletzungen schmieren und die Klamotten anziehen. Er hatte ihr einen Kapuzenpullover rausgelegt, was ihr mehr als gelegen kam. Auch wenn es Sommer war, so fror sie heute schon den ganzen Tag. Außerdem hatte der Pulli eine Bauchtasche, was sie auf eine Idee brachte. Sie nahm die Nagelschere und versteckte sie in einer Packung Taschentücher, die ebenfalls in der Schublade lag, und packte sie in ihre Hoodietasche. Sie zitterte vor Aufregung und war sich nicht sicher, ob sie sich das wirklich trauen durfte. Gerade, als sie es sich wieder anders überlegen wollte, riss er die Tür auf.

„Fertig." Sie lächelte ihn an.

Er zog sie zu sich ran und gab ihr einen Kuss, der ihr signalisierte, dass er mehr wollte.

„Erik, mein Schatz, wir müssen los, lass uns das später in Ruhe machen." Sie wollte sich vor weiteren Intimitäten retten, doch warum war sie so blöd? Sie müsste doch jede Sekunde in der Wohnung ausnutzen, damit Tanja sie noch rechtzeitig von diesem Alptraum erlösen konnte. Emma war sich sicher, dass Sabine Tanja angerufen hatte. Sie konnte die Story niemals glauben. Vor allem nicht, nachdem er das mit Benny verkündet hatte. Sie würde mit John schon sehr bald vor der Tür stehen, warum also konnte sie sich nicht zusammenreißen und das aushalten? Wie konnte man nur so dämlich sein? Der Schmerz in ihrem Unterleib erinnerte sie an das *Warum.*

„Du hast ja recht, aber ich begehre dich schon so lange. So viele Jahre waren wir voneinander getrennt, so viele Wochen beobachte ich dich schon. Ich halte das nicht mehr aus."

„Wir haben es so lange geschafft, die paar Stunden bekommen wir auch noch hin." *Was sagst du da, Emma Burg? Küsse ihn, halt ihn hin. Nutze jede Sekunde, um hierzubleiben.*

„Du bist so stark, mein Engel. Das habe ich schon immer an dir bewundert!" Er küsste ihre

Nasenspitze, ihre Wangen, ihre Stirn, ihren Hals.

Sie stand starr da. Sie müsste nur die Arschbacken zusammenkneifen und durchhalten, doch sie konnte nichts mehr kneifen, weil alles so schmerzte. Sie hatte solche Angst, dass er nochmal mit ihr intim werden wollte, dass sie ihn reflexartig ein Stück von sich schob, als er ihren Mund erneut berührte.

Einen kurzen Moment funkelte er sie wütend an, die Abweisung gefiel ihm nicht. Schnell lächelte sie entschuldigend, soweit das eben funktionierte. Er schien sich zu besinnen und lächelte wieder. „Du hast das gut drauf, mit mir zu spielen. Später, mein Engel. Du hast ja recht. Wir heben es uns auf." Er nahm sie an die Hand. „Na komm, wir gehen."

„Nehmen wir gar keine Sachen mit?"

„Deine Klamotten habe ich doch vorhin schon mitgenommen. Aber stimmt. Vielleicht sollten wir das blutige Bettzeug mitnehmen. Falls doch jemand nach dir sucht, soll nicht auf den ersten Blick zu sehen sein, dass etwas nicht stimmt. Du bist schließlich nur verreist." Er packte das Bettzeug samt den blutigen Klamotten in eine Reisetasche und hängte sie sich über die Schulter.

„Und wie fahren wir? Hast du ein Auto?" Nun, als es losgehen sollte, bekam sie doch Panik. Hier könnte sie gefunden werden, doch sobald er sie an einen fremden Ort gebracht hatte, würde das sehr schwer werden. Sie versuchte, ihn mit ihren Fragen aufzuhalten.

„Klar hab ich eins. Wir können ja schließlich schlecht mit dem Zug fahren."

„Und wo fahren wir hin?"

„Das wird eine Überraschung für meinen Engel."

„Und ..."

„Emma, was ist los?" Wieder funkelte er sie ungeduldig an. „Du willst doch mit mir verreisen, oder?"

„Doch ... doch ...", stotterte sie. „Es ist nur ..., ich bin noch nie verreist. Ich vermisse meine Wohnung schon jetzt." Und das war nicht mal eine Lüge.

Er umschloss ihr Gesicht mit beiden Händen und schaute ihr tief in die Augen. „Ich werde es dir schön machen, dich auf Händen tragen, dich lieben. Wir bekommen einen Neuanfang für unsere Liebe, die uns Kristina so sehr missgönnt hat, und du wirst dich in unserem neuen Zuhause wohlfühlen. Das verspreche ich dir."

Emma kullerten Tränen über das Gesicht.

Erik küsste sie weg. „Ich werde immer für dich da sein, in guten wie in schlechten Zeiten. Es wird dir an nichts fehlen. Ich verspreche es dir."

Dieser Typ war einfach krank. Glaubte er wirklich die Worte, die er da sprach? Wie konnte sie in so jemanden mal verliebt gewesen sein? War er da auch schon so gewesen oder hatten das die Jahre aus ihm gemacht? Vielleicht sogar sie, als sie ihn damals fallen gelassen hatte?

„So, und nun müssen wir wirklich los." Er öffnete die Tür und sie musste sich bei ihm einhaken, weil sie alleine die Treppen nicht bewältigen konnte.

Gleich wären sie unten und würden alles verlassen. Wieder liefen ein paar Tränen, die er zum Glück nicht bemerkte.

Im ersten Stock angekommen riss Frau Hefter die Tür auf. „Frau Burg. Wie schön, Sie zu sehen", lallte sie, nur mit einem Morgenrock bekleidet. „Ich wusste ja gar nicht, dass Sie einen Freund haben."

Erik schaute verwirrt zu Emma. Sie sah ihm an, dass er unruhig wurde, und spürte, wie er sie dichter an sich presste.

„Guten Tag, Frau Hefter."

Sie grinste breit und offenbarte, dass ihr Gebiss mal wieder abhandengekommen war. Zum ersten Mal liebte Emma Frau Hefter für ihre Neugierde. Dass sie Erik gesehen hatte, konnte Emma vielleicht helfen.

„Sie sehen aber sehr charmant aus", lallte Frau Hefter weiter und lächelte Erik an. „Und Sie, Frau Burg, Sie könnten sich wirklich mal mehr Mühe geben."

In dem Moment wurde Emma klar, wie absurd sie aussehen mussten. Erik mit Anzug und Emma mit grauem Kapuzenpullover.

„Wir gehen ihr jetzt etwas Ordentliches zum Anziehen besorgen, machen Sie sich keine Gedanken. Emma ist perfekt, wie sie ist." Zur Bestätigung gab er ihr einen Kuss auf die Wange.

Emma lächelte und schrie mit ihren Augen um Hilfe. Fieberhaft überlegte sie, was sie tun könnte. „Gegen deine eisblauen Augen komme ich mit dem besten Kleid nicht an." Frau Hefter würde sich diesen Satz hoffentlich merken.

„Stimmt. Diese Augen sind ein Träumchen", schwärmte sie und kam ihm etwas näher, um sie genauer zu betrachten. Dabei rutschte ihr Morgenmantel ein wenig auf und entblößte eine ihrer Brüste.

Erik sah schockiert drein und schnappte sich Emma. „Wir müssen jetzt leider los. War schön, mit Ihnen zu plaudern."

Und dann gingen sie auf die Ausgangstür zu. Er griff danach, als Emma ihn aufhielt. „Warte, was ist mit der Post?" Jede Sekunde könnte zählen.

„Was willst du denn mit der Post? Erwartest du etwas?"

Sie schüttelte mit dem Kopf. „Du hast recht."

Er war dann aber doch neugierig und öffnete den Briefkasten, doch der schien nichts Wichtiges zu enthalten.

Also musste sie da durch und mit ihm in ein Auto steigen, das sie weit fortbringen würde. *Bitte komm schnell, bitte Tanja, ich brauche dich,* schrie sie in Gedanken. In dem Moment, in dem sie mit ihm den Hausflur verließ und keine Tanja vor der Tür stand, verlor sie jegliche Zuversicht.

Er zog sie in einen dunkelgrünen Wagen mit getönten Scheiben. Sie litt Höllenqualen, als sie auf dem Beifahrersitz Platz nahm. Der körperliche Schmerz war nicht weniger schlimm als der seelische. Erik parkte aus, während Emma durch die Scheibe zu ihrer Haustür starrte. Dann konnte sie nicht glauben, was passierte. Tanja sprang aus einem Auto, das John anscheinend gerade parkte. Sie rannte zu Emmas Aufgang, klingelte, schloss gleichzeitig mit ihrem Schlüssel die Tür auf und stürmte hinein. John rannte Sekunden später hinterher. Emma betrachtete das alles wie in einem Film. Sie hätte mit ihm knutschen sollen. Sie hätte schreien sollen. Frau Hefter noch Fragen stellen sollen. Es war ein Sekundenspiel, das sie verloren hatte. Womit hatte sie das verdient?

Auch Eriks Hände zitterten. „Mein Engel, wir hatten gerade großes Glück. Du hast uns mit deiner Disziplin gerettet."

3. TEIL

12. MAI 2019 – SAMSTAG

Emma

Stunden später saßen sie noch immer im Wagen und fuhren auf der Autobahn. Emma hatte genau aufpassen wollen, wohin er sie entführte. Sie wollte wissen, ob er mit ihr aus dem Land floh, was bisher nicht passiert war. Doch mit der Zeit hatte sie keine Hoffnung mehr gehabt, dass man sie so schnell finden würde. Und mit der Hoffnungslosigkeit steigerte sich auch ihre Müdigkeit. Mittlerweile war es dunkel. Erik streichelte regelmäßig ihre Hand und begann ab und zu ein Gespräch mit ihr, was nur dazu führte, dass sie die Augen wieder schloss und versuchte, die in sich aufkommenden Gefühle der Übelkeit und des Ekels zu verdrängen.

„Mein Engel, wir müssen jetzt aber wirklich mal etwas essen. Ich halte da vorne." Er zeigte mit dem Finger auf ein Raststätten-Schild.

Ein Lichtblick? Würde sie dort eine Möglichkeit finden, sich zu befreien oder um Hilfe zu rufen? Je mehr sie darüber nachdachte, desto weniger realistisch erschien es ihr. Er würde sie keine Sekunde allein lassen, außer ... außer sie würde auf die Toilette gehen ... vielleicht ... „Ich muss mal."

Erik nickte. Er hatte wohl damit gerechnet, sich also sicher schon überlegt, wie sie ihm nicht entkommen konnte. Er parkte, schnallte sich ab und nahm ihre Hände. „Mein Engel. Dies wird ein weiterer Vertrauensbeweis. Du weißt, dass das ein riesen Vorschuss ist. Mach ihn nicht kaputt. Wir werden den Rest unseres Lebens zusammen verbringen und du hast die Wahl, ob ich schlecht auf dich zu sprechen bin oder ob ich dich in Ruhe lieben kann."

Sie sah in seine tiefblauen Augen, die sie wie immer gefrieren ließen. Es brachte ihr jedes Mal eine Gänsehaut. Früher, weil sie so verliebt gewesen war, heute vor Entsetzen und Panik. Sie nickte.

„Wir gehen da jetzt raus, Hand in Hand. Wir verlangen bei der Tankstelle nach einem Schlüssel und dann begleite ich dich zur Hintertür. Aber auf die Toilette darfst du allein. Ist das okay?"

Emma nickte. Ihr Herz schlug bis zum Anschlag. Sie könnte dem Tankstellenwart ein Zeichen geben. Sie könnte versuchen, auf der Toilette eine Botschaft zu hinterlassen. Sie könnte versuchen zu schreien, um Hilfe zu rufen. Sie kletterte aus dem Wagen, nahm ihn bei seiner ausgestreckten Hand und gab mit ihm ein lächelndes Paar ab. Wenn er guckte. Sie betraten die Tankstelle und ihr Lächeln verschwand. Sie konnte einfach nicht. Sie musste doch etwas tun! Sie konnte doch nicht einfach so mitgehen. Schweiß rann ihr über die Stirn.

„Ist alles okay mit Ihnen?" Die Tankstellenmutti sah sie besorgt an.

Erik drückte ihre Hand fester. „Ja, mein Engel, du siehst ganz blass aus von der langen Fahrt. Möchtest du etwas trinken?"

Emma nickte.

„Dann nehmen wir gern ein Wasser und eine Cola für den Kreislauf und außerdem hätten wir gern den Toilettenschlüssel. Zum Tanken komm ich auch gleich nochmal, doch wir wollten erstmal etwas Essen. Können Sie uns etwas empfehlen?"

„Also, um ganz ehrlich zu sein, würde ich an Ihrer Stelle lieber zur Fastfood Kette gegenüber gehen." Sie lächelte ganz verschämt und hielt sich die Hand vor den Mund. „Wenn mein Chef das hören würde, wäre ich meinen Job los, aber das Zeug hier ist wirklich nicht zu empfehlen."

„Sie sind ein Schatz. Oder?" Erik schaute zu Emma.

Sie nickte bestätigend.

„Du brauchst auch nicht eifersüchtig zu sein. Heiraten werde ich schließlich nur dich, weil du meine Traumfrau bist." Er gab ihr einen schmatzenden Kuss auf die Wange.

„Oh, sind Sie niedlich. So einen tollen Mann hätte ich auch gern mal gehabt, aber ich hab nur die Lausbuben abbekommen, die zu gern an der Flasche gehangen haben. Da lebt es sich allein doch tausend Mal besser."

„Wir sind gerade auf dem Weg zu unserem letzten Urlaub, bevor wir heiraten. Stimmt's, Lisa?"

Er strahlte bis über beide Ohren und sah Emma verliebt an. Das war doch ihre Chance. Die

Namen. Sie nahm die Wasserflasche entgegen, Erik trug den Rest, nachdem er bezahlt hatte. Emma nahm das Gespräch der beiden gar nicht mehr wahr. Sie wartete auf ihren Einsatz. Als sie im Begriff waren, den Laden zu verlassen, rief sie laut: „Mensch Erik, ich habe total Heißhunger auf Schokolade." Dabei klatschte sie sich auf die Stirn und hoffte, dass man ihr ihr schauspielerisches Talent abnahm.

Er sah einen kurzen Moment schockiert aus, doch sie ließ sich nichts anmerken.

„Sicher, such dir etwas aus."

Emma ging ein paar Schritte zur Kasse und hielt strahlend einen Riegel hoch, den Erik sogleich bezahlte.

Sie verließen das Geschäft und gingen schweigend um die Tankstelle herum zur Toilette. Erst als sie dort ankamen und er sich versichert hatte, dass dort niemand weiter war, herrschte er sie an. „Du musst aufpassen, Emma. Wir dürfen hier doch nicht unsere echten Namen verwenden."

Sie riss die Augen weit auf. „Oh nein, hab ich? Wann denn? Ich hab das gar nicht mitbekommen. Tut mir leid."

Er schaute ihr prüfend in die Augen. „Verarsch mich nicht, Emma Burg. Wenn das nochmal passiert, glaube ich dir kein Wort mehr und ich werde sehr wütend sein."

Sie nickte. „Es tut mir wirklich leid."

Er umarmte sie, was sie erleichterte und gleichzeitig anspannte. „So, und nun geh auf die Toilette. Ich geb dir zwei Minuten."

„Okay." Sie verschwand in dem kleinen, dreckigen Raum, der nach Urin und Kot stank, doch sie war erleichtert. Konnte sie hier irgendetwas für ihre Rettung tun? Es gab kein Fenster, aus dem sie klettern konnte, sie hatte keinen Stift dabei, um eine Botschaft zu hinterlassen. Sie legte Klopapier auf die Brille, um sich dann schmerzvoll zu setzen, und überlegte. Dann fiel ihr die Nagelschere wieder ein. Sie könnte sich umbringen, doch dafür brauchte man mehr als zwei Minuten. Oder aber ... ihr kam ein Geistesblitz, der entweder ihre Rettung sein konnte oder total bescheuert war. Während sie auf der Toilette war, schnitt sie eine Haarsträhne ab und legte sie auf den leeren Seifenspender, an den sie problemlos von dem Klo aus rankam, weil der Raum so winzig war. Schnell säuberte sie sich und atmete noch einmal ein, bevor sie wieder raus zu Erik ging. Sie wollte diesmal schneller als seine Ungeduld sein, damit er nicht misstrauisch wurde und sich den Raum näher anschaute. Als sie rauskam, stand er ein paar Schritte weiter weg und urinierte an einen Baum. Sehr gut, dann war die Chance geringer, dass er das Klo kontrollierte.

„Ach, du bist aber schnell." Er zog an seiner Kippe, schnippte sie weg und pisste drauf, was die Glut zum Erlöschen brachte.

Sie lächelte verlegen. „Ich hab ja nicht so viel getrunken."

„Das ist aber nicht gesund, mein Engel. Hier." Er hielt ihr die zwei gekauften Flaschen hin, die er vors Klo gestellt hatte.

Sie nahm sich etwas Wasser und noch beim Trinken kam ihr eine Idee. „Erik, aber wenn ich mehr trinke, müssen wir öfter anhalten."

„Also erstens, du musst dir das Erik abgewöhnen, denn dann passieren dir auch keine Fehler in der Öffentlichkeit mehr. Nenn mich doch einfach Schatz. Und zweitens, ich weiß ja jetzt, dass ich dir vertrauen kann, also können wir auch öfter halten. Sich ein bisschen die Beine zu vertreten, ist gar nicht so schlecht."

Sie nickte und exte die halbe Literflasche in einem Zug, dann griff sie zur Cola und trank die Hälfte. Wie damals, als ihr Vater sie tagelang allein gelassen hatte. Wieder war es von einem Mann abhängig, ob sie etwas zu essen oder zu trinken bekam. Wut keimte für eine Millisekunde auf, doch sie schluckte sie zusammen mit der Cola runter. Jetzt musste sie die Glückliche spielen. Es blieb keine Zeit für die wahren Emotionen.

Sie lächelte ihn an und hielt ihm die Cola hin. „Du musst auch mehr trinken, mein Schatz." Bei dem Wort Schatz musste sie kurz schlucken, doch sie wollte ihn zufrieden stimmen.

„Wow, du hattest ja wirklich Durst. Danke."

Sie hakte sich bei ihm ein und er ging ziemlich glücklich aussehend mit ihr zum Wagen. „Setz dich schon mal rein, ich tanke noch kurz und geh bezahlen. Danach hol ich dich ab und wir gehen da drüben etwas essen."

Emma tat, wie ihr aufgetragen. Wieder überlegte sie, was sie für Möglichkeiten hatte, Spuren zu hinterlassen.

Sie dachte kurz daran, eine Haarsträhne ins Auto zu legen, doch das war zu auffällig. Aber sie konnte dennoch etwas tun, also schnitt sie ein Stück ihres Nagels ab und ließ es auf den Rücksitz fallen. Und ein paar Haare würden sich auch so finden lassen, ohne dass sie sich gleich etwas abschneiden musste. Den Schokoriegel biss sie an, ließ den Rest dann im Handschuhfach. Wenigstens ihre DNA war überall hier. Falls sie sterben sollte, konnte man sie immerhin identifizieren.

Erik kam zurück und half ihr aus dem Auto, denn allein hatte sie zu viele Schmerzen dabei. Sie schnappte nach Luft, denn das Atmen in dem verqualmten Wagen fiel ihr von Stunde zu Stunde schwerer. Er rauchte pausenlos.

Gemeinsam liefen sie hinüber zur großen Fastfoodkette und bestellten sich etwas zu essen. Sie hatten den Laden für sich allein, so dass Emma hoffte, dass die Mitarbeiter sich merken konnten, dass da nachts ein komisches Pärchen gesessen hatte. Ein Mädel mit Kapuzenpullover und ein Typ mit Anzugjacke sahen zusammen schon merkwürdig aus. Sie mussten auch denken, was wollte der denn mit so einer. Sie gab ihr Bestes, alles ein wenig hinauszuzögern, und suchte nach Überwachungskameras, damit sie so oft wie möglich auf dem Band war. Obwohl sie fast platze, überredete sie Erik, noch etwas nachzubestellen, um Zeit zu schinden. Immer wieder kamen Erinnerungsfetzen an damals hoch. Tagelanges Hungern gefolgt von Fastfood. *Ein Happy Meal für meine Lieblingstochter*, hörte sie ihren Vater immer wieder sagen und verdrängte den Gedanken an ihre Vergangenheit und seine Leiche.

„So, jetzt müssen wir aber wirklich weiter."

„Schatz, ich würde gern noch mal auf die Toilette. Lieber jetzt, als wenn wir gerade los sind. Wir wollen ja nicht gleich wieder anhalten müssen." Sie sah, wie das *Schatz* wirkte. Während es sie große Überwindung kostete, machte ihn das Wort ziemlich glücklich, wie es schien. Er nickte ihr verliebt zu.

Emma schleppte sich zum Klo und tat wie zuvor auf der Tankstellentoilette. Eine weitere Haarsträhne legte sie auf den Seifenspender und war zufrieden mit sich.

Er

E rik war ziemlich zufrieden. Auch wenn er sich das alles anders vorgestellt hatte, war es doch schön zu sehen, dass er Emma vertrauen und gemeinsam mit ihr verreisen konnte. Es war, als würden sie gerade Urlaub machen und danach ihr neues Leben in einer neuen Heimat beginnen. Ob Emma sich über ihr neues Leben freuen wird? Sie waren schon ziemlich lange unterwegs und so langsam fielen ihm ständig die Augen zu. Das war nicht gut, denn wenn er jetzt einen Unfall bauen würde, wäre alles umsonst gewesen. Er musste sich konzentrieren. Er musste wach bleiben. Jetzt zu schlafen, würde alles nur noch hinauszögern und er wollte ungern im Hellen fahren. Wer weiß, wie lange es noch dauerte, bis diese dämliche Tanja Emmas Fotos überall verteilen würde. Es ging nicht anders. Er musste durchhalten. Aber vielleicht würde ihm eine kurze Pause helfen.

Er hielt an einer Tankstelle, woraufhin Emma erwachte.

„Schlaf ruhig weiter, mein Engel, ich brauche nur kurz einen Kaffee."

„Ich möchte gern mit. Mir tut alles weh und ich habe Durst."

„Na gut, dann komm, ich helfe dir aus dem Wagen. Moment." Er stieg aus und eilte an ihre Seite, um der perfekte Gentleman für sie zu sein. Er wollte zwar nicht so oft mit ihr zusammen gesehen werden, aber er wollte auch gern so viel Zeit wie möglich mit ihr verbringen. Keine Zeit mehr allein. Niemals. Mit ihr war es einfach so viel schöner. Wenn sie erst in ihrem neuen Heim wären ... Er war so gespannt, wie sie es finden würde. Er selbst war noch nie dort gewesen, doch er hatte mal ein Mädchen kennengelernt, das von dort kam und immer nur von ihrer Heimat geschwärmt hatte. Die gesamte Klinikzeit über war es immer nur um diesen wundervollen Ort gegangen.

Erik fand, Emma und er waren schon ein eingespieltes Team. Er umarmte sie, sie hielten Smalltalk, es lief alles wunderbar. Fast zu perfekt.

Während sie schon wieder in Richtung Klo ging, startete er zusammen mit dem Tankstellenwart auf den Fernseher, als die Nachrichten starteten. „Ach, machst du mir noch eine Bockwurst warm? Irgendwie habe ich jetzt doch Hunger bekommen", bat er den Typ. Ihm war das sicherer. Es konnte wirklich nicht mehr lange dauern, bis Emma in den Nachrichten auftauchen würde.

Stöhnend erhob sich der spargeldünne Typ hinter dem Tresen.

Erik trommelte mit seinen Fingern auf dem Tisch, seinen Blick stets auf den Bildschirm gerichtet. Jede Minute ohne sie litt er Qualen. Und wenn er ihr doch nicht vertrauen konnte? Seine Hände wurden schweißnass. Die Nachrichtensprecherin redete mittlerweile vom Wetter. Erst als Emma zurückkam, beruhigte er sich ein bisschen. Erleichtert nahm er seinen Engel in den Arm und küsste ihn. Er zahlte, nahm seine Bockwurst entgegen und sie liefen zum Auto.

„Alles ok?", fragte Emma ihn.

Er liebte sie noch mehr dafür, dass sie fühlte, dass etwas nicht stimmte. Sie waren einfach Seelenpartner.

„Ich will dich nicht mit meinen Sorgen belasten. Lass uns einfach schnell in unserem neuen Leben ankommen." Er half ihr in den Wagen.

„Mir gefällt das Reisen mit dir, mein Schatz", sagte sie, als er auf der Fahrerseite eingestiegen war.

Er sah sie an und sein Herz explodierte vor Freude. Sie war die Frau seines Lebens. „Mir auch, mein Engel. Aber endlich anzukommen, wird auch toll sein, noch besser sogar."

„Schatz?"

Er schaute ihr tief in die Augen.

„Es tut mir leid, was damals geschehen ist. Kristina hat hinter all dem gesteckt. Ich will, dass du das weißt. Ich hätte dir so etwas niemals angetan." Sie senkte den Blick.

„Ich weiß, mein Engel. Ich weiß."

„Woher?"

„Dank Kristina. Sie hat mir geschrieben."

Emma starrte ihn verdattert an.

Erik schüttelte mit dem Kopf. „Ich verstehe es ja auch nicht."

Einen Moment breitete sich Stille aus, jeder vertieft in seine Erinnerungen.

„Weißt du, Tanja hat immer vorgeschlagen, dich zu suchen und alles aufzuklären, aber ich wollte einfach nie wieder an Kristina und alles, was sie uns angetan hat, erinnert werden."

„Damit hast du dein Wohl über meins gestellt. Ich wäre sicher einen anderen Weg gegangen, hätte ich nicht all die Jahre mit dieser Lüge und der Wut leben müssen." Er drückte ihr die Wurst in die Hand und zündete sich eine Kippe an. „Ich hab keinen Hunger mehr." Und damit hatte er genug gesagt und schwieg. Der Adrenalinkick erneut aufflammender Wut hatte seine Müdigkeit weggefegt und er hatte vor, die restliche Strecke nicht mehr anzuhalten.

13. MAI 2019 – SONNTAG

Emma

Emma starrte aus dem Fenster. Die Dämmerung war angebrochen und es wurde nun langsam wieder hell. Ein Autounfall auf der Strecke hatte sie mehrere Stunden gekostet, in denen sie vor sich hingedöst hatte.

Hatte sie sich eben noch für clever gehalten, weil sie Spuren auf Raststättenklos hinterlassen hatte, so war sie sich jetzt ziemlich sicher, dass das alles umsonst gewesen war. Was hatte sie nur gedacht? Die Reinigungskräfte würden die Strähnen angewidert in den Müll schmeißen und damit hatte sich die Sache. Sie waren inzwischen so weit von Berlin entfernt, dass sie sich nicht mehr vorstellen konnte, dass Tanja plötzlich auftauchte, um sie zu retten. Woher sollte sie auch wissen, wohin sie fuhren, wenn Emma es doch selbst nicht wusste, und wenn Erik das nicht geplant, sondern spontan entschieden hatte. Was für eine Zukunft würde sie erwarten?

Sie hatte sich ein Leben mit einem Mann gewünscht, hatte früher sogar oft an Erik gedacht, aber dass ihre Zukunft so aussehen würde, darauf war sie nicht vorbereitet gewesen. Würde er ihr jetzt jeden Tag wehtun? Jetzt, wo sie es endlich schaffte, sich nicht mehr selbst zu verletzten, tat es ein anderer? Sie verstand das Leben nicht. Wenn es einen Gott gab, wollte der etwa, dass Emma immer Schmerzen hatte? Das klang so abgedroschen, aber wie konnte sie etwas anderes glauben? Als sie ein kleines Mädchen gewesen war, hatte ihr Vater ihr wehgetan. Als Jugendliche hatte sie selbst Gefallen daran gefunden, weil es ihr den Druck nahm. Der körperliche Schmerz hatte den seelischen genommen. Und nun, wenn sie es als Erwachsene endlich geschafft hatte, ihr Leben langsam auf die Reihe zu bekommen, war Erik gekommen und alles begann von vorn. Wenn es sowas wie frühere Leben wirklich gab, dann hatte sie in diesen anscheinend viele Menschen gefoltert. Nur so konnte sie sich dieses von Schmerz begleitete Leben erklären. Doch es war genug.

Emma wusste, sie durfte nicht aufgeben. Wer wusste, wo er sie hinbringen würde? Es gab sicher auch dort Möglichkeiten, zu entkommen, und umso mehr er dachte, dass er ihr vertrauen konnte, umso mehr Chancen würde sie bekommen. Er war leicht zu täuschen, da war sie sich sicher. Wobei sie hingegen nicht sicher war, war die Frage, ob es für sie überhaupt machbar war, mitzuspielen. Denn das bedeutete, dass sie mehr geben musste, als nur hier unterwegs im Auto die glückliche Freundin zu spielen. Nicht nur auf Kommando zu lächeln, sondern sie musste ihn küssen, musste mit ihm intim werden, musste ertragen, wenn er ihr wehtat. Sie musste so tun, als würde ihr das alles gefallen.

Vielleicht konnte sie ihn überreden, zu warten, bis ihre Wunden geheilt waren, doch selbst dann würde es die Sache nur hinauszögern und nicht verhindern. Aber sie durfte nicht aufgeben. Sie musste einen Plan schmieden, sobald sie ihre neue Umgebung erkundet hatte, und einen Ausweg finden. Alles andere war keine Option. Und wenn sie es nicht mehr aushalten würde, hatte sie immerhin noch die Nagelschere. Mit dem Cuttermesser wäre es zwar leichter gewesen, sich umzubringen, doch eine Schere war besser als nichts.

Sie sah das Ortseingangsschild. *Herzlich willkommen im Schwarzwald.* An seinem Blick und seinem Lächeln konnte sie erahnen, dass sie sich dem Ziel näherten. Er legte eine Hand auf ihren Oberschenkel. „Bald, mein Engel. Wir haben es bald geschafft."

Menschen waren noch keine auf der Straße. „Was ist heute für ein Tag?", fragte sie ihn.

„Heute ist Sonntag. Der perfekte Tag für einen Wochenendausflug frisch Vermählter."

Fragend sah sie ihn an.

„Na, auf die Schnelle konnte ich keine dauerhafte Wohnung oder gar ein Haus für uns finden, also habe ich uns vorübergehend ein Häuschen auf dem Dorf gemietet. Was meinst du, was ich getrieben hab, als du dich gemütlich in deinem Bett ausgeruht hast? Keine Nachbarn und die Besitzer wohnen weit weg. Der Schlüssel liegt dort versteckt für uns, so dass wir das Wochenende ganz für uns haben und ich ein wenig mehr Zeit habe, uns ein richtiges Heim zu besorgen. So können wir erstmal schauen, ob es hier wirklich so schön ist, wie alle sagen."

Emma nickte. Zu mehr war sie nicht fähig. Sie konnte nicht entscheiden, ob das jetzt gut oder schlecht war.

Sie verließen die Stadt und fuhren durch Dörfer. Die Abstände der Häuser voneinander wurden größer, die Grünflächen ebenso und dann hielt er vor einem kleinen Häuschen, das umzäunt von Tannen war. Es sah aus wie ein kleines Hexenhäuschen. Sie kam nicht umhin, an Hänsel und Gretel zu denken. Würde sie eine Chance bekommen, ihn in den Ofen zu stoßen?

Erik schnallte sich ab und grinste sie freudestrahlend an: „Willkommen in unserer neuen Heimat, mein Engel. Ich hoffe, es wird dir hier gefallen und du bist zufrieden mit meiner Wahl. Ich finde, das sieht doch schon mal toll aus von außen."

Mehr als ein Nicken brachte sie nicht zustande.

„Was ist? Gefällt es dir nicht?"

Reiß dich zusammen, Emma. Du darfst ihn jetzt nicht verärgern.

„Emma?"

Sie schluckte hart. „Es ... es ist nur ... Ich habe meine Wohnung geliebt. Sie hat mir immer Halt und Sicherheit gegeben. Auch das anonyme Berlin war klasse. Bis auf Frau Hefter hat sich niemand für mich interessiert und das war toll. Du kennst ja meine Probleme. Ich war noch nie woanders, weißt du ... und ich wollte auch nie woanders sein." Tränen liefen über ihr Gesicht. Sie meinte jedes Wort so, wie sie es sagte, wenn sie auch ein paar Details weggelassen hatte. Sie empfand nicht nur Angst vor ihm, sondern auch Heimweh.

Er streichelte ihr übers Haar und umarmte sie so fest, dass es wehtat. „Ich werde dafür sorgen, dass du dich wohlfühlst und dir eine Heimat bieten. Ich schwöre, dass ich alles tun werde, damit es dir gut geht und wir glücklich sind. Ich bin jetzt deine Heimat. Und du bist meine."

Sie schluchzte und ließ sich von dem Mann trösten, der das alles zu verantworten hatte. Der Mann, der ihr so viele Schmerzen zugefügt hatte. Wieso war er in dem einen Moment der perfekte, verliebte Mann und im nächsten Moment ein Monster? Sie verstand es nicht. Sie wusste nie, mit wem sie es zu tun hatte. Eine Kleinigkeit und er würde wieder das Monster werden, das ihr Angst machte. Doch jetzt ließ sie es einfach zu, sich von dem Verliebten trösten zu lassen. Was hätte sie auch sonst tun sollen?

„So, mein Engel, und nun lass uns das Haus betreten. Dann kannst du dich frisch machen und ich werde uns etwas zu essen besorgen. Ist das in Ordnung?"

Emma witterte eine Chance. Er würde sie schon allein lassen? Könnte sie fliehen? Gab es ein Telefon? Konnte sie sich etwas zur Verteidigung suchen oder in den Wald rennen, der an das Grundstück grenzte? Sie löste sich von ihm, trocknete die Tränen mit dem Pulloverärmel und stieg aus. Das Schmerzmittel hatte nachgelassen, so dass es zwischen ihren Beinen heftig pochte.

Den Kofferraum öffnend warf er ihr den Schlüssel herüber. „Hier, mein Engel, du darfst aufschließen. Über die Schwelle unseres echten Heims trage ich dich dann aber."

Mit zittrigen Fingern hob sie den Schlüssel auf, den sie nicht gefangen hatte. Bücken war nicht gut, musste sie feststellen und stöhnte vor Schmerz.

„Tut mir leid, mein Engel. Ich geb dir gleich noch ein paar Tabletten. Da hätte ich auch von selbst draufkommen können."

Sie schloss die Tür auf. Was würde sie drinnen erwarten? Sie rechnete mit einer Monsterhöhle, mit der Hexe, die nur auf sie wartete. Doch als sie die Tür öffnete, empfing sie nur eines: Stille. Nach ein paar Schritten in der neuen Unterkunft war sie überfordert von der Ruhe, die das Haus ausstrahlte. Während draußen die Vögel und der Wind ein Sommerkonzert spielten, hörte man hier rein gar nichts. Die Stille machte ihr Angst, so dass sie direkt durch die Eingangstür zum Wohnzimmer ging und das Fenster öffnete, um die Naturgeräusche hereinzulassen. Sie erinnerte sich an das Blätterrauschen, das sie in der Nacht gehört hatte, während er sie gefoltert und vergewaltigt hatte. Früher hätte sie das beruhigt, doch nun brachte es ihr eine Gänsehaut. Obwohl die Temperaturen stiegen und sie in ihrem Pullover zu schwitzen begann, wollte sie auf keinen Fall Haut zeigen. Sie sah, dass sie blutete. Als sie nach dem Schlüssel gegriffen hatte, waren die Wunden zwischen ihren Fingern wieder aufgerissen. Zumindest ein paar und so tropfte sie ihren grauen Pulli und den Boden voll. Zum Glück gab es hier keinen Teppich, sondern bloß Holz. Unfähig sich zu bewegen, schaute sie zu, wie die Tropfen sich auf dem Holzboden vermehrten und miteinander verschmolzen, bis Erik kam und sie aus ihrer Starre befreite.

„Wir sind nicht mal fünf Minuten hier und du machst schon Dreck? Mensch, Emma, schau dir das an. Das geht doch nicht!" Seine Stimme war laut und aufgebracht, aber er schrie noch nicht, was wohl ein gutes Zeichen war. Sie wusste, womit seine Mutter ihn bestraft hatte, wenn er unordentlich gewesen war. Sie musste vorsichtig sein. Emma bückte sich vor Schreck, wollte alles mit ihrem Pullover wegwischen, doch der blitzartig auftauchende Schmerz zwischen ihren Beinen führte zu einem Schrei. Kraftlos ließ sie sich einfach zusammengekrümmt auf den Boden fallen.

„Ach, mein Engel." Er setzte sich zu ihr auf den Boden. „Ich werde dir die Regeln unseres Zusammenlebens ganz genau erklären. Doch jetzt machen wir es so wie geplant. Du gehst ins Bad und machst dich frisch und ich besorge uns etwas zum Essen für das Wochenende." Er streichelte ihre Hand und half ihr hoch. Sie schauten sich alle Zimmer an und in der oberen

Etage setzte er sie im Badezimmer ab. „Hier wirst du bleiben." Er schaute in jede Schublade und jedes Schränkchen, wahrscheinlich um Gefahren loszuwerden, und dann ließ er sie dort. „Ich bring dir gleich deine Klamotten."

Einen Moment später war er wieder da. Sie hatte sich immer noch nicht bewegt. „Mach dich frisch, Emma."

„Okay." Wenn er ihren Namen und nicht *mein Engel* sagte, musste sie vorsichtig sein.

„Ich liebe dich! Bin gleich wieder zurück." Er verabschiedete sich mit einem feuchten Kuss auf ihre Lippen und ließ sie allein. Sie hörte, wie er die Tür zuzog und sie im Bad einschloss. Natürlich, er würde sie doch nicht einfach so frei durch das Haus laufen lassen.

Die kalten Fliesen kühlten sie. Ihr Blick ging zum Fenster. Sie machte ein paar Schritte, um ihm dabei zuzusehen, wie er ins Auto stieg und davonfuhr. Nun war sie allein in dem Haus, das sie mit Stille anschrie. Sie wollte gegenhalten, kreischen, all die Wut herausbrüllen, doch sie hatte keine Kraft dazu. Was hätte es ihr gebracht? Niemand würde sie hier hören können. Selbst die Vögel waren lauter, als sie es je sein würde. Aus dem Fenster zu springen, würde ihr gebrochene Gliedmaßen bringen. Die massive Tür einzuschlagen, stand auch nicht auf der Liste ihrer Möglichkeiten. Sie könnte ihr Leben beenden, damit er es nicht tun konnte, doch auch das war keine Option. Noch. Sie würde einen Weg finden, zurück zu Tanja zu kommen, und sie würde ein Leben ohne Schmerz führen.

Sie ballte ihre Hände, was einen erneuten Blut-
fluss auslöste. Wieder sah sie einfach nur teil-
nahmslos zu, wie rote Tropfen auf die weißen
Fliesen trafen. Sie würde hier rauskommen!

Er

Die Anspannung ließ nach, als er mit Einkaufstüten vollbeladen in die Einfahrt seines Wochenenddomizils einbog. Es war gar nicht
so leicht gewesen, das zu besorgen, aber er hatte
am Ende doch noch einen kleinen Tante-Emma-
Laden gefunden, der für Touristen geöffnet hatte.
Ein Hoch auf Campingplätze. Er parkte, zündete
sich eine Kippe an und traute sich endlich, einen
Blick in die Zeitung zu werfen, doch in Baden-
Württemberg interessierte man sich anscheinend
nicht für verschwundene Berliner Frauen. Nachdem er die Schlagzeilen kurz überflogen und
nichts entdeckt hatte, atmete er beruhigt auf. Nun
konnte ihr gemeinsames Leben beginnen. Es war
wie ein kleines Wunder, dass Gott ihnen geholfen hatte, problemlos hierher zu gelangen. Ein
breites Lächeln strahlte ihm aus dem Autospiegel
entgegen. Er war glücklich. Er war endlich glücklich. Hier durfte er ihr nicht so sehr wehtun, denn
er wollte keine Spuren hinterlassen, doch schon
bald würden sie in ein Häuslein ziehen. Vielleicht
konnten sie morgen schon als Paar durch die
Straßen spazieren, wenn es dunkel war. Er hatte

Emma auch ein Haarfärbemittel besorgt, damit sie nicht gleich erkannt wurde. Man wusste ja nie. Wobei er nicht damit rechnete, dass es so weit weg eine große Suchaktion geben würde. Wer interessierte sich schon für eine Frau, die verdächtigt worden war, ihren Vater umgebracht zu haben, und die ständig in Kliniken abhing? Er selbst hätte nicht nach ihr gesucht, wenn er sie nicht so lieben würde.

Erik machte die Kippe im Autoaschenbecher aus, stieg aus dem Wagen und strahlte Emma entgegen, die am Fenster stand. Sie war so wunderwunderschön. Sie hatten sich doch noch so viel zu berichten. So vieles war inzwischen in ihrem Leben passiert und er wollte alles über sie erfahren, alles, was er bereits wusste, und auch die ganzen Dinge, die ihm entgangen waren. Auch ihr würde es sicher gefallen, zu erfahren, wie sein Leben nach ihrer gemeinsamen Zeit verlaufen war. Die paar Missgeschicke mit anderen Frauen würde er nicht erwähnen, weil er sie nicht beunruhigen wollte. Mit ihr war schließlich alles anders.

Das Haus roch an der Eingangstür ein wenig modrig, es roch alt. Er mochte diesen Geruch und schloss die Tür auf, um Emma endlich aus dem Bad zu holen. Die Arme. Doch er hatte ihr eine Überraschung mitgebracht und würde ihr ein tolles Leben schenken, da würde sie ihm die paar Stunden eingesperrt sein sicher verzeihen. Er stellte die Einkaufstüten ab und entnahm einer davon einen Blumenstrauß.

Er rannte die Stufen hinauf in den ersten Stock, öffnete die Badtür und sah sie auf dem

Boden sitzen. Er hielt den bunten Strauß vor sein Gesicht und sagte: „Hallo, mein Engel, bereit für unser gemeinsames Leben?" Ihre Reaktion verwirrte ihn. Sie schluchzte. Doch dann erkannte er die Wahrheit.

Er drückte ihr den duftenden Strauß in die Hand und kniete sich zu ihr. Mit ein paar Küssen bedeckte er ihr Gesicht. Süß, wie sie sich freute. Sie war sogar vor Tränen gerührt. Er konnte ihr das aber auch nicht verübeln. Eine sehr nette Geste von ihm. Er würde sich selbst auch heiraten wollen.

„Hast du Lust, dir meinen Einkauf anzuschauen und wegzuräumen? Das ist schließlich dein Gebiet und ich weiß ja, wie sehr du kochen liebst. Vielleicht magst du uns ein spätes Frühstück zaubern?"

Sie nickte ihm zu und er erkannte ihr verhaltenes Lächeln. Wie süß sie doch war. Zu schade, dass er nicht gleich über sie herfallen durfte, doch er musste ihr auch ein wenig Zeit geben. Emma musste erstmal in Ruhe ankommen, ihr Heimweh vergessen und sich wohl fühlen. Er gab ihr die Zeit, die sie brauchte.

Er half ihr auf und sie gingen Hand in Hand die Stufen hinunter in die Küche. Er brachte ihr ein paar Schmerzmittel und legte ihr die Salbe auf den Tisch, damit sie immer Zugriff darauf hatte. Als sie begann, die Taschen auszupacken, konnte er sehen, wie sie auftaute. Es war, als würde er einer anderen Emma zuschauen. Sie begann die Zwiebeln zu schälen und schnitt sie in kleine Würfelchen. Sie griff nach den Tomaten und den Eiern, verrührte alles miteinander, gab einen Schuss Milch hinein. Sie sah so glücklich dabei aus, so wie er vorhin, als er noch im Wagen gesessen hatte. Sie schien all ihre Anspannung und ihre sorgsam erarbeitete Schutzhaltung für einen kleinen Moment verloren zu haben.

Nicht einmal schaute sie zu ihm auf, was ihn ein wenig ärgerte, aber er wollte sie auch nicht stören. Er versuchte, sich auf seine Zeitung zu konzentrieren und sie im Blick zu behalten, doch er konnte, wenn er ehrlich war, seine Augen nicht von ihr lassen. Sie war so wunderschön. Er hoffte von ganzem Herzen, dass sie eines Tages so aussehen würde, wenn sie ihn anschaute. Dann wäre sein Glück perfekt.

Emma

Emma war in ihrem Element. Sie nutzte ihre Chance, zu kochen und alles andere hinter sich zu lassen. Gleichzeitig prüfte sie, welches Messer scharf genug war und merkte sich, wo sich welche potenzielle Waffe befand. Sie sah ihn aus dem Augenwinkel und wusste, dass sie es clever anstellen musste. Sie stellte ihm ein Glas Marmelade vor die Nase und bat ihn, es zu öffnen. In dem Moment, als er danach griff, nahm sie ein großes Messer und deponierte es unauffällig in dem Schrank mit den Töpfen. Sie wusste nicht, ob er die scharfen Gegenstände wegschließen würde, wenn sie fertig war, doch es konnte schließlich nicht schaden, überall ein paar Verstecke zu haben. Sie würde ihn auch nach einem Deospray fragen, das sie ihm notfalls in die Augen sprühen konnte, doch das hatte Zeit. Sie würde ihre Flucht in Ruhe vorbereiten.

Da sie am Herd stand und sich um das Essen kümmerte, hätte sie vielleicht die Möglichkeit, ihn zu vergiften. Doch womit? In dem Thriller, den sie noch vor ein paar Tagen gelesen hatte, stand, dass es eine Pflanze gab, die wie Pastinake aussah, aber tödlich war. Gab es sowas hier im Wald? Aber wenn keine Pastinaken, dann gab es zumindest eine Menge Pilze, die sicher nicht alle leicht zu verdauen waren. Doch wenn sie ehrlich war, würde sie keinen giftigen von einem essbaren Pilz unterscheiden können. Wie also sollte sie das anstellen?

Die Zwiebeln wurden glasig und braun, es roch fantastisch. Dies war ihr *Ich-wurde-entführt-und-darf-Rührei-kochen-Rezept.* Vielleicht durfte sie es wenigstens aufschreiben. Sie könnte ihn nach einem Buch über Heilkräuter fragen. In Gedanken ging sie jede einzelne Möglichkeit durch, um hier irgendwie rauszukommen. Sie könnte es schaffen. Ob Tim sich inzwischen wunderte, warum sie ihn angerufen hatte? Ob Tanja eine Spur hatte? Es machte ihr ein wenig Hoffnung, dass sie bei ihr vor der Tür gestanden hatte. Das war sicher Sabines Verdienst. Und was war mit Nina?

„Es riecht köstlich, mein Engel." Erik stand dicht hinter ihr und umarmte sie von hinten.

Der Geruch von Zigarettenqualm haftete an ihm wie Kaugummi. *Widerlich.* Sie war versucht, ihm die Pfanne auf seine stinkenden Hände zu legen, die ihren Bauch umschlossen, doch das war zu früh. Sie musste vorsichtig sein und alles genau durchdenken. Vielleicht könnte sie mit ihm zusammen *Outlander* sehen. Auch dort gab es eine Folge, bei der es um giftige Pflanzen ging. Sie könnte sie sich genau anschauen und die Namen erfahren. Aber dann wäre er vielleicht gewarnt. Nein, außerdem gab es zu viele Liebesszenen. Er sollte auf keinen Fall animiert werden, noch mehr Intimitäten austauschen zu wollen.

Mein altes Leben scheint so lange her, dachte sie, als seine Hand zu ihren Brüsten wanderte. Noch vor kurzem war sie der Meinung gewesen, dass ihr Chef einer der schlimmsten Männer war, die ihr nach ihrem Klinikaufenthalt passiert waren, doch sie hatte ja keine Ahnung gehabt. Seine Hand knetete ihre Brüste, die schmerzten, so dass sie ein Stöhnen unterdrücken musste. Er küsste ihren Hals, sie hielt die Pfanne fest in der Hand. Sie durfte ihn jetzt noch nicht verletzen. Er musste ihr vertrauen.

Seine zweite Hand wanderte wieder nach unten und suchte den Eingang in ihren Slip, doch da stieß sie ihn weg. Emma konnte seine Enttäuschung sehen, die jeden Moment in Zorn wechseln konnte. „Es tut mir leid, ich habe mich verbrannt", log sie und hielt ihr Handgelenk umschlossen, als wäre dort die Stelle.

„Dann schnell unter kaltes Wasser damit", befahl er.

Sie drehte den Wasserhahn auf und hielt ihre Hand darunter. Die Kälte tat ihr gut und half ihr, den Ekel zu verringern, ihr Herz zu beruhigen und wieder klarer zu denken.

Er nahm die Pfanne vom Herd und kam dann zu ihr. „Zeig mal."

Sie hielt ihm die Hand hin und er küsste das Handgelenk. „Man sieht ja gar nichts. Da haben wir doch schon Schlimmeres erlebt. Wie geht's denn deiner anderen Wunde?"

Ihre verbrannten Wimpern konnte sie sofort wieder riechen. Gerade eben war sie durch das Kochen halbwegs entspannt gewesen und hatte sich sicher und stark gefühlt. Aber mit der Erinnerung kamen auch gleichzeitig Angst und Panik zurück. Überdeutlich wurde sie sich bewusst, wer da mit ihr in der Küche war. Ihr wurde klar, dass er sie durch das Kochen hatte besänftigen und ablenken wollen. Es war alles nur eine Taktik von ihm. Er musste verschwinden. Weg von den spitzen Gegenständen und weg von der heißen Herdplatte. „Mein Schatz, setz dich doch bitte. Heute wirst du verwöhnt. Du hast schließlich eine anstrengende Fahrt hinter dir." Sie nahm all ihre Überwindung zusammen und küsste ihn auf die Wange, was ihn zu beruhigen schien.

Erik setzte sich an den großen Esstisch aus Holz und schnappte sich lächelnd seine Zeitung. Sie bewirtete ihn mit Kaffee, deckte den Tisch, füllte das Rührei in eine große Glasschale und kam zu ihm. Sie hatte keinen Hunger, doch Emma wusste, sie musste sich stärken, also langte sie nach einem Brötchen und belegte es mit Butter und Rührei.

„Es riecht köstlich, mein Engel." Er schnupperte an der Schale. „So kann jetzt jeder Tag starten für den Rest unseres Lebens."

Hoffentlich ist deins nicht mehr ganz so lang, dachte sie und lächelte ihn an.

* * *

Emma hatte den ganzen Tag über geschlafen, während er unterwegs gewesen war, um für ihre künftige Bleibe Sachen zu organisieren. Sie war im Schlafzimmer im oberen Stockwerk eingesperrt und hatte keine Fluchtmöglichkeiten erkennen können, da er wieder eine Videokamera installiert hatte und sie zudem ans Bett gefesselt war. Mittlerweile hatte es angefangen zu regnen, was sie in den Schlaf getrieben hatte. Die Tabletten und die Salbe halfen zum Glück ein wenig, denn ihre Schmerzen waren zwar noch stark, aber nicht mehr so schlimm wie am Tag zuvor. Am späten Nachmittag kam er nach Hause und weckte sie mit einem sanften Kuss. „Aufwachen, mein Engel, dein Mann hat Hunger." Als sie die Augen aufschlug, strahlte ihr sein breites Grinsen entgegen.

Wie gern hätte sie es ihm aus seinem Gesicht geschlagen. So sehr sie es auch anwiderte, für ihn zu kochen, war es schön, nicht mehr gefesselt zu sein, und etwas tun zu können. Sie liebte es, Gemüse zu schnippeln, und so konnte sie wenigstens etwas tun, was ihr ein Gefühl von Normalität gab, das sie dringend brauchte, um durchzuhalten. Ob Tanja schon eine Spur hatte?

In der Küche angekommen legte sie direkt los, war sofort in ihrem Element. „Darf ich das Radio anschalten?", fragte sie ihn und hoffte, vielleicht zu erfahren, dass sie gesucht wurde.

„Nein", kam es entschieden zurück. Erik saß, wie schon am Vormittag, rauchend am Esstisch und blätterte durch Unterlagen.

Wahrscheinlich wollte er lieber nichts davon hören, ob sie gesucht wurde. Doch irgendwann würde sie sein Vertrauen so erarbeitet haben, dass er sie alleine ohne Fesseln im Haus lassen würde. Davon war sie überzeugt. Es lief gut, solange sie nicht mit ihm schlafen musste oder er sie verletzte.

„Was zauberst du uns eigentlich?"

„Ich mache uns einen Auflauf."

Er nickte. „Schau mal, was sagst du hierzu?"

Emma wusch sich die Hände, setzte ein Lächeln auf und eilte zu ihm.

„Hier." Er zeigte auf eine Küche. „Dieses Haus sieht wundervoll aus und das wäre doch sicher eine Küche nach deinem Geschmack, oder?"

„Oh, wow. Das wäre fantastisch." Wie wollte er das überhaupt bezahlen? War er reich? Ihr wurde bewusst, dass sie eigentlich keine Ahnung von ihm hatte. Sie wusste nicht, was er so trieb, was er von Beruf war. Wie konnte er es sich erlauben, einfach fortzugehen und die Stadt für immer zu verlassen? Sie setzte sich auf den Stuhl neben ihm, legte ihre Hand auf seinen Arm. *Bitte nicht kotzen*, befahl sie sich. *Du musst das jetzt durchziehen.* „Sag mal, magst du mir ein bisschen von dir erzählen? Ich habe mich all die Jahre gefragt, was du wohl machst. Hast du deinen Segelschein gemacht, so wie du es dir früher immer gewünscht hast?"

Er schaute auf. Seine Stirn war übersät mit Grübelfalten. Doch nach einem kurzen Moment und einem warmen Lächeln von Emma glätteten sie sich und ein Funkeln legte sich in seine Augen. „Ich habe ihn gemacht. Vor ein paar Jahren schon. Doch um ehrlich zu sein, war ich lange Zeit nicht mehr draußen."

Emma wagte nicht, nach dem Grund zu fragen. Sie wollte ihn positiv stimmen, mehr über ihn erfahren und ihn nicht in negative Emotionen stürzen. „Das ist toll. Nicht viele schaffen es, ihre Träume zu erfüllen."

„Das stimmt wohl."

„Und was ist dann aus dir geworden? Wir konnten uns damals keinen Job mit Arbeitskollegen vorstellen und dennoch bin ich in genau so einem gelandet. Bis ich mit meinem Blog angefangen habe, hätte ich mir nie vorstellen können, dass es Berufe gibt, die zu mir und meiner ... na ja ... Störung passen."

„Dein Blog war wirklich eine coole Idee."

„Ja, und es lief auch echt gut. Meinst du ... Ach, schon gut."

„Was?"

„Ach, das war dumm. Ist nicht so wichtig."

„Engelchen, jetzt sag schon. Du weißt, mit mir kannst du über alles reden."

Sie atmete tief ein. „Okay." Emma nahm ihre Hand von seinem Arm, faltete ihre Hände zusammen, legte sie auf den Tisch vor sich und starrte darauf. „Also ... es ist so ... Ich frage mich, ob ich nicht weiterhin Rezepte posten könnte. Natürlich ohne zu erwähnen, wo ich bin."

Erik stand auf.

„Ich sag ja, das war eine dumme Idee."

„Nein, mein Engel. Ich muss nur ... Ich muss nur drüber nachdenken. Wir wollen schließlich nicht auffliegen, aber es wäre schon toll, wenn du deine Leidenschaft weiter verfolgen könntest. Vielleicht finden wir einen Weg, wie wir sogar Geld damit verdienen. So ein Haus ist schließlich ganz schön teuer."

„Wir können doch auch in eine Wohnung ziehen, oder?"

„Zu viele Nachbarn, zu viele Fragen. Du willst doch auch mal rausgehen und auf deinem Grundstück sitzen und lesen und dich nicht nur in der Wohnung verstecken, oder? Ich will mit dir zusammen auf der Veranda sitzen und dich auch mal auf dem Rasen lieben."

Emma zuckte zusammen. Der Gedanke daran, mit ihm intim zu werden, holte sofort all ihre Erinnerungen an die schmerzhafte Nacht zurück. Da er vor ihr auf und ab lief, hatte er es zum Glück nicht bemerkt.

„Und wie verdienst du dein Geld, Schatz?", fragte sie ihn mit Engelszunge. Draußen prasste der Regen warnend ans Fenster.

„Ich verkaufe dies und das. Nicht der Rede wert. Nichts, worauf du groß stolz sein könntest. Aber mach dir keine Sorgen darum. Ich bekomm das hin und erfülle uns unseren Lebenstraum. Ich kümmer mich um dich."

Sie stand auf und ging zurück zum Herd. Das Essen im Ofen brauchte noch eine Weile und so begann sie schon einmal mit dem Abwasch. Anscheinend hatte er keinen richtigen Job, sondern nur irgendwelche dubiosen Geschäfte. Vielleicht würde er auffliegen, wenn er bei einem krummen Geschäft Fehler machte.

Erik kam zu ihr und hielt ihr eine Flasche Rotwein hin. „Ich habe übrigens nur das Beste für dich besorgt. Heute ist eine besondere Nacht und die möchte ich gern mit dir feiern. Wir können es uns auf der Couch gemütlich machen. Vielleicht machst du dich etwas hübsch und ich schmeiße den Kamin für uns an. Jetzt, wo es den ganzen Tag schon regnet und so abkühlt, wäre das sicher romantisch und wir könnten uns etwas näher kennenlernen." Er küsste ihren Hals, während sie das Messer, das sie abwusch, immer fester mit dem Lappen malträtierte. Es war scharf. Ob sie in der Lage war, einen Menschen zu töten? Ob sie sich je trauen würde, ihm wehzutun? Doch dann schossen Erinnerungsfetzen der Nacht vor ihre Augen, sie spürte die ganze Panik und den Schmerz in ihrem Körper. Ihre Wunden begannen heftig zu pochen. Die Angst kam zurück, so dass sie sofort anfing zu zittern. War das nur der Anfang gewesen? Würde es noch schlimmer werden? Er hatte noch so viel Werkzeug in seiner Tasche gehabt. Was hatte er noch mit ihr vor?

„Zitterst du als Bestätigung, weil du das Feuer willst, oder ist das Erregung?" Er drehte sie zu sich. Sie hielt das Messer immer noch in der

Hand. Fest umkrallt. Das Abwaschwasser tropfte auf den Boden hinter seinem Rücken. Von ihrer Lieblingsserie hatte sie gelernt, dass sie von hinten jemanden tödlich verletzen konnte. Seine Zunge wanderte in ihren Mund. Sie machte irgendwie mit. Konzentrierte sich mit all ihrer Energie auf ihr Messer, versuchte, sich zu erinnern, wie die Hauptdarstellerin das angestellt hatte.

Emma wurde klar, sie hatte keine Zeit mehr. Sie konnte nicht mehr abwarten, bis irgendetwas passierte, das sie rettete. Bis sie genügend Vertrauen von ihm bekommen hatte, um zu fliehen. Jede Sekunde hier konnte eine neue Vergewaltigung bedeuten, konnte von einer auf die andere Sekunde einen neuen Wutausbruch heraufbeschwören. Sie musste etwas tun. *Los, trau dich,* schrie die neue Emma ihr verzweifelt zu. Die, die schon einmal gegen ihre Dämonen gekämpft und sie besiegt hatte.

Das Messer rutschte ihr aus der Hand und fiel klirrend auf den Boden. Sie konnte es einfach nicht.

Erschrocken sprang er zur Seite, hob es auf und grinste sie an. „Na, Madame, wollen wir damit gleich nachher weitermachen?"

Emma rang um Fassung. „Erstmal wird gegessen", sagte sie bestimmt und entwand sich ihm. „Ich mache jetzt einen Nachtisch. Es ist schließlich ein besonderer Tag. Ich wäre dir sehr verbunden, wenn du nicht lunzt, was ich hier aus deinen Lebensmitteln zusammenzaubere, damit es eine Überraschung wird."

Erik gab sich damit zufrieden und setzte sich so an den Tisch, dass er nicht zur Küchenzeile schauen konnte. So konnte er nicht sehen, dass Emma noch immer zitterte, als wären es minus zwanzig Grad.

Er

Glücklicher hätte er sich sein Leben nicht vorstellen können. Er saß mit seiner Traumfrau in einem Traumhaus. Sie bekochte ihn. Emma war so wunderwunderschön. Und sie liebte ihn. Er hatte gehofft, dass sie ihm schnell vertrauen würde, denn mit den anderen Frauen war es nie so gut gelaufen. Aber die waren eben auch nicht seine Emma. Sie erregte ihn so mit ihrer weichen Haut und ihrer schüchternen Art. Heute hatte sie ihn sogar näher kennenlernen wollen und vertrauen konnte er ihr auch schon. Das war das Beste, das er sich vorstellen konnte. Besser als in jedem Traum.

Er durchforstete das Internet nach Häusern und träumte von ihrem gemeinsamen Leben. Erik hatte keine Ahnung, wie er ihnen eine Bleibe besorgen konnte, doch er würde es schaffen, so wie er es immer tat. Für dieses kleine Schätzchen, in dem sie das Wochenende verbrachten, konnte er jederzeit die Mietdauer verlängern, hatte die Vermieterin ihm am Telefon versichert. Er müsste ihr nur morgen Bescheid geben und vermutlich würde er das tun. Am liebsten würde er hierbleiben. Das Haus war doch schon perfekt. Das Einzige, was zu ihrem Glück fehlte, war, dass sie sich auch körperlich noch näherkamen. Er wollte, dass sie ihn freiwillig berührte, er wollte, dass sie sich nach ihm verzehrte. Er wollte, dass sie unter ihm explodierte, dass sie, wie damals, gemeinsame Erfahrungen machten. Dass sie viele erste Male erlebten.

Seine Gedanken wurden von der Klingel gestört. Wie ein aufgeschrecktes Reh nach einem Schuss im Wald blickte er zur Tür. „Wer ist das?", flüsterte er und schaute sie fragend an, als müsste sie die Antwort kennen, doch sie nickte nur verwirrt, rührte sich keinen Millimeter.

„Wenn du auch nur einen Mucks machst, bringe ich dich um." Er wollte ihr nicht drohen, aber er musste deutlich machen, dass er es ernst meinte. So groß war sein Vertrauen dann doch noch nicht.

„Hallo", rief eine ältere Frauenstimme. „Herr Schmidt!"

Fuck. Das war die Vermieterin. Niemand anderes kannte ihn unter dem Namen. „Einen Moment." *Was wollte sie hier? Sie hatten abgemacht, dass sie hier ungestört waren. Konnte man sich denn auf niemanden mehr verlassen? Diese dämliche Hure. Sie hätte uns bei sonst was stören können.* Er spürte eine Hitze in sich aufsteigen, wie er sie von seinen Wutausbrüchen kannte. Doch er wusste, er musste sich kontrollieren. Er musste seine Taktiken anwenden und runterkühlen. „Bin gleich bei Ihnen", rief er und rannte zum Wasserhahn, um seine Handgelenke unter eiskaltes Wasser zu halten. „Du gehst nach oben. Sofort."

Emma nickte und schleppte sich die Treppen hoch.

Dann erst lief Erik zur Tür, um einer strahlenden Frau um die sechzig zu öffnen. Sie hielt einen Korb in der Hand und drückte ihn Erik entgegen. „Entschuldigen Sie bitte. Normalerweise steht das schon bei der Ankunft für meine Gäste als Dankeschön in der Küche, aber ich habe es diesmal nicht geschafft, beziehungsweise vergessen, weil alles so schnell ging."

Erik lächelte und quälte sich ein „Vielen Dank" aus den Rippen.

„Ich will auch gar nicht stören, aber ... also, ich konnte Sie leider nicht am Telefon erreichen, doch ich muss dringend etwas mit Ihnen klären. Darf ich kurz reinkommen?"

Unsicher, ob er das tun konnte, nickte er letztendlich doch zur Bestätigung. Er konnte die Frau schließlich schlecht vor der Tür stehen lassen. Hoffentlich war Emma clever genug, dass sie wusste, dass er beide kalt machen würde, wenn sie Scheiße baute.

„Setzen Sie sich doch."

„Ach, danke. Ich wollte nur eine Sache mit Ihnen klären. Es ist mir etwas unangenehm." Sie beäugte die Küche. „Ach, Sie kochen, ja? Was gibt es denn heute?", fragte sie, als wäre es das Normalste auf der Welt.

In Berlin wäre ihm das sicher nie mit einem Vermieter passiert. Er ging zum Wasserhahn und füllte ein Glas auf, das er ihr hinstellte. Dabei nutzte er die Chance, seine Handgelenke erneut einen Moment abzukühlen.

„Was kann ich denn für Sie tun?", fragte er, als er sich zu ihr an den Esstisch setzte.

„Ach, also. Ich sagte Ihnen ja, dass es ausreicht, wenn Sie mir morgen Bescheid geben, falls Sie Ihren Aufenthalt verlängern wollen, und was soll ich sagen, ehm. Es hat sich jemand gemeldet, der zwei Wochen hier einziehen mag. Ab Sonntagnachmittag."

Erik begriff, was sie ihm sagen wollte, doch er war sich nicht sicher, was sie von ihm hören wollte. Sein Schweigen verstand sie als Aufforderung, weiterzureden.

„Also, jedenfalls ist das eine große Sache. Hier kommt kaum noch jemand vorbei und zwei Wochen war ich schon lange nicht mehr ausgebucht. Ich wollte Sie also fragen, ob Sie schon wissen, ob und bis wann Sie verlängern, damit ich den Herrschaften Bescheid sagen kann."

Er schaute auf die Kataloge mit Häusern und dachte, dass er die Chance ebenso gut nutzen könnte. Man sollte schließlich das Beste aus den Dingen machen. „Wissen Sie, ich habe mich gefragt, ob Sie das Haus auch verkaufen würden?"

Sie riss die Augen weit auf, hatte wohl nicht mit dieser Frage gerechnet. „Also, ehm … Ich weiß nicht. Ich … ich denke eigentlich nicht."

„Aber wenn Sie sagen, dass es so schlecht läuft, haben Sie doch sicher eine Menge Ärger und Kosten. Ich kann mir vorstellen, dass Sie das sehr belasten muss. Vielleicht wären diese

Sorgen damit vorbei?" Warmherzig lächelte er sie an und trank einen Schluck von seinem Wasser. „Sie können ja mal drüber nachdenken. Wir möchten unseren Aufenthalt auf jeden Fall verlängern. Das ist das schönste Haus, das wir je gesehen haben. Die Fugen. Die Feinheiten, die Details ..."

Sichtlich überrascht suchte die Dame nach Worten. „Nun ja, also ... Ich kann ja mal drüber nachdenken."

„Wir würden jedenfalls gern noch ein paar Tage bleiben, wenn es Ihnen recht ist. Wir verlängern auch auf zwei Wochen, wenn Ihnen das hilft."

Sie nickte. „Wo ist denn Ihre Frau?"

„Sie ruht sich gerade ein wenig aus, bevor es Essen gibt."

Mit zittrigen Händen nahm die Dame einen Schluck aus ihrem Glas und stand auf. „Ich muss dann jetzt wieder. Ich werde den Herrschaften sofort Bescheid geben, dass das Haus für die nächsten zwei Wochen vermietet ist."

„Ich danke Ihnen." *Und kommen Sie gefälligst nie wieder unaufgefordert hier vorbei,* dachte er, doch er verklemmte sich den Spruch. Er durfte es sich jetzt nicht mit ihr versauen. Er begleitete sie zur Tür und verabschiedete sie.

„Richten Sie Ihrer Frau schöne Grüße aus."

„Das mach ich. Haben Sie einen schönen Abend und vielen Dank, dass wir hier verweilen dürfen." Er schloss die Tür hinter ihr und beobachtete hinter der Gardine, wie sie in ihr Auto stieg und wegfuhr. Als sie das Grundstück verlassen hatte, begann er zu schreien. „Diese dämliche Alte!" Sie hätte fast alles kaputt gemacht. Was, wenn sie uns durchs Fenster gesehen und Emma erkannt hätte? Er rannte auf und ab, fegte die Deko von der Flurkommode , die auf dem Boden in tausend Stücke zersprang. Er konnte nicht immer all seine Wut mit kaltem Wasser loswerden. Er musste sie auch mal rauslassen. Wenn sie Emma erkannt hätte, hätte er sie umbringen und fliehen müssen. Schon wieder. Das war doch kein Leben. Er wollte mit Emma ausgehen, Hand in Hand stolz seine wunderschöne Frau präsentieren, als verliebtes Ehepaar bekannt werden, doch wie sollte das gehen, wenn er ständig Angst haben musste, dass sie jemand erkannte? Er musste ihr dringend die Haare färben und kürzen. Er marschierte in die Küche und griff nach einer Schere. Er musste etwas tun. Jetzt. „Emma", schrie er. „Wo bist du?"

Emma

Emma konnte ihr Glück nicht fassen. Da war eine Frau im Haus und sie konnte, ohne gefesselt zu sein, in der oberen Etage warten. Sie überlegte, wie sie um Hilfe bitten konnte, doch ihr wurde recht schnell klar, dass Erik das nur wütend machen würde und die alte Dame ihr vermutlich gar nicht helfen konnte. Vielleicht würde Erik sie kalt machen und danach Emma gleich mit. Doch sie konnte die Chance nutzen, um das Haus besser kennenzulernen. Wo konnte sie sich verstecken, wo lagen Gegenstände zur Verteidigung, und wo verdammt nochmal war ihr Handy?

Sie riss die Schranktür auf und fand seine Tasche. Die Tasche, die er in der schrecklichen Nacht bei sich gehabt hatte. Angestrengt lauschte sie und hörte, dass die beiden immer noch unten redeten. Sie öffnete die Tasche und zitterte am ganzen Körper, als sie die Gegenstände entdeckte. Sie sah eine Zange, verschiedene Messer und da reichte es ihr schon. Länger konnte sie den Anblick nicht ertragen. Sie nahm sich eines der Messer und räumte die Tasche wieder weg. Das Messer versteckte sie unter dem kleinen Läufer, der vor ihrem Bett lag. Hoffentlich würde er das nicht bemerken. Sie legte es an die Stelle, die unterm Bett war und so konnte sie hoffen, dass er nicht versehentlich darauf treten würde.

Ihr Herz raste vor Angst, doch sie musste noch mehr finden. Sie musste ihr oder sein Handy finden. Auch wenn sie nicht noch mal reinschauen wollte, sie musste erneut an die Tasche. Ihr war so, als hätte er es da reingepackt und sie konnte sich ihre Chance nicht entgehen lassen. Also öffnete sie sie ein zweites Mal, was ihr noch schwerer fiel als zuvor. Leider hörte sie, dass sich die Dame verabschiedete. Ein Windzug im Haus verriet Emma, dass die Haustür geöffnet wurde. *Verdammt, ich muss mich beeilen und diese verschissene Tasche durchwühlen.* Umso mehr furchtbare Waffen sie in der Hand hielt, desto größer wurde ihre Angst und umso kleiner ihre Hoffnung, diese Nacht zu überstehen. Was hatte er vor mit all dem Zeug?

Sie hörte es krachen, als hätte er etwas hinuntergeworfen. Er schrie. Ihr wurde übel, doch sie suchte weiter. Solang er nicht auf der Treppe war, hatte sie ein paar Sekunden Zeit und die musste sie nutzen und da war es plötzlich. Sie hatte ihr Handy in der Hand. Es war ausgeschaltet, vermutlich, damit man ihr GPS nicht verfolgen konnte. Emma schaltete es an, doch sie hatte ihre PIN nicht mehr im Kopf. Unzählige Zahlenkombinationen fielen ihr ein, doch die richtige wollte sich einfach nicht zeigen. Sie gab eine Kombination ein, doch ihr Handy verriet ihr, dass sie falschlag. Vermutlich hatte sie ihre Sparkassen PIN gewählt. Dann versuchte sie eine zweite Variante, doch auch mit der lag sie daneben. *Verdammt.*

„Emma. Wo bist du?", hörte sie einen sehr wütenden Erik. Sie versuchte es ein letztes Mal und ihr Handy ging tatsächlich an. Tränen liefen ihr übers Gesicht. Sie war so dankbar, doch dann hörte sie die knarrende Treppe und ihr blieb nichts anderes übrig, als Handy und Tasche wieder in den Schrank zu räumen. Sie konnte nicht einmal ihren Ton ausschalten. Hastig eilte sie ihm entgegen. Auch wenn sie ihn in seiner anscheinend wütenden Verfassung nicht sehen wollte, noch schlimmer wäre es, wenn ihr Handy gleich laute Geräusche machte. Also begann sie, auf der Treppe zu singen. „Weil du die Liebe meines Lebens bist", sang sie von Philip Poisel und hoffte, ihn damit zu besänftigen. So schwer es ihr auch fiel, sie ging mit offenen Armen auf ihn zu und sang ihm das Lied ins Ohr. Die Schere in seiner Hand beachtete sie nicht. Gleichzeitig konnte sie spüren, wie seine Wut verflog, wie seine Anspannung wich und er lockerer wurde. Seine Falten glätteten sich und sie konnte aufatmen. „Schatz, wenn wir das Essen nicht gleich aus dem Ofen holen, ist es nachher versaut. Magst du mir dabei helfen?" Sie gab ihm einen Kuss auf die Wange und sah die Scherben auf dem Boden.

„Aber natürlich."

Emma nahm ihn bei der Hand und lief mit ihm die Treppe hinab zur Küche, wo er das Essen aus dem Ofen und sie den Nachtisch, einen Obstsalat mit Schokocreme, aus dem Kühlschrank holte. Emma deckte den Tisch und sang dabei unentwegt weiter, was ihn zu beruhigen schien.

„Ich mag deine Stimme", raunte er.

„Ich mag Musik. Meinst du nicht, wir könnten die Anlage zum Essen anschalten? Dort sind doch sicher CDs."

„Du hast recht. Ein bisschen Stimmung kann ja nicht schaden. Aber sing solang weiter."

Sie hatte noch nie vor anderen Menschen gesungen, sogar in der Musiktherapie und in der Schule hatte sich Emma ein Leben lang davor gedrückt und nun half ihr wieder ein Verrückter dabei, über ihren Schatten zu springen. Sie hatte auch noch nie einen Menschen getötet, sprang ihr ein Gedanke entgegen, der ihr Angst machte. Könnte sie, wenn sie musste, jemanden umbringen? Nicht irgendjemanden. Erik, der Typ, der ihr alle erdenklichen Schmerzen zugefügt hatte. Emma wusste es nicht, doch sie wusste, sie würde es bald herausfinden. Hoffentlich, bevor er entdeckte, dass ihr Handy angeschaltet war.

„Schatz, darf ich mir noch schnell etwas anderes anziehen? Das Essen muss eh noch abkühlen."

„Warte, ich mach nur noch schnell die Musik an."

„Ach, Schatz, ich würde dich gern überraschen und kurz allein hoch. Du hattest schon genug Stress heute." Sie umarmte ihn und säuselte ihm ins Ohr. „Lass mich auch mal etwas für dich tun. Ich würde mich gern ganz kurz hübsch machen für dich."

„Und warum ist dir das nicht früher eingefallen?"

Seine Stimme ließ sie sofort wieder zittern. Sie musste aufpassen, denn seine Stimmung konnte sehr schnell schwanken. „Tut mir leid. Das hätte mir natürlich früher einfallen können, doch ich wollte keine Geräusche machen, wenn die Frau da ist, damit sie mich nicht entdeckt."

Damit schien sie ihn zu besänftigen. Die Musik erklang und er nickte ihr zu. „Sie hat uns übrigens diesen Korb geschenkt. Da ist Obst drin."

Emma begutachtete ihn.

„Geh ruhig. Aber beeil dich. Ich möchte ungern kalt essen." Er bückte sich nach den Scherben.

„Danke", flüsterte sie kaum hörbar und eilte die Treppen hoch. Sie achtete darauf, dass er ihr nicht folgte, und rief ihm von oben noch zu, ob er ihnen nicht die Flasche Wein öffnen konnte. Sie brauchte Mut und er musste sich beschäftigen. Er bejahte und sie riss die Schranktür erneut auf, nahm ihr Handy und schaltete es auf stumm. Sie sah, dass sie unzählige Nachrichten und Anrufe erhalten hatte, doch das musste sie ignorieren. Sie wusste nicht, wie viel Zeit ihr blieb und hoffte inständig, dass Tanja sehen würde, dass ihr Handy wieder an war und dass man ihren Standort verfolgen konnte. Tanja war schließlich Polizistin. Schnell griff sie nach der Bluse, die er für sie eingepackt hatte und zog sie sich über. *Wenn er wüsste, dass ich sie bei meinem ersten Date getragen habe. Ein Date, bei dem ich mich freiwillig aufgehübscht und Wein getrunken habe.* Sie hatte die Bluse noch nicht mal gewaschen. Es war fast, als könnte sie Tim daran riechen, was natürlich pure Einbildung war. *Ob Tim mich auch sucht?*

Sie schaute in den Spiegel und öffnete ihr Haar. Es war so dumm gewesen, sich ihre Strähnen abzuschneiden. Hoffentlich würde er das nicht bemerken. So hatte ihre Mutter sich sicher nie die Haare geschnitten. Mit den Fingern kämmte sie ihr Haar. Das musste reichen. Aber würde ein angeschaltetes Handy genug sein? Sie konnte doch mit WhatsApp sogar Standorte verschicken, fiel ihr die erlösende Idee ein. Dann musste sie nicht warten, bis Tanja ihr GPS geortet hatte. Verdammt, warum war ihr das nicht gleich eingefallen? Sie musste sofort zurück zu ihrem Handy.

„Emma?"

Sie zuckte zusammen. Er stand in der Tür und sie hatte ihn nicht mal kommen gehört. Die Musik war anscheinend zu laut. „Ich wollte nur sehen, was so lange dauert."

„Tut mir leid, ich hab keine Bürste und wollte meine Haare etwas schöner machen."

„Deine Haare, ja. Darüber müssen wir nachher noch sprechen."

„Was ist mit meinen Haaren? Gefallen sie dir nicht?"

„Doch, doch, mein Engel, das ist es nicht. Aber lass uns jetzt erstmal essen. Ich hab wirklich keine Lust auf einen kalten Auflauf. Der Abend soll doch etwas Besonderes werden."

Sie nickte.

„Emma?" Er stand immer noch im Türrahmen und seine Stimme klang bedrohlich.

„Ja?" Sie versuchte, sich nichts von ihrer Angst anmerken zu lassen.

„Du bist wunderschön."

„Danke." Sie lächelte verlegen. „Das hat mir noch nie jemand gesagt."

„Es hat dich auch noch nie jemand so geliebt wie ich."

Das stimmt wohl, dachte sie verängstigt und nahm erneut seine Hand, um mit ihm in die Küche zu gehen. *Bitte Tanja, komm so schnell du kannst. Sonst wird mir diese Nacht sehr wehgetan oder noch schlimmer – vielleicht werde ich jemanden sehr verletzen müssen, um mich zu retten.*

Er

*W*ie *wunderhübsch sie ist*, dachte er, als er sie beim Essen beobachtete. Er wollte gar nicht, dass sie sich äußerlich veränderte, er mochte sie auch am liebsten im Kapuzenpullover, doch heute, wo sie mit dieser Bluse mit ihm am Tisch saß und an ihrem Weinglas nippte, konnte er noch weniger die Augen von ihr lassen als sonst. Zum Glück hatte er ihr diese Bluse eingepackt. Er wusste, dass sie sich nur für ihn so herausgeputzt hatte und dass sie das sonst für niemanden tun würde, daher erfreute ihn das umso mehr. Es waren die kleinen Gesten in Beziehungen, die sein Leben glücklicher machten. Und sie war einfach die perfekte Hausfrau. Er hatte noch nie so gut gegessen wie bei ihr.

„Wie heißt dein Gericht?"

Emma schien einen Moment zu zögern. *„Auf-lauf-für-einen-besonderen-Abend."*

„Das ist ein schöner Name. Es hat wirklich hervorragend geschmeckt." Er schob den Teller beiseite und wartete, bis Emma ebenfalls so weit war, um dann gemeinsam mit ihr den Nachtisch zu essen. Sie redeten nicht viel. Es war schon laut genug in seinem Kopf. Ständig musste er daran denken, dass die Vermieterin vorbeigekommen war, dass er noch keine Ahnung hatte, wie er ein Haus bezahlen sollte, aber auch, dass er Emma endlich bei sich hatte und sie ihn ebenfalls liebte. Seine Gedanken waren ein Wirrwarr von Angst und Glück. Manchmal fiel ihm dieser Tim wieder ein, doch er spürte sofort so eine heftige Wut in sich, dass er damit alles kaputt machen würde und das durfte er nicht. Nein, er wollte ihr nie wieder Angst machen. Am Anfang hatte er ein Zeichen setzen müssen, doch nun konnte er sie einfach so lieben. Sie würden sich gemeinsam wehtun, so wie in alten Zeiten, aber es würde beiden Spaß machen.

Emma würde sich nicht wehren und so tun, als wollte sie nicht. Sie durfte ja bei ihm auch ran. Der Gedanke daran ließ seinen Schwanz hart werden, doch noch war es zu früh. Emma sollte ein ordentliches Vorspiel bekommen, und er wollte auch eins.

Emma

Sie war vertieft in ihre Gedanken, bis er die Stille durchbrach und sie damit in die Realität zurückholte.

„Bedrückt dich etwas?"

„Nein, mein Schatz."

„Aber woran denkst du gerade?"

Sie antwortete langsam und bedacht: „Daran, dass ich dich gern noch viel mehr kennenlernen würde, aber ich weiß nicht, welche Fragen ich stellen kann, ohne dass du vielleicht böse wirst."

„Wieso sollte ich denn böse werden?" Er hielt einen Moment inne, bevor er sich den nächsten Löffel in den Mund schob.

„Ich möchte nicht zu neugierig sein."

„Engelchen. Wir teilen unser Leben. Ich will doch auch alles von dir erfahren."

Ja, das hast du deutlich gemacht, indem du mich gestalkt hast. Sie schluckte ihren Sarkasmus mit dem Wein hinunter und suchte nach den richtigen Worten. „Also ..." Sie hatte entschieden, nicht direkt nach seiner Vergangenheit zu fragen, sondern seine Gedanken in die Zukunft zu lenken, damit er positiv blieb. Ein falsches Wort könnte einen Ausbruch verursachen. „Ich wollte gern wissen, ob du Haustiere magst."

„Haustiere machen Dreck. Sie haaren, sind laut und nervig. Auf keinen Fall. Damit brauchst du mir nicht anzukommen. Dieser dumme Hund von deiner Storchentussi war schon nervig genug."

Benny. Der Gedanke an ihn versetzte ihr einen tiefen Stich. Und auch Wut ballte sich in ihr, die sie sich nicht anmerken lassen durfte. Hoffentlich ging es ihm gut.

„Emma, du willst doch nicht etwa wieder einen Hund, oder?"

Damit du den auch fast umbringst? Bestimmt nicht. „Nein, es war nur schön, nicht mehr allein zu sein, aber das bin ich dank dir ja nicht mehr."

„Mochtest du ihn?"

Ihre Blicke trafen sich. „Ich wollte das nicht. Aber ... er hat sich in wenigen Tagen in mein Herz geschlichen. Und ... also ... er hat mir einfach gutgetan. Weißt du, einfach mal rauszugehen, an der frischen Luft zu sein, war schön. Ich hab mich ein bisschen normaler gefühlt als sonst. Verstehst du, was ich meine?"

„Ich denke schon. Ich habe mich früher immer nur normal gefühlt, wenn du bei mir warst. Und das ist jetzt auch wieder so. Ich weiß, dass wir uns guttun. Viel mehr als das ein dämlicher Hund tun kann."

Sie zuckte zusammen.

„Tut mir leid. Ich bin vielleicht ein bisschen eifersüchtig."

Emma nickte.

„Wollen wir ein wenig im Wald spazieren gehen? Es wird langsam dunkel und dort werden wir wohl niemanden treffen, der uns erkennen kann. Ich denke, wir könnten das machen."

Sie dachte nach. Mit ihm allein im Wald. Könnte sie fortlaufen? Sicher nicht. Aber vielleicht könnte sie versuchen, sich den Weg zu merken. Vielleicht trafen sie doch jemanden. Aber die Vorstellung, allein da draußen im Dunkeln mit einem Monster zu sein, brachte ihren Angstschweiß zurück. Jedoch konnte es nicht schlimmer werden, als allein mit ihm in diesem Haus eingesperrt zu sein.

„Keine gute Idee?"

„Doch, doch ... Du weißt, ich muss immer erst ein wenig über meinen Schatten springen für so was, aber genau das ist es, was ich will, und wenn du bei mir bist und mir dabei hilfst, dann wäre das großartig." *Außerdem bleibt dir dann viel weniger Zeit, dich an mir auszulassen und vielleicht ist Tanja dann schon auf dem Weg zu mir.* Das war der beste Vorschlag, den er machen konnte, auch wenn er ihr Panik bereitete.

„Gut, dann machen wir das. Trink doch noch einen Schluck, dann fällt es dir vielleicht leichter. Zum Glück hat es aufgehört zu regnen. Dann riecht die Luft sicher noch frischer."

Emma nahm einen großen Schluck vom Wein und merkte, dass es genug war. Bisher hatte er ihr Mut verliehen, doch ihre Beine wurden schon ein wenig weich. Sie brauchte Mut, aber sie musste bei klarem Verstand bleiben.

„Ich räume den Tisch ab und dann zieh ich mir noch etwas Wärmeres an." Erst jetzt fiel ihr auf, dass sie ihren Pullover mit der Schere nicht mehr bei sich hatte. Emma hatte nur noch an das Handy gedacht und vergessen, dass sie nichts mehr zur Verteidigung bei sich trug.

„Engelchen, ich hol dir deine Sachen. Kein Problem. Soll ich dir deinen Pullover bringen?"

„Nein!", schrie sie lauter als geplant.

Verwundert schaute er sie an.

„Entschuldige, aber ich wollte mich doch nochmal frisch machen und gucken, ob ich noch etwas Besseres zum Anziehen finde. Außerdem habe ich Blutflecken von meinen Fingern auf dem Pullover, die möchte ich erst entfernen, bevor du ..."

„Ich glaube, ich habe dir nichts weiter Schickes eingepackt an warmen Sachen. Es tut mir leid. Ich hab einfach nur irgendetwas gegriffen, weil es schnell gehen musste."

„Das ist okay. Dann wasch ich das kurz aus. Kannst du uns eine Taschenlampe besorgen?"

„Stimmt, die auf meinem Handy wird uns nicht so viel bringen. Ich schau mal, ob ich hier irgendwo etwas Nützliches finde." Er gab ihr einen festen Kuss auf den Mund. „Bis gleich mein Engel, beeil dich."

So schnell sie konnte wusch sie die Teller ab und räumte die Reste in den Kühlschrank, während er in Schubladen wühlte. Sie musste schneller oben ankommen als er. Sonst würde er den Pullover vielleicht doch noch skeptisch beäugen.

Als er gerade zur Treppe ging, rief sie ihn: „Schatz, kannst du mir kurz helfen?" Ihr musste schnell etwas einfallen, bei dem sie seine Hilfe brauchte.

Lächelnd kam er zu ihr.

„Nichts gefunden?"

„Noch nicht, ich schau oben mal nach. Ansonsten nehmen wir doch die vom Handy. Was kann ich denn tun?"

„Ich ... also ich weiß nicht genau, ob man Wein in den Kühlschrank stellt und wie ich ihn verschließe. Ich kann den Korken da ja schlecht wieder reindrücken, oder?"

Er lachte. „Gott, bist du süß. So unschuldig." Er umarmte sie und gab ihr einen dicken Kuss auf den Mund. „Lass mich das machen und zieh dich um. Ich komm gleich nach."

Sie spürte, wie sie rot angelaufen war, denn die Hitze vom Alkohol glühte auf ihren Wangen. Doch sie ließ sich das nicht zweimal sagen, bedankte sich und eilte, soweit es die Schmerzen zuließen, die Treppen nach oben. Ihr Pullover hing über der Stuhllehne und die Schere war zum Glück noch in der Taschentücherpackung. Kurz überlegte sie, nach ihrem Handy zu schauen, doch das traute sie sich nicht. Sie musste einfach darauf vertrauen, dass Tanja sie finden würde, auch ohne eine Nachricht von ihr. Oder sie fand einen besseren Zeitpunkt als jetzt. Sie zog sich den Pullover über und ging wieder nach unten.

„Wolltest du den nicht sauber machen?"

„Ach Mist, das hatte ich total vergessen." Ihr Herz schlug vor Aufregung, denn seine Stimme klang skeptisch. „Ich geh schnell."

„Warte!"

Ihre Hände begannen zu zittern. „Wo sind die Flecken?"

Atmen. Ruhe bewahren. „Die waren irgendwo am Ärmel." Sie hatte die Blutflecken doch sofort entfernt, als er sie im Bad eingeschlossen hatte. Emma suchte ihre Ärmel ab, doch fand nichts. „Ach, bin ich doof, ich hatte den doch schon gereinigt." Sie schlug sich mit der Hand auf die Stirn.

„Ist alles gut?", fragte er immer noch skeptisch klingend.

„Ja, klar, wollen wir los?" Sie hakte sich bei ihm ein.

„Leider müssen wir eine Sache noch erledigen, bevor wir das Haus verlassen."

„Was denn?" Sie schaute ihn mit großen Augen an und dann starrte sie auf die Schere, die er in den Händen hielt.

„Du vertraust mir doch, oder?"

„Was hast du vor?"

„Beruhig dich mein Engel, wir müssen dir einen neuen Haarschnitt verpassen. Damit du nicht so schnell erkannt wirst."

„Meine Haare?"

Mitleidig sah er sie an. „Ich bin untröstlich, aber leider müssen wir das machen."

„Aber ... aber ... Können wir das nicht einfach morgen machen? Es ist doch schon dunkel, wer soll mich denn bitte im Wald in der Nacht erkennen?"

„Man weiß nie, mein Engel."

Sie musste ihn doch nur überreden, das auf morgen zu verschieben. Dann würde Tanja sie retten und sie könnte ihre Frisur behalten. „Bitte. Lass mich doch heut ein Kopftuch tragen oder eine Mütze. Lass uns das morgen machen."

„Warum bestehst du so auf morgen? Was ist da anders? Hast du mir was zu sagen?"

Sein skeptischer Blick durchlöcherte sie.

„Nein, aber ich muss das doch erstmal verdauen. Du scheinst das schon länger zu planen, aber für mich ist das gerade völlig überraschend. Ich hasse Veränderungen, ich mag meine Haare und zum Frisör gehe ich alle drei Jahre, weil Tanja mich zwingt, also brauch ich einfach nur einen Moment, um das zu verarbeiten."

„Und sonst gibt es nichts, das ich wissen sollte?"

Sie schüttelte den Kopf.

„Ich kann dir vertrauen?"

Emma nickte. „Ja, natürlich kannst du das."

„Und vertraust du auch mir?"

„Ja", presste sie hervor.

„Gut, dann vertrau mir, dass ich weiß, was ich tue." Er schlug ihr mit der flachen Hand ins Gesicht. „Und zweifle nie wieder meine Entscheidungen an", zischte er.

Sie zuckte zusammen. *Ich muss ihn irgendwie besänftigen.* Wenn er diese Stimmung mit in den Wald trug, würde ihr Abend nicht gut enden. Aber sie hasste ihn dafür, dass er ihr schon wieder wehtat. Ständig redete er von großer Liebe und dann immer diese Wutausbrüche. Ihre Wunden waren noch nicht mal verheilt. Als stünde ihr Vater wieder vor ihr.

„Hast du das verstanden?" Er hob erneut die Hand.

„Ja, mein Schatz. Es tut mir leid. Es passiert nie wieder. Ich vertrau dir." Jedes Wort tat ihr weh. Mehr als ihre glühende Wange. Ihre Hände waren in ihrem Kapuzenpullover und umschlossen die Taschentücherpackung. Sie brauchte diese Sicherheit, um sich einzureden, dass sie hier rauskommen würde, dass sie sich verteidigen könnte, wenn es schlimmer werden würde.

„Gut, dann setz dich auf den Stuhl und halt still."

Sie lief zum Esstisch, als wäre es der Weg zu ihrer Hinrichtung. Ihre Haare. Ihre geliebten Haare. Wie kurz würde er sie schneiden? Und würde er entdecken, dass ein paar Strähnen fehlten? Konnte er das sehen?

Sie nahm Platz und atmete tief ein, betete zu Gott, obwohl sie bisher nie an ihn geglaubt hatte. *Wenn es dich gibt, bitte, lass Tanja endlich kommen und mich retten. Bitte!*, flehte sie innerlich.

Er nahm ihre Haare in die Hand, zog daran, so dass ihr Kopf nach hinten schnellte und ihr Kehlkopf wehtat. „Still halten."

Und dann spürte sie, wie er mit der Schere durch ihr Haar ging und sie weinte still. Sie war selbst schuld. Es war ihr Karma. Kristina hatte sie damals gezwungen, die langen Haare einer Leidensgenossin in der Klinik zu schneiden, und bis heute hatte Emma sich das nie verziehen. Sie war damals zu schwach gewesen, um sich zu wehren und sie war es auch diesmal. Nur dass es heute um ihre eigene Mähne ging. Die einzige Sache, die sie mit ihrer Mutter verband.

Er schob den Tisch ein wenig weg und stellte sich vor sie. Er kümmerte sich nicht um ihre Tränen. Schnitt weiter und sagte keinen Ton. Immer wieder Schere, prüfender Blick, Schere, Blick.

Mit dem Wort „Perfekt", beendete er sein Werk.

Emma brachte kein Wort hervor.

Er wischte mit seinem Ärmel ihre Tränen weg und küsste ihre Wangen. „Engelchen, es sieht super aus. Dafür dass ich kein Frisör bin, habe ich das ziemlich gut hinbekommen."

Ja, Erik, diese Worte will doch jede Frau hören. Emma blickte auf den Boden und sah ihre Haare überall verteilt, was ihre Trauer verfliegen ließ und mit Wut ersetzte. Sie war es so leid.

„Willst du dich im Spiegel ansehen?"

„Nein, danke!"

„Engelchen?"

„Ich vertrau dir. Das wolltest du doch. Wenn du sagst, das sieht toll aus, dann ist das auch so." Sie konnte ihren Sarkasmus nicht verbergen, stand auf, schüttelte sich das Haar von den Klamotten und ging zur Tür. „Wollen wir?"

Sie konnte sehen, dass Erik ihre wütende Art einzuordnen versuchte. Emma wusste, sie musste die Füße stillhalten, aber in diesem Moment war ihr das nicht mehr möglich. Mit einem Mal spürte sie all die geballte Wut, all den Hass, den sie für ihn empfand. Für das, was er ihr angetan hatte. *Die ganze Zeit laufe ich hier herum, als müsste ich mich ducken, jedes Wort genau überlegen, doch jetzt reicht es einfach. Mein ganzes Leben ist schon so abgelaufen und dann kommt da so ein Mistkerl und denkt, er tut mir weh und ich liebe ihn dafür?* Zu spät wurde ihr bewusst, dass sie die Fäuste ballte. Sein stechender Blick aus den eisigen Augen ruhte auf ihr, war wie ein Sprung in den Wannsee zur Weihnachtszeit. Ihre Wut wich und machte dem Überlebensinstinkt Platz. Sie musste schleunigst ihre Emotionen in den Griff bekommen. Sonst würde er kurzen Prozess machen und Tanja könnte ihr auch nicht mehr helfen.

Oder sollte sie ihre Wut nutzen, so wie damals bei der Todesküsserin? Vielleicht war es besser, mit Würde zu verrecken? Doch wie viel Würde hatte sie noch, nach den letzten zwei Tagen? Vielleicht war es Zeit, das herauszufinden.

Er legte die Schere in eine Schublade und folgte ihr.

„Emma, bist du böse mit mir?", fragte er, als er die Haustür aufschloss.

Und plötzlich stand da wieder der kleine Junge vor ihr, der Angst hatte, dass Mama sauer ist. *Was stimmt denn nicht mit ihm?*

„Was glaubst du?", warf sie ihm an den Kopf.

„Emma, es war doch nur zu unserem Besten. Damit wir für immer zusammenbleiben können und uns keiner erkennt."

„Und warum muss dann nur ich mein Aussehen verändern? Und wann hast du mich gefragt, ob ich das überhaupt will? Und warum hast du mich dann nicht ganz normal erobert, sondern mich gefangen genommen? So viel Vertrauen hast du in unsere angeblich große Liebe, dass du mich fesseln und verletzen musst? Dass du mir so schlimme Wunden zufügst, dass ich eigentlich ins Krankenhaus müsste?"

„Aber ... aber ... Wir mögen doch Schmerz?!"

„Erik, du kanntest mich mal vor hundert Jahren, da waren wir noch Kinder. Meinst du nicht, Dinge ändern sich? Und meinst du nicht, dass es einen Unterschied macht, ob wir uns freiwillig verletzen oder andere dies gegen unseren Willen tun ..."

„Aber ..."

„Du hast mich gelähmt, mir keine Chance gelassen. Das nennst du Liebe?"

„Ich hatte Angst, dass du mich nicht ..."

„Dass ich dich nicht in der ersten Nacht ranlasse? Weil ich keine Hure bin? Da hast du verdammt nochmal recht. Es war dir doch bloß zu anstrengend, mich wie ein vernünftiger Mann zu erobern."

„Das stimmt nicht. Ich habe dich wochenlang beobachtet."

„Ja, wow. Weil Stalking bei den Frauen ja so gut ankommt. Du hättest mich einfach anrufen können. Ich hätte mich wirklich gefreut. Ich war auch mal verliebt in dich, falls du das vergessen hast. Wir hätten wie normale Unnormale miteinander reden können und dann wären wir wahrscheinlich zusammengekommen, aber wie zur Hölle soll ich dich lieben, nachdem du mir das hier alles angetan hast?" Sie zeigte auf ihre Haare, auf ihre Verletzungen, auf das Haus. Dann atmete sie ein und registrierte, was sie gerade getan hatte. Doch statt des befürchteten Wutausbruchs sah sie Tränen in seinen Augen. Sie konnte ihn einfach nicht verstehen. In dem einen Moment wollte er ihr wehtun, im nächsten war er ein kleiner Junge und dann wieder der Verliebte, der alles für sie tun würde. Wer war er wirklich?

„Es tut mir leid. Ich hatte wirklich Angst, dass du mich abweisen würdest oder du dir zusammen mit Kristina einen Scherz erlaubt hast."

Emma stand stumm vor der Haustür und wusste nicht weiter.

„Engelchen, meinst du, wir können das irgendwie wieder hinbekommen? Ich will dich wirklich nicht verlieren!"

„Lass mich gehen!"

Er schüttelte heftig den Kopf. „Nein!"

Sie öffnete die Tür und schüttelte ebenfalls den Kopf. Emma wollte durch die Tür gehen, doch er hielt sie fest am Handgelenk, das immer noch schmerzte von den Fesseln. „Bleib hier!"

„Du hast mir die Haare geschnitten, damit wir rausgehen können, also tun wir das jetzt auch. Das soll doch nicht alles umsonst gewesen sein."

Er

E r gab nach und ging mit ihr nach draußen, aber er ließ sie nicht los. Er blieb dicht an ihrer Seite, denn er hatte keinen Nerv darauf, sie nachher stundenlang im Wald suchen zu müssen. War das mit Emma eine dumme Idee gewesen? Sie hatte schon recht damit, dass er sich nicht getraut hatte, sie anständig zu erobern, aber sie warf ihm vor, dass er sich keine Mühe gegeben hatte und das war ja wohl das Letzte. Wochenlang hatte er sie beobachtet, hatte ihre Wohnung durchforstet, Sabine ausgeschaltet. Er hat alles dafür getan, dass sie zusammenkamen. Auch jetzt hatte er ihr ein tolles Ferienhaus organisiert und vielleicht könnten sie hier sogar einziehen. Er hatte so viel Geld ausgegeben, so viel Zeit investiert, um hier mit ihr und bei ihr zu sein. Wie konnte sie ihm an den Kopf werfen, dass er sich keine Mühe gab?

Seine Hand umschloss die ihre fest. Sie liefen auf dem nassen Waldboden, was ihn nicht sonderlich erfreute. Seine Schuhe wurden dreckig, der Matsch klebte an ihnen. Wenn er das schon für sie tat, dann sollte sie gefälligst nachher auch seine Schuhe putzen. Eine Eule gurrte, die Blätter raschelten im Wind. Es hätte ein schöner Spaziergang sein können. Es war doch ihr erster gemeinsamer Abend im neuen Leben. Wieso musste immer nur alles so schwer sein?

„Du bist so still!", unterbrach er das Schweigen. „Bist du noch sauer?"

Sie antwortete nicht. Er hatte die Befürchtung, dass er die Sache mit Emma völlig versaut hatte und da nichts mehr zu machen war. Das war nicht gut, denn er hatte keine Lust auf ein Leben mit einer bockigen Frau, die nicht wertschätzte, was er für sie tat. So langsam reichte ihm ihre undankbare Art.

„Emma?" Sein Ton wurde schärfer. Seine Stimmung schwankte wie die Wellen im Meer.

„Nein. Es tut mir leid." Sie klang verändert.

„Was ist los?"

Ihre Schuhe schmatzten auf dem matschigen Boden.

„Hey?" Weinte sie etwa? Er leuchtete mit seiner Taschenlampe nah an ihrem Gesicht vorbei, so dass er ihre Wangen glänzen sehen konnte.

„Ich habe Angst."

„Aber das musst du nicht. Ich beschütze dich doch." Er blieb stehen und legte einen Arm um sie. „Wollen wir lieber wieder zurück?"

Sie nickte.

„Ich hab mir das auch anders vorgestellt", murmelte er. „Ich muss eins von dir wissen, mein Engel. Glaubst du, dass wir noch eine Chance zusammen haben?" Er musste das wissen, er musste wissen, ob sich sein Kampf überhaupt lohnte. „Gibt es irgendeinen Weg, außer dich gehen zu lassen, dass du bei mir bleibst? Dass wir glücklich werden können?"

Emma

Emma betrat mit ihm das Haus. Tanja war noch nicht da. Vielleicht war ihr Handy wieder ausgegangen. Vielleicht war der Akku leer. Sie müsste doch längst hier sein.

Sie hätte vielleicht schneller auf seine Frage reagieren oder eine bessere Antwort finden müssen, doch sie war stumm geblieben. Wenn sie nicht bald ein paar Worte sagen würde, wäre das sicher ihr Todesurteil. Warum sollte er sie bei sich behalten, wenn sie ihm keine guten Versprechungen machte. Sie musste eine Lösung finden, ein paar Buchstaben aneinanderreihen, doch seit ihrem Wutanfall von vorhin fiel es ihr sehr schwer, wieder die duckende Emma zu spielen, die sie ihr ganzes Leben lang gewesen war. Sie hatte ihre Sneaker in der Hand, damit sie damit nicht durchs Haus lief und alles dreckig machte, und nahm auch seine Schuhe, um sie zu säubern.

„Danke", sagte er abwesend.

Oh Gott, er denkt sicher schon darüber nach, wie er mich am besten los wird. Ich muss was tun.

„Ich werde dir noch antworten, aber ich muss gut über deine Frage nachdenken. Du willst doch nicht, dass ich dich anlüge oder dass ich unüberlegt etwas verspreche, das uns beide unglücklich macht, oder?"

Er schaute auf und sie sah Hoffnung in seinen Augen. Er wollte sie sicher nicht töten, das glaubte sie ihm. Aber er würde es tun.

„Ich bereite uns alles für einen schönen Abend vor, okay? Und dann reden wir."

Sie nickte. Was auch immer das bedeutete. Sie ging davon, um sich an den Drecklatschen abzureagieren.

Nach getaner Arbeit stellte sie die funkelnden Schuhe in den Flur und betrat das Wohnzimmer. Er hatte Feuer gemacht, zwei Weingläser standen auf dem Couchtisch, Musik lief leise im Hintergrund. Es hatte wieder angefangen zu regnen, so dass der Regen an die Terrassentür klopfte. Außerdem hatte Erik Kerzen aufgestellt. „Bereit?", fragte er und grinste Emma an.

Sie nickte. Setzte sich an das andere Ende der Couch.

„Also, gibst du uns eine Chance?"

Wenn sie ja sagen würde, kannte sie das Ende. Sie müsste mit ihm Sex haben, er würde ihr wehtun, vielleicht ein Leben lang. Wenn sie nein sagen würde, würde er es wahrscheinlich nur noch einmal tun und sie hätte es hinter sich. Doch was, wenn Tanja doch kommen würde? Sie musste unbedingt nochmal zum Handy und sich vergewissern, dass es noch angeschaltet war und sie musste ihr eine Nachricht schreiben. Aber jetzt konnte sie sich unmöglich hochschleichen. Das musste bis morgen warten, falls sie die Nacht überlebte.

„Ich möchte es gern versuchen. Aber ich kann dir nichts versprechen." Sie redete langsam und bedacht. Jedes Wort war wohlüberlegt.

Er rückte näher und legte seinen Arm um sie. „Darf ich?"

Sie nickte. Unterdrückte ihren Fluchtreflex.

„Ich werde mir Mühe geben und versuchen, dir eine gute Frau zu sein", sagte sie ruhig. „Ich werde dir Essen kochen, ich werde versuchen, Geld zu verdienen, damit wir das Haus gemeinsam bezahlen können und du nicht alles allein stemmen musst. Vielleicht machen wir einfach ein Kochbuch unter einem anderen Namen. Oder unter deinem Namen, wie auch immer. Ich werde das Haus sauber halten. Und dir zuhören, wenn du nach Hause kommst und einen harten

Tag hattest." Sie strich sich durchs Haar und zuckte zusammen. Sie hatte vergessen, dass es jetzt kurz war. Er hatte ihr einfach die Haare geschnitten und sie wollte sich niemals im Spiegel ansehen. Wut keimte erneut in ihr auf. „Aber ich möchte, dass du mich ebenso anständig behandelst. Ich möchte, dass du mir Freiheiten lässt und mir vertraust. Ich weiß, ich muss mir das erarbeiten, aber du weißt auch, dass ich schon Gelegenheiten gehabt habe, die ich nicht nutzte. Wir sollten gemeinsam entscheiden. Du darfst nicht einfach meine Haare abschneiden, ohne dass ich ein Mitspracherecht habe. Wir hätten über verschiedene Möglichkeiten reden können, du hättest mich wenigstens vorwarnen oder aber mir die Chance geben können, selbst eine Frisur zu wählen. Du behandelst mich, als wäre ich dein Besitz. Wenn du möchtest, dass ich aus freien Stücken bei dir bleibe und dich lieben lerne, dann behandle mich auch so."

Erik blickte sie lange einfach nur an. Dann nickte er. „Können wir nochmal von vorn anfangen?"

„Wir können es versuchen."

Er strich ihr über den Kopf. „Ich mag deine neue Frisur. Du siehst immer noch wunderschön aus und es tut mir leid. Du weißt, ich habe nicht unbedingt vorgelebt bekommen, wie das gut funktioniert."

„Stell dir einfach immer nur vor, wie du dich fühlen würdest, wenn ich dir ohne Vorwarnung eine Glatze rasiere oder dich nachts fessle und dir mit einem Messer die Kehle aufschlitze." Es klang, als würde sie die Worte ausspucken.

„Willst du das?"

Überrascht schaute sie vom Fußboden auf.

„Ich meine es ernst. Vielleicht können wir es damit wieder ausgleichen. Dann wären wir quitt."

„Wie meinst du das?"

„Wir kaufen eine Schermaschine und du rasierst mir eine Glatze. Und dann fesselst du mich und tust mir weh, so wie du Lust hast." Er grinste anzüglich.

Ihn macht das geil? Echt jetzt? Er rafft es einfach nicht, oder? Als könnte er meine Verletzungen einfach so wieder gut machen, indem er sich ebenfalls quälen lässt. Und dann geilt er sich daran am Ende auch noch auf. Doch ... andererseits ... wenn er mir erlauben würde, ihn zu fesseln, dann ...

Erik gab ihr einen Kuss. „Ist es das, was du brauchst? Du willst mir wehtun?" Seine Zunge liebkoste ihren Hals.

Emma unterdrückte wiederholt ihren Würgereflex. Seine Zunge, sein Aschenbechergestank, sein Aftershave. Sie könnte kotzen.

„Ich hole dir ein Messer und du darfst damit ganz langsam meinen Körper entlang gleiten, währenddessen du mich würgst."

Das klingt schon besser, du Penner.

„Du kannst mir in den Bauch ritzen, zusehen, wie das Blut langsam rinnt, und es auf meinem Oberkörper verwischen. Es ablecken, daran riechen."

Sie sah, wie seine Hose ausbeulte.

„Ja, mein Engel, ist es das, was du willst?" Er schob seine Zunge in ihren Mund. Sie ließ es geschehen. Sie musste sich zusammenreißen. Vielleicht musste sie nicht mehr warten, bis irgendjemand sie befreite, vielleicht könnte sie sich selbst retten.

Erik stand auf. „Ich hole meine Tasche und such dir etwas zum Spielen raus!"

Fuck, das Handy. „Warte!", rief sie.

Erik drehte sich zu ihr um.

„Es soll doch eine Überraschung werden. Ich hole alles. Wenn du es gleichberechtigt möchtest, dann lass mich machen." Sie versuchte, verführerisch zu klingen, auch wenn sie keine Ahnung hatte, wie man das anstellte, doch es schien Wirkung zu zeigen.

Er setzte sich wieder und signalisierte ihr: „Ich vertrau dir."

Sie konnte ihr Glück nicht fassen, mimte die Gelassene und verließ das Wohnzimmer. Emma musste vorsichtig sein, denn es fiel ihr schwer, die Stufen zu erwischen. Das Geländer fest umklammert kämpfte sie sich nach oben. Ihre Hände zitterten, ihre Beine waren weich. Würde sie gleich einem Menschen wehtun? Würde sie sich von ihm befreien können? Ihn vielleicht sogar töten?

Sie ging ins Schlafzimmer, als würde sie zum letzten Abendmahl schleichen. Emma kniete sich vor den Kleiderschrank, öffnete die Tasche und fischte nach ihrem Handy. Das war ihre Gelegenheit. Diesmal traute sie sich, es länger zu betrachten, auf dem Display zu lesen. Nur ihre wackeligen Hände machten es ihr schwer. Es waren viele Nachrichten eingegangen, die meisten von Tanja. Sie öffnete den Chatverlauf, las keine einzige davon und schickte ihr einen Standort mit dem Wort „Hilfe". Dann löschte sie beides so, dass es nicht mehr in ihrem, wohl aber in Tanjas Chat angezeigt werden konnte. Ein Hoch auf die Technik.

Erneut begann sie zu tippen, konnte das Handy noch nicht weglegen, auch wenn der Akku blinkte und sie nicht wusste, ob sie eine weitere Nachricht versenden konnte. „Ich liebe dich!" Wieder löschte sie die Zeilen aus dem Chat, so dass sie nur noch für Tanja sichtbar waren. Dann schaltete sie das Handy aus und legte es zurück in die Tasche. Scheiß auf GPS. Sie hatte ihr einen Standort geschickt, das musste reichen. Sie musste auf Nummer Sicher gehen. Vielleicht würde sie es noch brauchen.

„Emma? Wo bleibst du?"

„Ich mache mich hübsch", rief sie zurück.

Auf dem Boden hockend ging sie in sich. Heute war die entscheidende Nacht. Tanja musste einfach rechtzeitig kommen, es ging nicht anders. Würde sie ihn töten können? Würde sie ihn anders verletzen können, so dass ihr genug Zeit blieb, von hier zu verschwinden? Würde sie eine andere Möglichkeit haben, dass er ihre Flucht nicht aufhalten würde?

Schweren Herzens erhob sie sich. Konnte sie ihm wehtun? Ihr Blick fiel auf ihr Spiegelbild. Sie zuckte zusammen. Es war das erste Mal, dass sie sich mit ihrer neuen Frisur sah. Das war nicht die Emma, die sie kannte. Das war eine andere Frau. Vielleicht war das die Frau, der man zutraute, dass sie ihren eigenen Vater umgebracht hatte, die Frau, von der man glaubte, sie hätte einen kleinen Hund vergiftet. Vielleicht hatten alle recht mit der Annahme, dass Emma zu Schlimmerem fähig wäre, denn als sie durch ihr kurzes Haar fasste, wusste sie, dass sie es konnte. Vor ihren Augen sah sie einen Film abspielen. Wie er in sie eindrang, sie nahm, die Worte, die er dabei sprach. Sie sah, wie er sie schlug, als er von Tim erfuhr. Tim ...

In ihren Büchern wurden die Frauen oft von ihren Traumprinzen gerettet, doch in der Realität konnte man sich nur auf sich selbst verlassen. Sie sah sich ihr neues Ich ganz genau an, wurde von Sekunde zu Sekunde wütender, so dass sie ihren Blick abwenden musste.

Sie schnappte sich das Seil, die Handschellen und den Knebel. Außerdem ein Cuttermesser und eins mit vielen Zacken. Emma atmete tief ein und aus, so wie Dr. Weber ihr das damals beigebracht hatte. Sie hatte schon einmal Mut bewiesen, als sie damals John vor der Todesküsserin retten wollte. Nun wurde es Zeit, sich selbst zu retten.

Sie war bereit, so bereit, wie man eben sein konnte, wenn man neue Schritte wagen musste. Wenn man eine Frau werden wollte, die ihr Schicksal in die Hand nahm.

„Ich komme!", rief sie und ließ sich so viel Zeit, wie sie konnte. Jede Stufe erinnerte sie an eine Verletzung, die er ihr angetan hatte. Je mehr sie sich ihm näherte, desto weniger konnte sie ihre Wut spüren. Es war, als wäre sie in Trance. Sie registrierte ihre Außenwelt, doch nahm sie kaum wahr. „Hallo, Schatz. Bist du bereit?"

Er grinste anzüglich. „Oh ja!"

„Dann schließe die Augen", befahl sie, die Hände auf dem Rücken, damit er nicht sah, was sie bei sich trug.

Er tat, wie ihm befohlen, und saß regungslos auf dem Sofa.

Sie legte ihre Utensilien sorgsam beiseite und ging dann zu ihm. Sie zog ihm sein Shirt aus und band es ihm um die Augen.

„Oh Gott, mein Engel, du bist so heiß! Du weißt genau, was ich will."

Schweigend band sie das Seil um seine Füße. Die Hände legte sie ihm auf den Rücken, um die Handschellen zu befestigen.

„Nein!", sagte er bestimmt. „Das muss erstmal reichen." Er legte sich auf den Rücken. „Setz dich auf mich, mein Engel!"

Unsicher schnappte sie sich das Cuttermesser und versuchte, seinem Wunsch nachzukommen. „Es geht nicht, es tut zu sehr weh zwischen den Beinen."

„Okay, dann setz dich einfach so zu mir." Er drehte sich auf die Seite und ließ ihr damit Platz. „Leg dich zu mir."

Emma zitterte erneut, sah in die Flammen des Kamins. Fasste Mut. Sie legte sich zu ihm.

„Küss mich!"

Ich hätte ihm nicht nur die Augen verbinden sollen. Sie musste da durch. Ein letztes Mal würde sie sich seinem Willen beugen. Er streichelte ihren Rücken, sein Gesicht so nah an ihrem, dass sie seinen verrauchten Atem einatmete. Seine Lippen berührten die ihren. Seine Zunge fand ihren Weg in ihren Mund. Seine Hand strich von ihrem Rücken zu ihrem Po. Er biss auf ihre Lippen, saugte daran, sein Griff immer stärker.

Er begann, ihre Brüste zu kneten, als wären sie Modelliermasse, was sie nicht ertrug.

„Halt!" Emma sprang auf. „Das ist unfair. Ich durfte mich auch nicht bewegen. Das ist nicht unbedingt der Ausgleich, von dem wir gesprochen haben."

„Kann ich dir vertrauen?"

Sie blickte auf das Shirt in seinem Gesicht und war froh, dass sie nicht in seine Augen schauen konnte. „Du kannst mir vertrauen!"

„Gut. Dann nimm die Handschellen, aber mach sie nicht auf dem Rücken fest, sondern vorne. Ich kann die Hände ja dann hochhalten, damit du überall rankommst."

Auch das war bei ihr vorletzte Nacht anders gewesen, doch sie biss sich auf ihre brennenden Lippen und verkniff es sich, den Satz laut zu sagen. Sie war froh, dass sie seine Hände endlich festmachen konnte.

Im Hintergrund lief klassische Musik, ein Pianokonzert ließ tragische Töne erklingen. Hinter ihm sah sie die Flammen im Ofen flackern. Sie war ihrem Ziel ein Stückchen näher. Doch noch immer hatte sie keine Ahnung, wie sie ihm wehtun sollte.

Er schien ihren Zweifel zu lesen. „Fang an, mich zu beißen, wenn du die Handschellen festgemacht hast."

Emma nickte ihm zu und betrachtete seine Muskeln. Noch vor wenigen Tagen war sie rot geworden, als sie seinen Körper im Bad gesehen hatte. Damals, als sie noch dachte, er wäre Sabines Date. Und nun löste der Anblick puren Ekel in ihr aus. Er war stark, deshalb musste sie umso vorsichtiger sein. Dann schloss sie die Handschellen. „Den

Schlüssel legst du unter das Kissen unter meinem Kopf." Sie tat, wie ihr befohlen und mahnte sich in Gedanken, komme was wolle, niemals zu vergessen, dass sie den Schlüssel mitnehmen musste, sollte sie entkommen. Die Wahrscheinlichkeit stieg immer mehr. Sie musste ihn nur irgendwie ausschalten. Vielleicht einfach nur bewusstlos bekommen, damit sie genug Zeit hatte, zu fliehen.

Wenn sie bereit war, musste sie so schnell wie möglich den Autoschlüssel finden. Nicht, dass sie Ahnung vom Fahren hätte, doch das war wohl ihr geringstes Problem. Aber erstmal musste sie ihn loswerden. Ihre Hände zitterten noch immer heftig. Sie beugte ihren Kopf an seinen Körper, roch seinen Schweiß, fühlte seine Erregung. Ihre Lippen umschlossen ein wenig Haut, dann nahm sie die Zähne dazu und biss vorsichtig in seinen Bauch.

„Oh ja, Babe. Wow."

Scheiße, es gefällt ihm echt. Ich mache gerade meinen Vergewaltiger geil. Oh mein Gott.

„Hör nicht auf. Mach weiter, mein Engel, bitte."

Sie zog weiter mit ihren Zähnen und tastete sich nach oben, Richtung seiner Brüste und biss erneut zu.

„Fester, mein Engel."

Wenn er das wirklich will.

„Oh ja, das tut gut. Noch doller, Babe."

Wieso fiel es ihr so schwer, ihm wehzutun?

„Mehr!", forderte er.

Sie war bei seinen Brustwarzen angekommen und dachte daran, was er ihr angetan hatte, dachte an die Zange. Dann biss sie so fest zu, wie sie konnte, was einen lauten Schrei zur Folge hatte, der ihr durch Mark und Bein ging.

„Oh mein Gott. Das war gut, aber gib mir kurz eine Pause." Schweiß rann über sein Gesicht.

Pause? Das ich nicht lache. So wie ich eine Pause hatte? Als der Schmerz nicht mehr auszuhalten war, hast du weitergemacht. Ich sollte mir deine Waffen nehmen, und dir damit den Arsch aufreißen. Doch das konnte sie nicht. Zu sowas war sie nicht in der Lage. Sie biss erneut zu und zog an der Haut, so fest sie konnte. Er schrie und seine Arme, die bisher über seinem Kopf gelegen hatten, fielen auf sie. Mit seinen Handschellen traf er sie an der Stirn.

„Aua! Was soll das?" Sie rieb sich ihren Kopf.

„Entschuldige, mein Engel, aber du hast nicht auf mich gehört. Ich brauche kurz eine Pause. Es ist lange her, dass mit mir jemand so eine Nacht hatte."

Bei den Worten gefror ihr Blut beinah. Er hatte also schon solche Nächte gehabt? Wie hatten sie geendet? Und wie hatten sie angefangen? So wie diese Nacht? Mit Entführung?

„Das ist dennoch unfair. Ich konnte keinen Laut von mir geben und mich nicht verteidigen."

„Du verlangst zu viel in der ersten Nacht."

Emma begann hysterisch zu lachen. „Ist das dein Ernst? Ich verlange zu viel in der ersten Nacht?" Sie nahm das Seil, womit sie ihn eigentlich fesseln wollte, stand auf und ließ es wie eine Peitsche auf seinen Oberkörper fallen. Ihn nicht berühren zu müssen, sondern ein Hilfsmittel zu haben, war viel einfacher.

„Emma!" Er schien überrascht und verwirrt zu sein.

„Du wolltest Schmerz, du bekommst Schmerz." Erneut hob sie das Seil, holte aus und traf ihn an seinen Oberschenkeln.

Er stöhnte auf. Bevor er sich besinnen konnte, schlug sie erneut zu. Mit jedem Schlag kam ihre Wut ein Stück weiter zum Vorschein. Als würde ihr jeder Schmerz von ihm helfen, ihren eigenen zu ertragen. Vielleicht war sie doch zu mehr in der Lage, als sie gedacht hatte. Vielleicht hatten die anderen Menschen recht. Vielleicht hatte er das aus ihr herausgeholt oder sie zu so jemandem gemacht. Sie sah, dass er sich aufrichten wollte, doch ließ ihn nicht und peitschte ihn erneut aus, traf sein Gesicht. Von seiner Lippe tropfte Blut. Er rappelte sich auf, zog sich das Shirt von den Augen und steuerte hüpfend auf sie zu.

Sie rannte um die Couch herum.

„Hör auf, Emma Burg!" Seine eisblauen Augen trafen sie, ließen ihre Eingeweide vor Angst erbeben. Er nutzte den Moment und warf das Kissen beiseite, unter dem der Schlüssel für die Handschellen lag, doch sie peitschte ihn wieder. Er durfte auf keinen Fall daran kommen. Blitzschnell fischte sie nach dem Schlüssel und hielt ihn triumphierend hoch.

„Emma Burg, wenn du diese Nacht überleben willst, dann solltest du jetzt mit dem Scheiß aufhören!"

„Es ist doch gar nichts passiert, mein Schatz. Wir wollten doch nur ein bisschen spielen."

Er bückte sich und griff nach dem zackigen Messer. „Dann spielen wir."

Sein Lächeln ließ sie erschaudern. Auf einmal fühlte sie sich sehr dumm. Sie hätte das Spiel viel länger spielen sollen.

Er hüpfte mit den gefesselten Beinen zu ihr und wedelte drohend mit dem Messer. Doch er kam nicht voran, sie war zu schnell, also hockte er sich hin und begann, an seinen Fußfesseln zu rütteln und sie zu zerschneiden.

Das konnte sie nicht zulassen, denn wenn er die los war, wurden ihre Chancen noch geringer. *Emma Burg, jetzt denk an alles, was er dir angetan hat, da wirst du ihm doch dieses scheiß Messer in den Rücken rammen können. Denk dran, was er mit Benny gemacht hat. Er würde keine Sekunde zögern, keine einzige.*

Sie näherte sich ihm von hinten, holte tief Luft und stach mit dem Cuttermesser in seinen Rücken. Vor Schreck hatte sie es losgelassen, doch damit er sich nicht sofort rächen konnte, trat sie gegen ihn, so dass er umfiel.

Sie hätte nach weiteren Waffen greifen sollen, doch sie wollte nur noch weg und rannte aus dem Raum. Sie hatte zugestochen. Sie hatte wirklich zugestochen. *Oh mein Gott. Was passiert jetzt?*

Emma musste die Schlüssel finden. Sie suchte in seiner Jackentasche, hörte ihn im Hintergrund stöhnen und wütend schreien. Sie fand den Schlüssel nicht, also musste sie so entkommen. Die Tür war abgeschlossen, aber sie konnte durch das Fenster steigen. Ihr Adrenalin peitschte sie voran, hatte ihr fast allen Schmerz genommen, so dass es für sie ein Leichtes war, aus dem Fenster zu klettern. Dann stand sie barfuß auf dem Kiesweg im Licht des Bewegungsmelders. Sie überlegte fieberhaft, wo sie hinrennen sollte, auf die Straße in Richtung der Häuser, wo er sie mit dem Auto jederzeit einholen und sehen konnte, oder durch den Wald? Sie sah, wie er versuchte, sich von seinen Fesseln zu befreien, und hörte seinen wütenden Schrei. Er brüllte ihren Namen und ihr blieb nichts weiter zu tun, als zu rennen.

Die Entscheidung war binnen Sekunden getroffen und sie rannte in die Dunkelheit des finsteren Waldes.

Er

Dieses Miststück. Dieses dämliche Miststück. Ich habe ihr vertraut. Schon wieder. Und sie hat mich einfach verraten. Sie hat uns nicht nur unseren Abend versaut, sondern auch unsere gemeinsame Zukunft. Sie ist eben doch nicht besser als die anderen. Mit all seiner Verachtung schaute er ihr nach, wie sie in dem Waldstück verschwand. Sie hatte doch sowieso viel zu viel Angst im Dunkeln, um dort tiefer hineinzugehen. Er hatte Zeit und er würde sie sich nehmen. Zittrig vor Wut fischte er den Ersatzschlüssel für die Handschellen aus seiner Jackentasche und zog sich an, bewaffnete sich mit der Taschenlampe und seinem Messer. Das sollte wohl reichen.

Erik zog unter Schmerzen in seinem Rücken seine Schuhe an, damit er nicht über jeden Stein stürzen würde und pilgerte los. Seine Taschenlampe erhellte ihm den Weg in dem finsteren Wald. Er lauschte angestrengt nach jedem Geräusch. Doch dann zuckte er zusammen, als er hinter sich etwas hörte. Ein Auto. Wer zur Hölle kam denn jetzt noch zu ihnen nach Hause? Es konnte doch nicht sein, dass sie andauernd gestört wurden. War das schon wieder diese dämliche Vermieterin?

Er drehte sich um und beobachtete das Geschehen um sein Haus. Wenn er es richtig erkannte, war es diese bescheuerte Tanja, die so heftig an die Tür klopfte, dass er es bis in den Wald hören konnte. So heftig, wie er gern vor Wut auf sie einschlagen würde. Erik wusste, er musste die Fassung bewahren, doch dass jetzt auch noch Tanja mit John aufgetaucht war, machte ihn rasend. Hastig wandte er sich von dem Anblick ab und marschierte entschlossen in den Wald. Bereit, mit Emmas Freunden abzurechnen.

Nun musste er sich beeilen. Aber das war kein Problem. Emma würde er erstmal nur lahmlegen und dann mit ihr ins Haus gehen. Sollte sie doch zugucken, wie er ihre geliebte Tanja umbrachte, sie ausweidete und in ihrem Blut badete. Die beiden waren doch ein Kinderspiel für ihn. Er konnte von Glück reden, dass sie nicht mit einer riesigen Polizeitruppe angerast waren. Nur John und Tanja. Das war leicht.

„Emmaaaaaaaaa", sang er. Er war zu weit weg, sodass ihn die beiden im Haus nicht hören konnten, aber er war definitiv in der Nähe seines Engels und wusste, sie würde ihn hören. „Emmaaaaa, lass uns reden. Wir können uns wieder vertragen. Ich verstehe dich doch. Aber glaub mir, ich bin gut. Als Überraschung habe ich deine beste Freundin eingeladen. Sie wartet schon im Haus auf uns." Er lauschte, ob er irgendwelche Geräusche hören konnte. Doch sein Atem übertönte alles, da er vor Anstrengung keuchte. Das Messer in seinem Rücken machte ihm schwer zu schaffen. Er musste seine Atmung beruhigen, damit er besser lauschen konnte. Eine Eule rief in seiner Nähe. Ob sie ihm helfen wollte, Emma zu finden?

Das Stechen in seinem Rücken vernebelte seinen Kopf. Ihm war immer noch schummrig. Er wusste, er musste sich jetzt beeilen, denn so lang der Adrenalinkick noch in seinem Körper regierte, würde er die Kraft besitzen, sie zu finden. Die Frau, die ihn schon wieder verraten hatte. *Ach, na sieh mal einer an. Was bewegt sich denn da?*

Emma

E mma rannte in den Wald und verschwand in der Finsternis. Als würde die Dunkelheit sie verschlucken. Jeder Schritt auf dem Boden tat weh, da sie ständig auf Steine oder Äste trat. Sie musste wirklich aufpassen, dass sie sich nicht den

Fuß verstauchte, so wie sie es oft in Thrillern gelesen oder in Filmen gesehen hatte. Den Schmerz unter ihren Füßen ausblendend rannte sie immer tiefer in den Wald. Ihr Unterleib brannte wie Feuer. Das Adrenalin in ihr verlor langsam seine Wirkung. Ihre Sohlen konnte sie vielleicht betäuben, aber die Verletzungen, die er ihr zugefügt hatte, konnte sie auf Dauer nicht so leicht ignorieren. Sie keuchte und war froh über den Lichtschein des Mondes. Sie musste weiter hinein, weiter weg und zu einer Straße finden oder zu einem anderen Haus. Weg, einfach nur weg von ihm kommen. Sie war unbewaffnet und konnte nicht auf ihn lauern und ihn erneut von hinten angreifen. Vielleicht war er ja zu Boden gegangen, als sie weggerannt war. Vielleicht hatte das Messer ihn so schwer verletzt, dass er auf dem Boden zusammengebrochen war und Tanja ihn sofort vorfand, wenn sie endlich hier erscheinen würde. Zeit war ihre einzige Hoffnung.

Ihr Tempo minimierte sich, jeder Schritt wurde mehr zur Qual. Doch sie wollte weiter, immer weiter. Ständig hatte sie Spinnweben im Gesicht und sie wusste nicht, auf wie viele Tierchen sie schon getreten war. Es war furchtbar und ekelhaft und dennoch verließen sie ihre Kräfte und der Drang, sich auszuruhen, wurde größer. Was, wenn sie auf Wildschweine treffen würde? Man sollte doch nie vom Weg abkommen, damit man die Tiere im Wald nicht störte. Sie war mitten im Nirgendwo. Mitten in der Nacht. Was, wenn Erik nicht ihr größtes Problem war?

Mittlerweile hatte sie völlig die Orientierung verloren. Endlich fand sie einen Weg und erkannte in der Ferne ein Schild. Vielleicht würde dort der Name eines Dorfes stehen und die Angabe, wie weit sie bis dahin noch laufen musste. Wenn sie sich am Rande des Weges halten würde, könnte dieser sie vielleicht in den nächsten Ort führen. Doch als sie sich dem Schild näherte, vergrößerte es lediglich ihre Angst. *Vorsicht Wölfe.* Bitte was? Emma begann zu weinen. Sie wusste nicht, was richtig und was falsch war. Sollte sie auf den Sonnenaufgang und auf ein Wunder warten? Sollte sie weiterlaufen? Aber sie hatte keine Energie mehr.

Erschöpft sank sie an einem Baum hinab. Sie musste sich kurz ausruhen. Das Pochen zwischen ihren Beinen riss so stark an ihr, zog sie in die Tiefe. Sie blutete wieder, ihre Wunden waren erneut aufgerissen. Sie hoffte so sehr, dass er reglos in der Hütte lag und sie hier sicher war. Abgesehen von dem ganzen Viehzeug, das sie so sehr hasste.

Für einen Moment schloss sie die Augen und stellte sich vor, wie Tanja, Tim und John Erik verhafteten und sie noch an diesem Abend wieder nach Hause fahren könnte, als wäre nichts gewesen. Emma zitterte und umarmte sich, um sich zu wärmen. „Ich bin stark", flüsterte sie stumm. „Ich bin stark und schaffe alles, was ich will." Ihr Mantra wiederholend riss sie immer wieder die Augen auf, um zu prüfen, ob sie noch allein war. Ob Erik oder ein Rudel Wölfe sich nähern würde. Ihre Angst wurde durch dieses panische Suchen immer größer. Sie musste damit aufhören. Also hielt sie die Augen für einen Moment geschlossen und ließ ein wenig Ruhe in ihren Körper einkehren. Sie spürte, wie ihre Kräfte weiter schwanden. Vorhin hatten sie noch die Wut und die Angst angetrieben, doch jetzt gerade war davon nicht mehr viel da. Emma fühlte sich leer. Ihre Augen fielen zu und sie stöhnte, als das Ziehen in ihrem Unterleib intensiver wurde. Einen Augenblick ausruhen. *Nur ganz kurz die Augen zulassen, die Welt ausblenden, atmen und mir einen Plan machen, wie ich diese Nacht überstehe.*

Scheiße. War das seine Stimme?

„Emmaaaaaa."

Sie hörte, wie er ihren Namen sang. Verdammt. Sie hatte so viel Vorsprung gehabt, wie hatte er sie einholen können? War sie vielleicht nur im Kreis gerannt? Er konnte mit diesem dämlichen Messer im Rücken unmöglich so schnell sein.

Ihr Herz sprang fast aus ihrem Brustkorb. Ruhig bleiben, Emma. Ruhig.

Ein Lichtschein funkelte in ihre Richtung, doch zeigte zum Glück nicht auf sie. Verdammt. Sie musste hier weg. Wenn er hier war, könnte sie vielleicht zurück in das Haus rennen. Sich verbarrikadieren oder die Autoschlüssel suchen. Er durfte es nur nicht bemerken. Sie war sehr sicher, dass Tanja jeden Moment da sein müsste, vielleicht war sie es sogar schon. *Tanja, wo bleibst du nur?*

Es krabbelte überall an ihrem Körper, doch sie musste jetzt still sein, durfte sich nicht bewegen, so lange er in der Nähe war und sie hören konnte. Dann sah sie es.

Eine übermäßig große Spinne hatte sich auf ihren Arm gesetzt. Sie schrie, so laut sie konnte, sprang vor Schreck auf, schlug panisch um sich und heulte. Sie zog sich hektisch den Pullover aus und konnte keinen klaren Gedanken fassen. Erst als sie langsam zur Besinnung kam, wurde ihr klar, wie fatal ihr Fehler gewesen war. Er stand vor ihr mit einem riesigen Messer in der Hand und beobachtete sie. Er lachte sie aus.

Er

Sie machte es ihm aber auch leicht. Er könnte sie gleich wieder knutschen vor Freude. Als wäre das ihr Spiel, als gehörte das zu ihrer Nacht dazu. *Wirklich, die kleine Emma Burg könnte doch niemals ohne mich überleben. Sie braucht mich. Einen Beschützer. Vielleicht sollte ich ihr doch noch eine Chance geben. Aber zu unserem Spiel gehört definitiv Bestrafung. Deshalb werde ich ihr gleich mal zeigen, wer der Stärkere ist.*

Sie war so wunderschön, dachte er, als er die monströse Panik in ihren Augen sah. *Keine Angst, Emma. Ich rette dich.* Er sprang wie ein Raubtier auf seine Beute und nahm ihre Kehle in seine Armbeuge, hielt das Messer dabei fest umschlossen. Sie verausgabte sich bei dem Versuch, sich zu befreien, doch als er ihren Kopf mit seiner Hand nach unten drückte, entwich ihr die Luft wie bei einer Gummipuppe, wenn man ein Loch in sie hinein pikte. So konnte er sie auf den Arm nehmen und zurück zum Haus tragen, dabei das

Messer zwischen seinen Zähnen. Wenn nur sein Rücken nicht so schmerzen würde.

Schweißperlen rannen über seine Stirn, tropften auf die sanft schlafende Emma. Sie würde jeden Moment ihr Bewusstsein wiedererlangen, er musste also schnell sein. In Gedanken ging er nochmal diesen wundervollen Moment durch. Der Moment, als er seinen Engel zurückgewonnen hatte. Eigentlich mochte er diese verletzliche Seite an ihr, weil ihm das zeigte, wie sehr sie ihn brauchte. Auch als sie versucht hatte, sich zu wehren, war er ziemlich stolz auf sie gewesen. Sie hatte es weit geschafft. Immerhin hatte sie vor ihm in den Wald fliehen können. Das war schon ziemlich scharf. Je länger er darüber nachdachte, umso sicherer war er sich, sie behalten zu wollen. Seine geliebte Emma Burg.

Er näherte sich dem Haus. Nun musste er wohlüberlegt handeln. Nicht unbedingt seine Stärke, wenn er unter extremer Belastung stand, doch er glaubte, sein neuer Plan war gut. Für einen kurzen Moment setzte er Emma ab. Sie blinzelte. Perfektes Timing. „Entschuldige bitte, mein Engel, ich muss dir nochmal kurz wehtun." Er küsste sie und nahm das Messer. „Ich bin auch ganz schnell."

Mit weit aufgerissenen Augen starrte Emma auf das Messer.

Erik hob ihre Hände, setzte an und schnitt ihr die Pulsader auf, allerdings falsch herum, so dass sie nicht sterben würde, wenn sie schnell waren. Aber es reichte, sie wieder ins bewusstlose Jenseits zu schicken. Er zog sein Shirt aus, das bisher das Messer im Rücken verdeckt hatte, damit man gleich seine Wunde sehen konnte, und wickelte es um Emmas Handgelenk. Erik nahm seine letzte Kraft zusammen, hob sie hoch und trug sie erneut auf den Armen.

„Hilfe!", schrie er laut. „Hilfe! So helft uns doch! Bitte."

Sofort kamen Tanja und John aus dem Haus gerannt und hielten ihre Pistolen auf ihn gerichtet.

„Bitte, Sie müssen uns helfen. Da sind zwei Irre im Wald. Sie versuchen, uns zu töten. Wir brauchen Hilfe."

Anscheinend ging sein Plan auf, denn sie ließen die Waffen sinken und rannten auf sie zu.

„Was ist mit ihr?" Tanja nahm ihm Emma ab, so dass er auf dem Boden zusammenbrechen konnte, um ihnen das Messer zu zeigen, das in seinem Rücken steckte.

„Kristina steckt dahinter." Er wusste, dass Tanja alles über ihre Vergangenheit kannte.

„Kristina?" Tanja schaute für einen kurzen Moment auf.

„Ja. Sie hat mir geschrieben, dass Emma damals nichts für unser schlechtes Auseinandergehen gekonnt hatte. Wir wollten uns treffen, aber mussten das heimlich machen. Weil wir Angst hatten, dass sie wieder ein mieses Spiel mit uns spielt. Sie hat sogar Sabines Hund vergiftet und Kameras in Emmas Wohnung versteckt. Die Frau ist krank!" Er spuckte die Worte hasserfüllt aus. „Sie wollte Emma etwas antun und es dann so darstellen, als wäre ich der Psycho."

Er sah, wie Tanja und John sich verunsicherte Blicke zuwarfen.

„Und jetzt ist sie irgendwo da draußen." Sein Blick war starr auf den Wald gerichtet.

„John, du musst sie suchen. Ich hab das im Griff und rufe sofort Verstärkung."

Dieser blickte sie skeptisch an.

„Geh!"

Tanja begann, mit Emma auf dem Arm Richtung Haus zu marschieren.

„Aber ich lass dich doch nicht allein. Wir wissen überhaupt nicht, ob der Typ die Wahrheit sagt." John hielt seine Pistole fest umschlossen.

„Ich kann auf mich aufpassen. Jetzt such die beiden oder wollen wir tauschen?", fauchte sie ihn an.

John gab Tanja einen Kuss. Er sah nicht glücklich aus, doch er rannte in den Wald.

Erik rappelte sich wieder auf. „Ich rufe den Krankenwagen."

„Und seit wann trefft ihr euch?" Sie klang immer noch skeptisch.

„Wir schreiben seit ein paar Wochen. Getroffen haben wir uns gestern Abend, aber das erste Mal seit damals. Wir wollten nichts überstürzen."

„Das ergibt doch überhaupt keinen Sinn." Sie schien verletzt zu sein und abzuwägen, ob seine Story Bestand hatte. Doch sie schloss es anscheinend nicht völlig aus.

Die Eingangstür stand weit offen, so dass er durcheilte. „Wir können das gleich weiter diskutieren, aber ich rufe jetzt erstmal den Krankenwagen. Und du solltest ebenfalls um Verstärkung bitten, wenn du Emma abgesetzt hast. Ich pass dann auf sie auf. Aber wir müssen vorsichtig sein. Kristina ist noch irgendwo. Vielleicht ist sie inzwischen sogar wieder im Haus." Erik tat so, als holte er sein Telefon aus der Schublade, dabei hatte er es die ganze Zeit bei sich getragen. „Hallo? Wir brauchen dringend einen Krankenwagen. Meine Freundin verliert sehr viel Blut und ich habe ein Cuttermesser im Rücken." Während er so tat, als würde er mit der Notrufzentrale reden, behielt er Emma genauestens im Blick. Sie durfte jetzt nicht zu Bewusstsein kommen. Nur noch ein paar Minuten durchhalten. Oh wie sehr ihm dieses Spiel Spaß machte. „Ja, verständigen Sie unbedingt die Polizei. Hier läuft eine Irre rum, die uns töten will." Er kramte in den Unterlagen und las dann die Adresse vor.

„Sie sind gleich da. Wir sollen zehn Minuten durchhalten." Er schreckte zusammen und sog laut die Luft ein.

„Was ist?"

„Hast du es nicht gehört?"

„Nein. Was?" Angestrengt lauschte sie.

„Ach, ich glaub ich bilde mir schon was ein. Diese Panik. Ich dachte, ich hätte jemanden im Schlafzimmer gehört."

„Pass du auf Emma auf, ich schau mal."

„Soll ich nicht mitkommen?"

„Nein, verdammt. Du bleibst gefälligst bei ihr."

Er ging zu Emma hinüber und streichelte sie.

Tanja hielt einen Moment inne, als könnte sie dadurch ihren klaren Verstand zurückerlangen. Als sie sich wieder gefangen hatte, schlich sie die Treppe hinauf.

Erik beobachtete sie, während er sein Shirt nach wie vor auf Emmas Wunde presste und ihr mit der anderen Hand über den Kopf strich. „Engelchen, halt durch." Er küsste sie auf die Wange, wie es vor wenigen Minuten noch Tanja getan hatte. „Wir schaffen das." Oh, er war gut. Als Tanja das Schlafzimmer sicherte, hastete er mit wenigen Schritten die Treppe hoch, und schaffte es, dabei keine Geräusche zu machen. Erst die letzte Stufe verriet ihn.

„Was machst du hier?", fluchte Tanja. „Du sollst bei Emma bleiben, verdammt."

Er legte einen Finger auf seinen Mund und zeigte aufs Bad, als würde sich dort jemand befinden. „Du musst mit runter kommen, Emma braucht dich." Als würde er mit Tanja gemeinsam einen Plan aushecken, um jemanden zu täuschen, der hinter der Badezimmertür stand.

Sie nickte dankend und verstand, was er ihr sagen wollte. Wie einfach sie es ihm doch machte. Sie schlich vor die Tür, nahm die Klinke in die Hand und atmete tief, aber leise durch. Er stand direkt hinter ihr und konnte alles beobachten. In dem Moment, in dem sie ins Badezimmer wollte, stach er mit dem Messer in ihren Rücken. Sie schrie entsetzt auf und ließ vor Schreck die Waffe fallen, die er sofort an sich riss. Er wollte sie nicht töten. Noch nicht. Erst brauchte er eine wache Emma. In wenigen Sekunden hatte er ihr ihre eigenen Handschellen umgelegt, sie im Schlafzimmer an die Heizung gefesselt und ihr alles genommen, was ihr hätte helfen können. Mit einem Klebeband ließ er ihr Fluchen verstummen. Nun musste er sich nur noch um John kümmern. Doch erstmal würde er seine Emma aufs Bett tragen. Sie sollte ruhig sehen, was er mit ihrer besten Freundin vorhatte.

Lächelnd verließ er das Schlafzimmer, um seine Frau zu holen.

Emma

E mma", flüsterte es an ihrem Ohr. „Emma, komm schon. Du musst aufwachen." Irgendetwas drückte fest auf ihr Handgelenk. Warum? „Bitte", hörte sie eine Stimme flehentlich wie durch Nebelschwaden. Dann wurde sie hochgehoben und lag im nächsten Moment auf einem Autositz. Würde er jetzt mit ihr fortfahren? Fliehen, so dass sie niemand mehr finden konnte?

Sie hörte ihn, doch es kostete sie unendlich viel Kraft, die Augen zu öffnen und zu verstehen, was er sagte. Es war, als hätte sie ihren Kopf in einen See aus Wattebällchen gesteckt. Sie hatte keine Angst mehr, registrierte einfach, was er mit ihr anstellte.

„Emma, ich lass dich jetzt hier, decke dich zu und schließe ab. Du musst durchhalten und das Shirt gegen dein Handgelenk pressen. Es kommt jeden Moment Verstärkung. Tim ist auch bald da. Halt nur noch ein bisschen durch. Ich muss zu Tanja."

Tim? Wieso redete Erik von Tim? Soll er auch umgebracht werden? Will er sich jetzt rächen? Mühsam öffnete sie die Augen, was ihr so schwerfiel wie der Gedanke an Tim. Ihr lächelten freundliche Augen entgegen.

„John", flüsterte sie.

„Ich darf mich heut wohl mal revanchieren."
Er lächelte sanft. „Du musst wirklich gut pressen
und versuchen, bei Bewusstsein zu bleiben. Bitte. Ich kann nicht auf euch beide aufpassen."

„Bleib hier", flehte sie. Tränen rannen ihr
über die Wangen. Sie wollte nicht allein bleiben.
Sie wollte nie wieder allein sein müssen.

„Ich kann nicht. Er hat Tanja."

Sie riss die Augen auf, als könnte sie ihn so
besser verstehen.

„Er hat uns reingelegt."

Sie nickte schwach und schloss wieder die
Augen.

„Bitte, Emma, du musst wach bleiben."

„Ich schaff das. Jetzt geh unsere Tanja retten."

Er strich ihr über den Kopf und dann hörte
sie schon die Autotür knallen, gefolgt von dem
Geräusch des Schlüssels, als sie wieder einmal
eingeschlossen wurde.

Jetzt war sie allein.

Er

Wo ist sie, verdammt?
Erik konnte es nicht glauben, Emma
war nicht mehr da. Wie zur Hölle hatte sie entkommen können? Sie müsste viel zu schwach sein,
um wegzulaufen, geschweige denn zu kriechen. Er
stand vor der Treppe und starrte auf die leere

Couch. Vorsichtig schlich er die Stufen hinunter. Ein Flüstern ließ ihn aufhorchen. Er sah John mit Emma auf dem Arm zum Auto laufen. *Scheiße. Dieser dämliche Penner versaut mir alles.* Er wollte sich eigentlich Zeit lassen mit den beiden, doch wenn John Bescheid wusste, dann dürfte es nicht mehr lange dauern, bis andere Bullen hier auftauchen würden. Er musste kurzen Prozess machen.

Tanja konnte ihm nichts mehr anhaben, aber John müsste er ruhigstellen, damit er mit seinem Engel fliehen konnte. Sie bedeutete ihm so viel. Er wollte nicht mehr ohne sie sein. Weil er so viel Spaß doch nur mit Emma haben konnte. Seinem Mädchen.

Keine Sekunde ließ er John aus den Augen, bis dieser die Autotür zuknallte. Er hatte seinen Engel getragen. Wusste er denn nicht, dass niemand sie anfassen durfte? Niemand außer ihm selbst. *Dieser widerliche Bastard wird seine Strafe schon noch bekommen.* Er entsicherte Tanjas Waffe und versteckte sich hinter der Küchentheke. Nun konnte er hören, dass John leise das Haus betrat. War er klug genug, erst alle Räume zu sichern oder würde er gleich zu seiner Tanja rennen, die da oben lautstarke Geräusche machte? Als würde sie mit den Füßen auf den Boden stampfen, immer und immer wieder.

Am Knarren der letzten Treppenstufe konnte er hören, dass John oben am Treppengeländer angekommen war. Er hatte also der Liebe den Vorrang gegeben. Er konnte ihn ja verstehen, aber es war dumm. Heimlich lugte Erik hinter seinem Versteck hervor und beobachtete John, wie er vor der Schlafzimmertür stand, um seine Perle zu retten. Er war zu abgelenkt, um zu reagieren, als Erik nach oben schoss. Zugegeben, er war nicht der beste Schütze, aber nach dem Schrei zu urteilen, hatte er wohl einen Treffer gelandet. John ging zu Boden und seine Waffe purzelte die Treppenstufen hinunter, ein Schuss löste sich dabei. Als die Pistole unten ankam, schnappte Erik sie und rannte die Treppen hinauf. Vor dem stark blutenden John blieb er stehen.

„Der Schlüssel", drohte Erik.

„Nur über meine Leiche." John rappelte sich wieder auf.

„Nichts leichter als das." Erik schoss erneut und traf John an der Schulter.

Schnell griff Erik in Johns Jackentasche, fand den Autoschlüssel und rannte triumphierend hinaus zum Auto. Wenn die beiden überleben würden, könnte er sein Spiel eines Tages fortsetzen, doch für heute war er hier fertig. Wie er mit einem Messer im Rücken fahren sollte, wusste er noch nicht, aber er war clever genug, es nicht herauszuziehen, denn er wusste, dass die Blutung sonst kaum zu stoppen war. Das Blut würde in Sturzbächen fließen, so, wie bei seinem Engel ein Monsun aus der Pulsader geschossen war.

Beim Auto angekommen hörte er schon die Sirenen. *Scheiße, er musste schnell sein. Ich hätte John wenigstens sein Handy abnehmen sollen. Verdammt.* Er hatte die anderen bestimmt warnen können. Nun war es zu spät. Er schloss das Auto auf und startete den Motor.

Emma

Als sie die Autotür hörte, schreckte sie hoch. War John schon zurück? War sie endlich in Sicherheit? Doch als sie die Augen öffnete, schaute sie in die eisblauen Augen von Erik. Er startete den Motor. „Keine Angst, mein Engel, wir werden das schaffen. Gemeinsam."

„Was ist mit Tanja und John?" Ihre Stimme war schwach.

„Die holen wir uns ein anderes Mal. Sei nicht traurig, du wirst sie wiedersehen."

Ein Glück. Sie lebten. Emma nahm noch ein weiteres Geräusch wahr, das ihre Hoffnung aufflammen ließ. *Sirenen! Ist die Polizei schon auf dem Weg hierher? Tim? Hatte John nicht gesagt, Tim wollte kommen? War das endlich die Verstärkung, von der John geredet hatte? Oder war das Einbildung gewesen?* Sie war sich nicht mehr sicher.

So wie sie sich auch nicht mehr sicher war, ob sie die nächsten Szenen, die sich abspielten, verstand. Erik raste wie ein Irrer vom Gelände, die Sirenen wurden lauter, kamen näher, und es klang, als wären es unzählige.

„Ihr werdet uns niemals bekommen. Lieber sterben wir zusammen, als dass ihr uns nochmal trennt", brüllte er.

Was? Zusammen sterben? Wovon redet er?

Er nahm eine scharfe Kurve, so dass Emma in den Fußraum purzelte, was ihr Glück war, denn so flog sie nicht durchs Auto, als sie kurz darauf gerammt wurden. „Emma, geht's dir gut?", versuchte sich Erik zu versichern.

Sie reagierte nicht. Wollte dieses Spiel nicht mitspielen. Aber vielleicht sollte sie, falls er jetzt mit ihr floh und sie den Rest ihres Lebens mit ihm verbringen musste. Lieber würde sie sich umbringen. Doch was konnte sie machen?

Erneut wurden sie gerammt und das Auto schleuderte. Emma schloss die Augen. Sie sah ihren Vater vor sich und seinen Brief, den er ihr kurz vor seinem Tod geschrieben hatte. Sie sah die Buchstaben vor sich, mit denen er ihr das erste Mal in ihrem Leben versichert hatte, dass es ihm leidtat und er stolz auf sie war. Sie sah Tanja, wie sie morgens vor ihrer Tür gestanden und sie gemeinsam gefrühstückt hatten, wie sie Tanja und John vor der Todesküsserin gerettet hatte. Sie sah Sabine, die mitten in der Nacht mit dem kleinen Benny auf dem Arm vor der Tür gestanden hatte. Emma schmunzelte bei dem Gedanken an den Haufen, den er beim Frühstück ins Wohnzimmer gesetzt hatte. Sie war sogar gern mit ihm spazieren gegangen. Sie sah sich glücklich in der Küche stehen und backen, ihr erstes YouTube-Video aufnehmen. Die liebevollen Briefe von Nina, einem fremden Mädchen, dem sie helfen konnte. Und dann sah sie Tim. Sie hatte ein richtiges Date gehabt und dafür Damenbinden unter dem Arm getragen. Wenn sie jetzt sterben würde, dann konnte sie sagen, ihr Leben war während der letzten Wochen besser geworden als jemals zuvor und sie konnte das erste Mal behaupten, dass sie gelebt hatte. Nur das Ende ließ schwer zu wünschen übrig, und sollte doch noch ein Wunder passieren und sie würde das alles überleben – ohne Erik – dann würde sie sich wirklich bei einem Selbstverteidigungskurs anmelden.

Ein Knall beendete den vor ihr ablaufenden Film und schleuderte sie zusammen mit einem Schmerz, den sie plötzlich am Kopf spürte, in die Dunkelheit.

11. JULI 2019 – 2 MONATE SPÄTER

Emma

H ey. Schön, dass ihr hier seid, bei *Kochen gegen Angst*. Ich freu mich, euch nach langer Zeit endlich mit meinem zweiten Video zu beglücken." Emma schaute in die Kamera. Unsicher grinste sie zu Sabine, die sie filmte.

Mit zitternder Stimme fuhr sie fort: „Heute kochen wir eine leckere *Verdammte-Scheiße-ich-wurde-entführt-Lasagne*. Emma zeigte auf die Zutaten, die sie bereits parat gelegt hatte und zählte sie auf. „Ihr fragt euch sicher, wieso bei mir immer solche komischen Dinge passieren und ich kann euch sagen, ich mich auch. Ich mein, erst die Todesküsserin und dann sowas? Was mache ich falsch? Warum immer ich? Doch ich habe entschieden, dass dies die falschen Fragen sind. Diese führen einfach zu nichts, außer zu Gedankenterror in meinem Kopf und das kann ich in meinem Leben nicht mehr gebrauchen." Emma rührte mittlerweile das Gemüse in einem Topf um.

„Die Fragen, die ich mir nun stelle, sind, wie kann ich daraus das Beste machen? Was hat mir der ganze Scheiß gebracht? Und so merkwürdig das auch klingt, ich kann dem Ganzen auch was Gutes abgewinnen. Aber ich fange am besten von vorn an."

Benny kam in die Küche gerannt und kuschelte sich an ihr Bein. „Benny, mein Hübscher, jetzt nicht. Geh zu Motte, spielen." Sabine hielt mit der Kamera auf ihren kleinen Hund, der sich wieder verzog, als er bemerkte, dass er gerade unerwünscht war.

„In meiner Klinikzeit lernte ich einen Jungen kennen und wir waren sehr verliebt. Erik. Ob ihr es glaubt oder nicht, ich hatte mein erstes Mal mit ihm." Sie schwieg einen Moment und spürte ihre glühenden Wangen.

„Eine Frau, die mir auch schon mein Leben Jahre später während der Episode mit der Todesküsserin versaut hat, hat viel Schaden mit ein paar manipulativen Lügen angerichtet. Kristina ...", seufzte sie. „Erst Jahre später hat er erfahren, dass nicht ich ihn verraten hatte, sondern sie hinter all dem steckte. Er hat wohl mein Bild in der Zeitung entdeckt und mich so gefunden. Er hat mich beobachtet, ist heimlich in meine Wohnung gekommen, hat Wanzen installiert, um mich zu belauschen, und sogar eine Kamera in meinem Schlafzimmer angebracht." Ihre Hände zitterten noch immer bei dem Gedanken daran.

„Eines Abends, mein Leben begann sich gerade zu verbessern, hat er unter meinem Bett gelegen und gewartet, bis ich schlief. Dann hat er mich vergewaltigt und mir sehr ... sehr ... wehgetan." Sie ließ den Löffel fallen, mit dem sie gerade das Essen abschmecken wollte, und kleckerte rote Soße auf ihr weißes Shirt.

„Dank meinem Blog stand ich im Kontakt mit Nina, einer Leserin, die mir inzwischen sehr ans Herz gewachsen ist. Ihre Katze Motte lebt gerade bei mir und vergnügt sich königlich mit Benny. Die beiden lieben sich." Emma lachte und entspannte sich wieder ein wenig.

„Vielleicht habe ich Nina mein Leben zu verdanken. Zumindest hat er dank ihr aufgehört, mir wehzutun, als er gerade sehr wütend auf mich eingeschlagen hat. Außerdem hat Nina sich bei meiner Mitbewohnerin Sabine, ja sie lebt wieder hier ..." Emma grinste. „... gemeldet, weil sie die Ausrede nicht geglaubt hat, die Erik ihr an meiner Tür aufgetischt hat. Nina hat Sabine über ihren YouTube Kanal kontaktiert. Deshalb stand Sabine kurze Zeit später ebenfalls vor meiner Tür, was mir wieder geholfen hat, denn da ich ihr nicht rechtzeitig die Tür aufgemacht habe, hat Erik gedacht, er könne mir vertrauen. Das war gut. Außerdem hat sie sich bei Tanja gemeldet, meiner besten Freundin, die Polizistin ist, die dadurch wusste, dass etwas nicht stimmte. Leider hat Tanja mich um wenige Minuten verpasst, vielleicht sogar Sekunden." Emma atmete tief durch, als sie daran dachte, wie sie ihn nur einmal noch hätte küssen müssen, und ihr dadurch vieles erspart geblieben wäre.

„Tanja ist mit ihrem Schlüssel in meine Wohnung gekommen und hat ein Frühstückstablett auf meinem Nachttisch sowie ein abgezogenes Bett vorgefunden. Es hat überall nach Zigarettenqualm gerochen, Kippenstummel lagen teilweise auf dem Teppich. Und außerdem waren da meine Bücher." Gedankenverloren rührte Emma in der roten Soße.

„Sie weiß, wie heilig mir meine Bücher sind, und die lagen teilweise lieblos verstreut auf dem Boden. Leider hat das nicht gereicht, um mich vermisst zu melden und offiziell zu ermitteln. Ich war noch nicht lange genug weg und Erik hat mich gezwungen, ihr eine Begründung für mein Verschwinden per WhatsApp zu schicken. Ich habe ihr geschrieben, dass ich mit Nina verreist wäre. Tanja kannte jedoch keine Nina, denn ich hatte ihr noch nie von ihr erzählt. Sie wusste daher, dass da was faul war."

Emma hielt einen Moment inne. „Kurz dachten sie, dass Tim bei mir übernachtet hat. Er war schließlich der Letzte, der mich gesehen hat, als er mich nach unserem ersten Date nach Hause begleitet hat." Emma lachte. „Wäre auf jeden Fall die schönere Variante gewesen. Doch noch während Tanja mit ihm telefoniert hat, hat sie meinen Zettel mit Eriks Namen gefunden. Tim hat sofort in den Datenbanken nach ihm gesucht und ihr Eriks Anschrift geschickt. Und so sind sie dann direkt in seine Wohnung gefahren, wo sie lauter Hinweise auf den Schwarzwald gefunden haben. Tanja und John sind sofort in die Richtung gefahren, während Tim versucht hat, heimlich bei den Kollegen Eriks GPS über sein Handy orten zu lassen. Leider ging das nicht so schnell, doch ich habe all meinen Mut zusammengenommen und Tanja heimlich meinen

Standort geschickt. Dafür hab ich wahrscheinlich mein Leben riskiert."

Während Emma Schicht für Schicht ihrer Geschichte offenbarte, wuchsen in gleichem Maß die Schichten der Lasagne. „Tim ist in der Zwischenzeit in meine Wohnung gefahren und hat die Kameras entdeckt und sich angesehen, was Erik mir angetan hat." Die Erinnerung daran fiel ihr immer noch schwer. „Er hat sofort John angerufen, der gerade im Wald nach Kristina suchte, denn Erik hatte John und Tanja getäuscht und mich außer Gefecht gesetzt. Mit den Beweisen konnten sie die Polizei in Baden-Württemberg dazu bringen, auf die Suche zu gehen, die in letzter Sekunde kam, um mich zu retten." Sie betrachtete zufrieden ihr Werk und schob die Lasagne in den Ofen.

„Ich erspare euch die schrecklichen Einzelheiten. Zumindest heute. Vielleicht erzähle ich ein anderes Mal davon, schaltet gern öfter hier ein. Jedenfalls ist die Polizei gekommen, als Erik gerade mit mir fliehen wollte. Meine beste Freundin lag zu dem Zeitpunkt schwer verletzt im Haus, John war von Erik angeschossen worden und ich dachte, ich wäre verloren. Doch meine Gebete wurden erhört. Die Rettung nahte, brachte seinen Wagen zum Stehen und setzte mich außer Gefecht. Denn um ihn zu stoppen, haben sie uns mehrfach heftig gerammt, was mich wieder in die Bewusstlosigkeit brachte. Bewusstlos war ich an dem Abend aber eh ständig, was wohl auch besser war. Als ich wieder aufwachte, befand er sich bereits im Gefängnis und ich lag mal wieder im Krankenhaus."

Sie seufzte schwer und sprach nun direkt in die Kamera: „Dieser Mann hat mein Leben ... nein, mich fast zerstört. Und noch dazu hat er meine beste Freundin und John zurück ins Krankenhaus katapultiert. Tanja hatte ja gerade erst wieder angefangen zu arbeiten. Die beiden werden wohl ein ganzes Jahr ausfallen. Sie müssen körperlich gesunden, aber auch seelisch. Tanja weiß noch nicht mal, ob sie je wieder ihren Beruf ausüben kann, weil sie Schuldgefühle plagen. Dieser Mann ist krank. Er ist vermutlich durch seine furchtbare Mutter und andere schreckliche Dinge so geworden. Versteht mich nicht falsch, ich rechtfertige ihn nicht. Nein, ich hasse ihn für alles, was er mir angetan hat." Sie schloss die Augen für einen kurzen Moment. „Und das war viel."

Stille.

„Aber ich frage mich auch, wie man das in Zukunft verhindern kann. Ja, wie ich das verhindern kann. Wieso hilft unser System nicht? Wieso gibt es so viele furchtbare Eltern, so viel Missbrauch? Ich weiß, ich kann das alles nicht ändern. Aber ich weiß auch, ich kann versuchen, einen Beitrag zu leisten. Aus diesem Grund werde ich hier über all die Sachen sprechen, die mir geholfen haben, in der Hoffnung, dass es vielleicht ein paar Seelen da draußen erreicht, denen meine Methode ebenfalls ein bisschen Stille im Kopf bringt und die sehen, dass es möglich ist, eines Tages ein normales Leben zu führen. Ja ja, ich weiß. Normal. Was ist das schon?"

Sie kam sich komisch dabei vor, ewige Monologe in eine Kamera zu sprechen, doch sie wusste, das war wichtig. „Ich denke, ihr wisst, was ich meine.

Ich habe mir in der furchtbaren Nacht versprochen, dass das alles nicht umsonst passiert ist. Ich werde nie wieder ein Opfer sein. Ich werde von heute an das Beste aus meinem Leben machen, auch wenn es mir noch so große Angst macht. Ich habe mich bei einem Selbstverteidigungskurs angemeldet, zusammen mit Sabine. Außerdem habe ich nicht mehr meine echte Adresse im Internet stehen, nur zur Sicherheit. Wir haben Sicherheitsvorkehrungen und ich habe ein Bett mit Bettkasten, der vollgestopft ist mit Büchern. Dort kann also nie wieder jemand drunter liegen. In ein paar Tagen habe ich mein zweites Date mit Tim. Wir haben bisher nur geschrieben, weil, glaubt mir, an Männer wollte ich erstmal nicht mehr denken. Er weiß, dass ich schwer vorbelastet bin und wir wollen zunächst nur Freunde sein. Das nimmt den Druck aus allem und Freunde, die bei der Polizei arbeiten, kann man ja nie genug haben, oder?" Emma grinste in die Kamera. Ihr Herz hüpfte bei dem Gedanken an Tim.

„Also gut, ich wollte dieses Video kurz halten. Es kostet mich nämlich immer noch eine Menge Überwindung. Ich bedanke mich recht herzlich bei euch, dass ihr mir zuhört, mich unterstützt. Für alle Reporter, die es sehen, nein, ich werde euch niemals ein Interview geben. Was ihr aus meiner Wahrheit macht, kenne ich schon. Ich selbst habe es allein in der Hand, was ich preisgebe und ich bastel mir keine Geschichten zusammen. Und nein, ich bin nicht die Todesküsserin. Also, ihr Lieben, versucht doch heute Abend mal eine leckere Lasagne zu zaubern und damit eure Ängste zu vertreiben."

Benny und Motte kamen zurück in die Küche, als hätten sie verstanden, dass Emma nun wieder Zeit für sie haben würde. Sie hockte sich zu beiden und streichelte sie, was Sabine nach wie vor filmte. „Danke an alle, die nun in meinem Leben sind, und danke für jeden tollen Kommentar von euch. Ich freu mich, wenn ich euch helfen kann und über jeden Like, denn ihr wisst ja, ich bin arbeitslos und wenn das hier gut läuft, muss ich nie wieder einen Job im Büro machen und damit würde ein Traum für mich in Erfüllung gehen. Bis zum nächsten Essen. Eure Emma."

Sabine legte die Kamera beiseite. „Und Cut." Sie lächelte Emma an. „Ich bin soooo stolz auf dich. Das war mega."

„Echt? Ich hab so viel geplappert und war total nervös." Sie schnappte nach Luft.

„Hat man aber fast nicht gemerkt und das bisschen, das man gemerkt hat, macht dich eher sympathisch."

Sie ließen sich aufs Sofa fallen, gemeinsam mit Hund und Katze.

„Wie viel Zeit haben wir noch?" Emma blickte Sabine fragend an.

„Sie müssten jeden Moment da sein."

„Perfekt." Emma freute sich schon, Tanja, John, Tim und Nina wiederzusehen. Dies heute würde kein Date mit Tim sein, sondern nur ein Dankeschön an all ihre Retter, dennoch war sie sehr aufgeregt, wenn sie an ihn dachte.

„Willst du dich nicht noch umziehen und dir den Lasagne-Geruch vom Gesicht zaubern?", fragte Sabine vorsichtig.

„Ach ja, dein Shirt. Tut mir leid, ich hoffe, das bekommen wir wieder raus."

Es klingelte an der Tür, was Emma immer noch ein mulmiges Gefühl bereitete. Sie stand auf und schaute durch den Spion. Es waren Tanja und John.

„Hey", begrüßte sie die beiden, als sie die Tür öffnete.

„Ach du Scheiße, was ist denn mit dir los? Ist das Blut?" Tanja wurde ganz bleich.

Emma begann zu lachen. „Nein, das ist Tomatensoße. Ich werde mich sofort umziehen. Ihr kennt ja den Weg."

Sie verschwand im Badezimmer und schaute in den Spiegel. Ihre Haare waren mittlerweile etwas nachgewachsen. Sie sah anders, aber gut aus. Es passte zur neuen Emma. Sabine hatte sie zu ihrem Frisör geschleppt.

Mein neues Leben, dachte sie und lächelte ihr Spiegelbild zuversichtlich an.

Nachwort

Puh. Du bist immer noch da? Wow. Das macht mich glücklich. Als Dank dafür gibt es am Ende eine Überraschung.

Vielen lieben Dank, dass du dich gemeinsam mit Emma raus aus dem Opfermodus und zurück ins Leben gekämpft hast.

Als ich damals „Die Todesküsserin" schrieb, rückte Emma immer mehr in den Vordergrund, obwohl Tanja eigentlich meine Protagonistin war. Mit Emma konnte ich meine sarkastische Seite rauslassen, aber auch meine ängstliche. Damals schon wusste ich, ich kann sie nicht gehen lassen, und möchte ihren Weg gern weitergehen.

Ich begann also dieses Buch und wusste, es sollte um Stalking gehen. Doch dann hielt mich das Leben erstmal vom Schreiben ab. Ich reiste nach Georgien, machte ein paar Wochen meine Reha und hatte das Gefühl, mich jetzt lieber erstmal auf das Hier und Jetzt konzentrieren zu wollen. Ich ließ Emma los. Irgendwie war „der Bösewicht" auch noch nicht ausgereift. Er war zu schwammig und löchrig, ich konnte ihn nicht richtig sehen.

Nach der Reha wollte ich dann definitiv erstmal nichts mehr mit Angst und Aufarbeiten zu tun haben, also begann ich, als Jule Pieper meine fröhliche Seite ans Licht zu holen. Die, die sich unendlich gern mit den Themen Selbstliebe, Positivität sowie Achtsamkeit und Eigenverantwortung befasst. Ein Jahr also, nachdem ich das Manuskript pausiert hatte, war ich wieder soweit und schrieb weiter. Das Leben hatte mich ein paar Lektionen gelehrt und ich hatte inzwischen ganz klar vor Augen, wer und wie mein „Bösewicht" ist.

Doch plötzlich kam ich wieder nicht voran. Denn ich wusste nicht, was ich für ein Ende wollte. Ich schrieb und schrieb, aber die Geschichte war noch nicht vorbei. Bis zu einem bestimmten Punkt war das gut, doch dann fühlte ich, Emma und ich waren noch nicht so weit. Wir mussten erst noch ein paar Dinge lernen, um das Ende zu meistern, das es nun geworden ist. Normalerweise sind meine Enden viel zu schnell und zu kurz. Diesmal brauchte es tatsächlich wieder ein Jahr, bis ich mich daran wagte und bereit dafür war.

Mittlerweile ist mir aufgefallen, dass meine Bücher, egal in welchem Genre ich schreibe, immer dasselbe Thema haben: Frauen, die am Boden sind und sich wieder nach oben kämpfen. Wenn ich auf mein Leben zurückblicke, wundert es mich nicht. Es macht mich stolz. Ich glaube nämlich von ganzem Herzen, dass jeder es schaffen kann, sich ins Leben zurückzukämpfen und glücklich zu sein, wenn man es wirklich will und alles dafür tut. Leicht ist es nicht, aber es lohnt sich.

Mit diesem Thriller möchte ich dir also nicht bloß Spannung und Ablenkung schenken. Ich möchte dir auch zeigen, dass du alles schaffen kannst, was du willst. Du musst dich nur dafür entscheiden und losgehen.

Damit auch ich alles schaffen kann, was ich will, brauche ich deine Hilfe. Wenn dir mein Thriller gefallen hat, dann erzähl das bitte deinen Freunden, deiner Familie und auch den Portalen, auf denen man Bücher kaufen kann (Amazon, Thalia, Hugendubel, etc.). Dies ist quasi mein Arbeitszeugnis, mit dem ich mich bewerben kann ☺ Nur ein einziger Satz genügt schon. Und das macht mich nicht nur glücklich, weil ich damit neue Leser finden kann, sondern auch, weil jeder gern hört, wenn er etwas gut gemacht hat. Damit unterstützt du den Kreislauf, positive Dinge in die Welt zu bringen.

Und nun gibt es noch eine kleine Überraschung für dich. Du hast doch sicher Hunger bekommen, weil Emma so viel gekocht und gebacken hat. Ich habe ein kleines, digitales Rezeptebuch mit ihren Gerichten für dich. Klick einfach hier für mehr Informationen.

https://bit.ly/3khPGBH

Ich danke dir von Herzen.

Deine Sandy

Hier findest du mich

Website:
www.schreibenumzuleben.de

E-Mail:
Sandy.Mercier@schreibenumzuleben.de

Instagram:
https://www.instagram.com/sandy_mercier_autorin/

Facebook:
https://www.facebook.com/schreibenumzuleben.de/

Newsletter:
https://sandymercier.de/landingpages/motivation-im-postfach

YouTube:
https://www.youtube.com/channel/UCbZQtXXurd9iF6apc27NmwQ

Pinterest:
https://www.pinterest.de/merciersandy7/

Tik Tok:
Sandy Mercier Autorin | TikTok

*Weitere Thriller sowie Ratgeber in Romanform,
die ich unter dem Pseudonym Jule Pieper schreibe,
findest du auf den nächsten Seiten.*

Sandy Mercier veröffentlichte Ende November 2018 ihren ersten KrimiThriller *Die Todesküsserin*. Ihr Debüt landete in den *Top 100 der Amazon Charts*, sie erhielt den Titel *Krimi der Woche* und wurde für den *Skoutz Award* nominiert und schaffte es dank des Covers auf die *Midlist*.

„Wie du mir, so ich dir ..."

Ein Mann wird tot aufgefunden. Er wurde brutal gefoltert, und auf seiner Stirn prangt der rote Lippenstiftabdruck eines Kusses. Kommissarin Tanja Müller soll sich dem Fall der „Todesküsserin" an-

nehmen, der sie schnell an die Grenzen ihrer Belastbarkeit bringt. Denn ins Visier der Medien gerät ausgerechnet ihre beste Freundin, und weitere Morde folgen.
Hat die psychisch kranke Emma tatsächlich etwas mit den grausamen Taten zu tun?
Plötzlich steht Tanja vor einer tödlichen Entscheidung.

Überall erhältlich, direkter Link:
http://amzn.to/2zwvBlk

Im Jahr 2019 kam ihr zweiter Thriller – *Mach das Licht an* – auf den Markt.

„Nix für schwache Nerven" – Vanbels Blog

Ich blinzle mehrmals, als könnte ich dadurch mehr sehen, doch es bleibt tiefschwarz. Meine vors Gesicht gehobene Hand ist nicht zu sehen, als hätte die Dunkelheit mich aufgefressen.

Katharinas Leben besteht aus One-Night-Stands und durchfeierten Nächten. Zur Frankfurter Buchmesse erhält sie eine Einladung von ihrer Verlegerin und kommt dabei ihrer Vergangenheit, die sie so verzweifelt vergessen will, gefährlich nahe.

Ihre beste Freundin Eva hat in Berlin eigene Probleme. Hochschwanger und betrogen verlässt sie Hals über Kopf ihre Familie, um Katharina in Frankfurt zu überraschen.

Doch Katharina ist unauffindbar.

Jede Spur führt zu weiteren Geheimnissen. Jedes Geheimnis tiefer in Katharinas Abgründe.

Überall erhältlich. Hier findest du einen direkten Link: https://amzn.to/2X6bze5

Du hast die Wahl in fünf ... vier ... drei ... zwei ... eins ...

Die Influencerin Sabine fährt ihr Leben an die Wand und will den Tragödien, die ihre Freunde Emma, Tanja und John erleben, entkommen. Sie will atmen, ankommen, sich finden ...

Als sie zu einem spontanen Wandertrip aufbricht, wird sie entführt. Sabine findet sich in einem Lost Place wieder, wo sich Martha, eine alte Dame, um sie kümmert. Wieso trägt sie Dessous? Was wollen die Menschen von ihr? Kann sie fliehen, bevor sie es herausfindet?

Leserstimmen:

„Ein Psychothriller, der dir den Atem raubt und dich von Seite zu Seite immer tiefer in seine Story einsaugt. Ein absolutes MUSS, wenn du Psychothriller gerne liest!" - Buchbloggerin Lesend_durchs_Leben

„Die Ereignisse im Lost Place sind einfach wahnsinnig brutal und sadistisch. Ich habe mitgezittert und mitgefiebert und konnte das Buch fast nicht mehr aus der Hand legen. Sandy Mercier hat mal wieder bewiesen, dass sie absolut vielseitig schreiben kann." - Rebecca

Link: https://amzn.to/3DIwmdj

Was würdest du tun, wenn du mehr Angst vor deinem Mann als vor einem Serienmörder hast?

Berlin ist in Aufruhr: Ein Killer foltert und tötet Männer auf grausame Art. Sie alle verbindet eine Gemeinsamkeit, sie wurden wegen häuslicher Gewalt angezeigt. Während die Polizei erfolglos den Täter jagt, wendet sich plötzlich das Blatt. Frauen werden ermordet, die Jahre zuvor unter häuslicher Gewalt gelitten haben. Neben ihren übel zugerichteten Leichen liegen Barbie-Puppen und umgeschriebene Gandhi-Zitate, die die Ermittler vor ein großes Rätsel stellen.

Was hat die mysteriöse Drapierung der Frauenleichen zu bedeuten und wie hängen die beiden Fälle zusammen?

In Sandy Merciers Psychothriller verschwimmen die Grenzen zwischen Gut und Böse. Eine Geschichte, die unter die Haut geht.

„Auge um Auge macht die ganze Welt blind und somit auch DICH!"

Link: https://bit.ly/3rFxR8v

Jule Pieper – Ratgeberromane

Sandy Mercier veröffentlichte im Sommer 2019 unter ihrem Pseudonym Jule Pieper „Das Buch deines Lebens". Damit eroberte sie monatelang die BILD-Bestseller Liste. Ihr Ratgeber in Romanform verpackt motivierte schon hunderte von Lesern, ihr Leben zu verschönern, weshalb sie die Amazon Kindle Charts stürmte und  in mehreren Kategorien auf Platz 1 stand.

Jule Pieper möchte alles sein – nur nicht sie selbst.
Jeder Tag ist für sie eine Herausforderung. Langweiliger Job, ätzende Kollegen, nervtötende Mitbewohnerin und ein liebloser Freund mit dem sie nur Sex verbindet. Und der ist noch nichtmal gut. Am Ende eines weiteren enttäuschenden Tages entdeckt sie
„Das Buch deines Lebens – Umbruch"
Jule beginnt darin zu lesen und das stellt ihr Leben total auf den Kopf. Sie spürt, dass sie etwas verändern kann, wenn sie nur will.
Doch ist sie überhaupt bereit für eine Veränderung?

Hier findest du den direkten Link:
https://amzn.to/2Rop71d

... und so geht es weiter ...

Dieses Buch ist für all jene, die glauben, dass sie nicht gut genug sind.

„Mir ist einfach alles zu viel. Ich wollte ein guter Mensch sein und versuche echt, an mir und meinem Leben zu arbeiten, doch ich bekomm es einfach nicht hin. Ich bin nicht gut genug für den ganzen Scheiß."

Jule hat endlich ihr Leben in die Hand genommen. Durch „Das Buch deines Lebens" haben sich schon einige Dinge verändert. Alles könnte super sein, wenn da nur nicht ihr viel zu hoher Anspruch an sich selbst wäre, alles sofort perfekt umzusetzen. Das Buch stellt sie vor jede Menge neue Herausforderungen.

Wieso sind Veränderungen nur so schwer?

Hier findest du den direkten Link:

https://amzn.to/3UhFewh

Lektionstagebücher

Passend zu den Büchern kannst du in den Tagebüchern die Lektionen Schritt für Schritt durchgehen und damit dein eigenes Leben in die Hand nehmen.

Denn du hast es verdient, glücklich zu sein!

Lektions-Tagebuch-
Umbruch
findest du unter folgendem Link:
https://amzn.to/3yZxdB6

Lektions-Tagebuch-
Aufbruch
findest du unter folgendem Link:
https://amzn.to/3qQoNtm

Entdecke die Reise deines Lebens

Betty Ulrichs eintöniges Leben nimmt eine drama-
tische Wendung, als sie sich auf eine inspirierende
Reise begibt, die sie durch verschiedene Länder
führt. Von den historischen Straßen Wiens über
die magischen Landschaften Teneriffas bis hin zu
den atemberaubenden Panoramen Montenegros –
jede Etappe bringt Betty näher zu sich selbst. Auf
ihrer Reise stellt sie sich tiefgreifende Fragen,
überwindet Ängste und Zweifel und findet Antworten auf ihre größten Lebensfragen. Dabei setzt sie
sich intensiv mit der komplizierten Beziehung zu
ihrer Mutter auseinander und heilt ihr Herz, um
sich wieder für die Liebe öffnen zu können.

**Begleite Betty auf einer unvergesslichen Reise
der Selbstfindung, Heilung und
Selbstverwirklichung.**

Band 1: https://bit.ly/3ZT3fg5
Band 2: https://amzn.to/3TdkMP9
Band 3: https://amzn.to/3YMqKco
Band 4: https://amzn.to/3yLHl5p

Macht des geschriebenen Wortes

Für diejenigen, die es satthaben, dass die Wunder immer anderen passieren und die ihr Leben endlich in die Hand nehmen wollen.

Persönlichkeitsentwicklung durch Tagebuchschreiben und nebenbei noch seine Wünsche erfüllen lernen? Das klingt viel zu schön, um wahr zu sein? Dann bist du hier genau richtig.

Dieser Ratgeber führt dich zwölf Wochen lang mit verschiedenen Tagebuch-Methoden Schritt für Schritt zu deinem Traumleben.

Hier findest du den direkten Link:
https://amzn.to/3RYUL2o

Der nächste beste Schritt

Kann man ein Leben noch einmal von vorne beginnen?
Falsche Entscheidungen rückgängig machen und mutiger sein, als man es jemals für möglich gehalten hätte?

Alex Schulze hat jahrelang eine Lüge gelebt. Die perfekte Beziehung entpuppt sich als unperfekte Freundschaft. Nachdem sie die Reißleine zieht, befindet sie sich nun im freien Fall.

Durch die Trennung verändert sich vieles in ihrem Leben, aber kaum etwas zum Positiven. Sie stürzt sich in ihre Arbeit und es dauert nicht lange, bis sich ihr Körper über dieses Pensum beschwert.

Schließlich erkennt sie, dass sie raus muss, um sich selbst zu retten.

Sie begibt sich auf eine Wanderung, die sie bis ans Ende der Welt führt, und findet dabei Schritt für Schritt zu sich selbst.

Überall erhältlich, direkter Link:

https://amzn.to/2VgRAYR